新一代人工智能 2030 全景科普丛书

人工智能与交通运输

孟春雷　蔡　蕾　王新科
王宏丹　王艺新　刘雨辰　著

科学技术文献出版社
·北京·

图书在版编目（CIP）数据

人工智能与交通运输 / 孟春雷等著. —北京：科学技术文献出版社，2021.5
（新一代人工智能2030全景科普丛书 / 赵志耘总主编）
ISBN 978-7-5189-7896-0

Ⅰ.①人… Ⅱ.①孟… Ⅲ.①人工智能—应用—交通运输—研究 Ⅳ.① U-39

中国版本图书馆CIP数据核字（2021）第093107号

人工智能与交通运输

| 策划编辑：崔　静　　责任编辑：赵　斌　　责任校对：张永霞　　责任出版：张志平 |

出　版　者	科学技术文献出版社
地　　　址	北京市复兴路15号　邮编　100038
编　务　部	（010）58882938，58882087（传真）
发　行　部	（010）58882868，58882870（传真）
邮　购　部	（010）58882873
官方网址	www.stdp.com.cn
发　行　者	科学技术文献出版社发行　全国各地新华书店经销
印　刷　者	北京时尚印佳彩色印刷有限公司
版　　　次	2021年5月第1版　2021年5月第1次印刷
开　　　本	710×1000　1/16
字　　　数	232千
印　　　张	17.25
书　　　号	ISBN 978-7-5189-7896-0
定　　　价	68.00元

版权所有　违法必究

购买本社图书，凡字迹不清、缺页、倒页、脱页者，本社发行部负责调换

总　序

　　人工智能是指利用计算机模拟、延伸和扩展人的智能的理论、方法、技术及应用系统。人工智能虽然是计算机科学的一个分支，但它的研究跨越计算机学、脑科学、神经生理学、认知科学、行为科学和数学，以及信息论、控制论和系统论等许多学科领域，具有高度交叉性。此外，人工智能又是一种基础性的技术，具有广泛渗透性。当前，以计算机视觉、机器学习、知识图谱、自然语言处理等为代表的人工智能技术已逐步应用到制造、金融、医疗、交通、安全、智慧城市等领域。未来随着技术不断迭代更新，人工智能应用场景将更为广泛，渗透到经济社会发展的方方面面。

　　人工智能的发展并非一帆风顺。自 1956 年在达特茅斯夏季人工智能研究会议上人工智能概念被首次提出以来，人工智能经历了 20 世纪 50—60 年代和 80 年代两次浪潮期，也经历过 70 年代和 90 年代两次沉寂期。近年来，随着数据爆发式的增长、计算能力的大幅提升及深度学习算法的发展和成熟，当前已经迎来了人工智能概念出现以来的第三个浪潮期。

　　人工智能是新一轮科技革命和产业变革的核心驱动力，将进一步释放历次科技革命和产业变革积蓄的巨大能量，并创造新的强大引擎，重构生产、分配、交换、消费等经济活动各环节，形成从宏观到微观各领域的智能化新需求，催生新技术、新产品、新产业、新业态、新模式。2018 年麦肯锡发布的研究报告显示，到 2030 年，人工智能新增经济规模将达 13 万亿美元，其对全球经济增长的贡献可与其他变革性技术如蒸汽机相媲美。近年来，世界主要发达国家已经把发展人工智能作为提升其国家竞争力、维护国家安全的重要战略，并进行针对性布局，力图在新一轮国际科技竞争中掌握主导权。

德国2012年发布十项未来高科技战略计划，以"智能工厂"为重心的工业4.0是其中的重要计划之一，包括人工智能、工业机器人、物联网、云计算、大数据、3D打印等在内的技术得到大力支持。英国2013年将"机器人技术及自治化系统"列入了"八项伟大的科技"计划，宣布要力争成为第四次工业革命的全球领导者。美国2016年10月发布《为人工智能的未来做好准备》《国家人工智能研究与发展战略规划》两份报告，将人工智能上升到国家战略高度，为国家资助的人工智能研究和发展划定策略，确定了美国在人工智能领域的七项长期战略。日本2017年制定了人工智能产业化路线图，计划分3个阶段推进利用人工智能技术，大幅提高制造业、物流、医疗和护理行业效率。法国2018年3月公布人工智能发展战略，拟从人才培养、数据开放、资金扶持及伦理建设等方面入手，将法国打造成在人工智能研发方面的世界一流强国。欧盟委员会2018年4月发布《欧盟人工智能》报告，制订了欧盟人工智能行动计划，提出增强技术与产业能力，为迎接社会经济变革做好准备，确立合适的伦理和法律框架三大目标。

党的十八大以来，习近平总书记把创新摆在国家发展全局的核心位置，高度重视人工智能发展，多次谈及人工智能重要性，为人工智能如何赋能新时代指明方向。2016年8月，国务院印发《"十三五"国家科技创新规划》，明确人工智能作为发展新一代信息技术的主要方向。2017年7月，国务院发布《新一代人工智能发展规划》，从基础研究、技术研发、应用推广、产业发展、基础设施体系建设等方面提出了六大重点任务，目标是到2030年使中国成为世界主要人工智能创新中心。截至2018年年底，全国超过20个省市发布了30余项人工智能的专项指导意见和扶持政策。

当前，我国人工智能正迎来史上最好的发展时期，技术创新日益活跃、产业规模逐步壮大、应用领域不断拓展。在技术研发方面，深度学习算法日益精进，智能芯片、语音识别、计算机视觉等部分领域走在世界前列。2017—2018年，中国在人工智能领域的专利总数连续两年超过了美国和日本。在产业发展方面，截至2018年上半年，国内人工智能企业总数达1040家，位居世界第二，在智能芯片、计算机视觉、自动驾驶等领域，涌现了寒武纪、旷视等一批独角兽企业。在应用领域方面，伴随着算法、算力的不断演进和提升，越来越多的产品和应用落地，比较典型的产品有语音交互类产品（如智能音箱、智能语音助理、智能车载系统等）、智能机器人、无人机、无人驾驶汽车等。人工智能的应用范围则更加广泛，目前已经在制造、医疗、金融、教育、安防、商业、智能家居等多个垂直领域得到应用。总体来说，目前我国在开发各种人工智能应用方面发展非常迅速，但在基础研究、原创成果、顶尖人才、技术生态、基础平台、标准规范等方面，距离世界领先水平还存在明显差距。

1956年，在美国达特茅斯会议上首次提出人工智能的概念时，互联网还没有诞生；今天，新一轮科技革命和产业变革方兴未艾，大数据、物联网、深度学习等词汇已为公众所熟知。未来，人工智能将对世界带来颠覆性的变化，它不再是科幻小说里令人惊叹的场景，也不再是新闻媒体上"耸人听闻"的头条，而是实实在在地来到我们身边：它为我们处理高危险、高重复性和高精度的工作，为我们做饭、驾驶、看病，陪我们聊天，甚至帮助我们突破空间、表象、时间的局限，见所未见，赋予我们新的能力……

这一切，既让我们兴奋和充满期待，同时又有些担忧、不安乃至惶恐。就业替代、安全威胁、数据隐私、算法歧视……人工智能的发展和大规模应用也会带来一系列已知和未知的挑战。但不管怎样，人工智能的开始按钮已经按下，而且将永不停止。管理学大师彼得·德鲁克说："预测未来最好的方式就是创造未来。"别人等风来，我们造风起。只要我们不忘初心，为了人工智能终将创造的所有美好全力奔跑，相信在不远的未来，人工智能将不再是以太网中跃动的字节和CPU中孱弱的灵魂，它就在我们身边，就在我们眼前。"遇见你，便是遇见了美好。"

新一代人工智能2030全景科普丛书力图向我们展现30年后智能时代人类生产生活的广阔画卷，它描绘了来自未来的智能农业、制造、能源、汽车、物流、交通、家居、教育、商务、金融、健康、安防、政务、法庭、环保等令人叹为观止的经济、社会场景，以及无所不在的智能机器人和伸手可及的智能基础设施。同时，我们还能通过这套丛书了解人工智能发展所带来的法律法规、伦理规范的挑战及应对举措。

本丛书能及时和广大读者、同人见面，应该说是集众人智慧。他们主要是本丛书作者、为本丛书提供研究成果资料的专家，以及许多业内人士。在此对他们的辛苦和付出一并表示衷心的感谢！最后，由于时间、精力有限，丛书中定有一些不当之处，敬请读者批评指正！

赵志耘

2019 年 8 月 29 日

自　序

随着经济技术的发展，社会对客货运输的需求不断提高，不但要"走得了"还要"走得好"，不但要"运得了"还要"运得准"，新时代的大目标是满足人们日益增长的美好生活的需求。智能交通是面向交通运输的服务与管理系统，将先进的通信、控制、传感及云平台、大数据、物联网、人工智能、移动互联网等技术有效地综合运用于交通运输系统，使得交通的使用者、管理者、基础设施、环境和载运工具之间达到融合，从而形成安全、便捷、高效、绿色、经济的综合交通运输系统。

智能交通经过20余年的发展，在出行服务、交通管理等方面发挥了重要作用。社会上常常关注"智能交通"与"智慧交通"的定义或区别，笔者在研究过程中认为，无论是"智能交通"还是"智慧交通"，其内涵都是利用新技术赋能和驱动交通运输的发展，不管多么"智能"或"智慧"，均要服务于人和物的物理位移，应重点关注新技术带给社会用户或管理者的实效是什么，可以说安全、畅通、效率是智能交通和智慧交通的"初心和使命"，其核心是"交通"，而非"智能"或"智慧"本身，不必纠结两者的定义。

人工智能作为引领未来的新技术之一，已在人们生活的方方面面得到应用，交通运输必然是人工智能发展的重要应用领域。国家相关规划和政策也在积极推进人工智能在交通行业的应用，强化了人工智能在交通产业变革中的突出作用，必将迎来人工智能与交通运输深度融合的发展阶段。但需要注意，国家政策偏重于提出两者结合的发展方向，具体的实施工作还有待广大从业者来落实。基于人工智能技术在感知、决策、服务、管理等方面都能发挥作用，笔者团队着重于研究如何将人工智能技术应用到交通运输的具体场景和提出可操作的工程措施。

  本书力图思考人工智能与交通相结合的技术性、科学性问题，并从工程层面来探讨解决人工智能在智能交通系统中的具体应用，为智能交通的发展提供实质性的功能措施，以及有助于未来发展的落地方案，相关成果已在我国多个省市得到推广应用。由于本书成稿较早，笔者团队仍在持续研究人工智能技术在智能交通中的应用，未来愿意和同行进行进一步学习交流！

前　言

铁路、公路、水运、航空是关系国民经济大动脉的关键基础设施和重大民生工程，在我国经济社会发展中的地位和作用至关重要，支撑了世界最大规模的交通运输基础设施网络化运行、最大规模的人口日常出行和节日迁徙。交通不断发展的背后，离不开人工智能、大数据等强有力的科技创新支撑。

本书围绕交通运输存在的问题，对当前人工智能技术在智能交通中的应用场景进行了详尽的技术分析和探讨，介绍了具体的工程应用案例。全书由三大部分组成：第一部分思考"智能交通为什么离不开人工智能"（第一章），阐述了智能交通的定义，介绍了智能交通的发展历程、人工智能与现有交通产业的共同技术迭代及人工智能对交通行业的影响；第二部分描述"智能交通如何应用人工智能"（第二至第八章），阐述了交通行业在感知系统、交通管控、信息服务等方面存在的问题及发展趋势，结合实例论述了人工智能在深度学习、专家系统、计算机视觉、分布式人工智能、自然语言处理、逻辑推理等方面的主要技术，从状态感知、交通视频监控、智能语音、交通大脑、信息服务、机器人、预防性养护、能源互联网、5G、北斗及车路协同等方面，详细介绍了人工智能技术在交通行业的融合应用；第三部分介绍"人工智能在智慧公路的工程应用"（第九章），探讨了对智慧公路和新一代交通控制网的理解，主要从工程角度探索人工智能技术在智慧公路的应用，提出了基于云脑的智慧公路解决方案，并对未来广义车路协同的发展方向进行了展望。

交通运输部公路科学研究院北京中交国通智能交通系统技术有限公司在长期的研究和工程实践过程中，得到了行业内外专家及交通运输部领导的指导、院属单位的支持，经过不断学习、提炼，总结出有助于智能交通发展的解决方案。

本书由孟春雷、蔡蕾、王新科、王宏丹、王艺新、刘雨辰编写，编写工作得到北京航空航天大学王宝会教授及研究生刘雨莎、党高峰、张英韬、郑广远等的鼎力支持，还得益于李铁柱、高龙、马宇超、张佳惠、郝亮等的大力帮助和技术支持。在本书编写过程中，梳理了大量课题研究及工程实践的相关成果，从而形成本书内容，在此对所有参与研究与支持人员一并表示由衷的感谢！

鉴于人工智能技术与智能交通均处于快速发展之中，加上作者水平有限，书中难免会有不妥之处，敬请广大读者批评指正。

目　录

第一章 　交通运输与人工智能 / 001

　　第一节　我国交通运输的发展 / 001

　　第二节　智能交通的定义 / 003

　　第三节　国外智能交通发展现状 / 005

　　第四节　人工智能推动了智能交通的发展 / 013

　　第五节　人工智能在交通行业应用的政策环境 / 020

　　第六节　人工智能开启交通产业新业态 / 022

　　本章小结 / 025

第二章 　人工智能将成为未来交通的"千里眼"和"顺风耳" / 026

　　第一节　概　述 / 026

　　第二节　交通感知系统的发展历程及发展趋势 / 030

　　第三节　大数据和人工智能助力交通感知新技术传承
　　　　　　与融合 / 037

　　第四节　新技术条件下的"千里眼"和"顺风耳" / 050

　　本章小结 / 066

第三章 新一代云控中心是交通大脑的核心 / 067

第一节 概　述 / 067

第二节 交通管控现状及面临的问题 / 070

第三节 人工智能如何让传统监控中心变成交通大脑 / 074

第四节 通过交通大脑实现新一代的交通管控 / 091

本章小结 / 097

第四章 人工智能助力交通运输实现以人为本的服务 / 098

第一节 概　述 / 098

第二节 传统交通信息服务 / 099

第三节 人工智能让传统的服务更智能 / 104

第四节 人工智能在交通服务中的新应用 / 116

本章小结 / 128

第五章 机器人与交通深度融合发展 / 129

第一节 概　述 / 130

第二节 机器人的组成 / 131

第三节 人工智能助力机器人在交通运输中的应用 / 134

第四节 机器人在交通行业的应用 / 146

本章小结 / 156

第六章 人工智能可成为交通机电设施的家庭医生 / 157

第一节 概　述 / 158

第二节 传统交通机电设施管理 / 160

第三节 基于人工智能技术实现外科式管理向内科式管理的转变 / 161

第四节　具有预防性养护功能的资产管理系统 / 177

本章小结 / 181

第七章　人工智能提升交通能源供给新业态 / 182

第一节　概　述 / 183

第二节　公路能源供给发展历程及发展趋势 / 186

第三节　人工智能结合能源互联网推动交通能源转型 / 193

第四节　人工智能条件下的新型供能技术 / 199

本章小结 / 215

第八章　新一代宽带移动通信和定位技术赋能智能交通 / 216

第一节　概　述 / 216

第二节　移动通信技术的发展推动了智能交通发展 / 217

第三节　智能交通离不开定位系统的支持 / 220

第四节　5G 赋能智能交通 / 224

第五节　5G+ 北斗在智能交通中的应用场景 / 226

第六节　5G 及北斗高精度定位在智能交通中应用的一些探索 / 234

本章小结 / 236

第九章　新一代交通控制网和智慧公路 / 237

第一节　新一代国家交通控制网和智慧公路试点工程 / 237

第二节　对智慧公路和新一代交通控制网的理解 / 239

第三节　基于云脑的智慧公路解决方案 / 243

第四节　广义的车路协同是解决工程可落地的发展方向 / 259

本章小结 / 262

第一章

交通运输与人工智能

"天地交而万物通",交通是商品交换的先决条件,交通运输是国民经济中的基础性、先导性、战略性产业,是重要的服务性行业。随着社会经济的发展,人们出行需求和代步工具发生了巨大变化,出行需求不仅停留在"走得了",更要求"走得好""走得舒适"。交通运输系统已变成解决人和物在空间位置的快速、安全、便捷的物理位移,而智能交通是面向交通运输的服务与管理系统,将先进的信息、通信、控制、传感等技术有效地综合运用于交通运输、服务控制和车辆制造,使得载运工具、陆运／水路／航空／管道、使用者、道路环境四者之间紧密联系,从而形成一种安全、便捷、高效、绿色、经济的综合运输系统。

第一节 我国交通运输的发展

铁路、公路、水运、航空是关系国民经济大动脉的关键基础设施和重大民生工程,是综合交通运输体系的骨干和主要运输方式,在我国经济社会发展中的地位和作用至关重要。

我国的交通基础设施规模位居世界第一,良好的交通基础设施为智能化运营管理与服务奠定了坚实的基础。截至 2018 年年底，全国铁路营业里程达到 13.1 万公里，其中，高铁营业里程 2.9 万公里以上，位居世界第一；公路总里程 484.65 万公里，高速公路里程 13.79 万公里，位居世界第一；内河航道里程 12.71 万公里，等级航道里程 6.64 万公里，港口万吨级及以上泊位数量 2444 个，全国港口拥有生产用码头泊位 23 919 个，位居世界第一；城市轨道交通运营里程 5281.1 公里，位居世界第一；共有颁证民用航空机场 235 个，其中，定期航班通航机场 233 个，定期航班通航城市 230 个（图 1-1）。

图 1-1　截至 2018 年年底我国交通运输基础设施基本情况

我国交通运输载运工具数量取得跨越式发展。截至 2018 年年底，全国汽车保有量达 2.4 亿辆，小型载客汽车保有量达 2.01 亿辆，私家车保有量达 1.89 亿辆；全国拥有公路营运汽车 1435.48 万辆，包括载客汽车 79.66 万辆、载货汽车 1355.82 万辆（其中，专用货车 52.63 万辆）；拥有水上运输船舶 13.70 万艘，集装箱箱位 196.78 万标准箱；拥有公共汽电车 67.34 万辆、轨道交通车站 3412 个、运营车辆 34 012 辆、巡游出租车 138.89 万辆、城市客运轮渡船舶 250 艘。

我国交通运输服务水平显著提升。截至 2018 年年底，完成营业性客运量 179.38 亿人，旅客周转量 34 217.43 亿人公里，营业性货运量 506.29 亿吨，货物周转量 199 385.00 亿吨公里。

我国交通固定资产投资快速增长。2018年完成交通固定资产投资32 235亿元，其中，铁路固定资产投资8028亿元，公路建设投资21 335亿元，水运建设投资1191亿元，公路水路支持系统及其他建设投资824亿元，民航固定资产投资857亿元。

交通有力支撑了中国经济的高速发展，支撑了世界最大规模的交通运输基础设施网络化运行、最大规模的人口日常出行和节日迁徙、最大规模的贸易运输和货物流转，极大地便利了人们的出行。目前，我国已成为名副其实的交通大国，在"互联网＋交通"应用方面已是交通强国。

第二节　智能交通的定义

经过20余年的发展，智能交通在交通管理、公路收费、出行服务等方面起到了重要作用。当"智慧交通"名词出现时，很多专家就在思考"智能交通"与"智慧交通"的区别。比较典型的说法是"智能交通是将先进的信息技术、数据通信传输技术、电子传感技术、控制技术及计算机技术等有效地集成运用于整个地面交通管理系统而建立的一种在大范围内、全方位发挥作用的实时、准确、高效的综合交通运输管理系统"，而"智慧交通是在智能交通的基础上，融入物联网、云计算、大数据、移动互联等高新IT技术，通过高新IT技术汇集交通信息，提供实时交通数据下的交通信息服务"。

假如"智慧交通"这个概念没有出现，当社会出现物联网、云计算、大数据、移动互联等高新IT技术时，这些新技术也必然会应用到智能交通中，因此，新技术应用到智能交通领域是社会发展的必然产物，"智慧交通"和"智能交通"这两个概念没有本质区别。我们应当关心"智慧交通"和"智能交通"的核心内涵，其内涵就是利用新技术来驱动智能交通的发展，也可以说成技术侧驱动供给侧结构性提升，利用物联网、云计算、大数据、人工智能等新技术提升交通感知与交互能力，最终应用于交通管理和服务。所以说，无论是"智慧交通"

还是"智能交通",其核心是交通,其核心目标是提升交通的安全、畅通和节能水平,即通过突破人类自身感知和反应约束,实现协同智能化来降低事故和伤亡率,达到安全的目标;突破交通流理论约束,通过广义控制改变交通行为,提升路网交通承载能力,达到畅通的目标;突破信息不对称约束,由个体和局部最优转变为全局最优,实现交通资源最高效利用,达到节能的目标。总之,安全、畅通和节能是智能交通的初心和使命。

智能交通是利用信息、通信、控制、集成四大核心要素,支撑基础设施数字化和先进感知信息设施,并集成应用于人、车、路、环境相融合的交通运输系统中,提高交通系统运行的有序性和可控性,从而建立起安全、畅通、节能的综合交通运输体系(图1-2)。

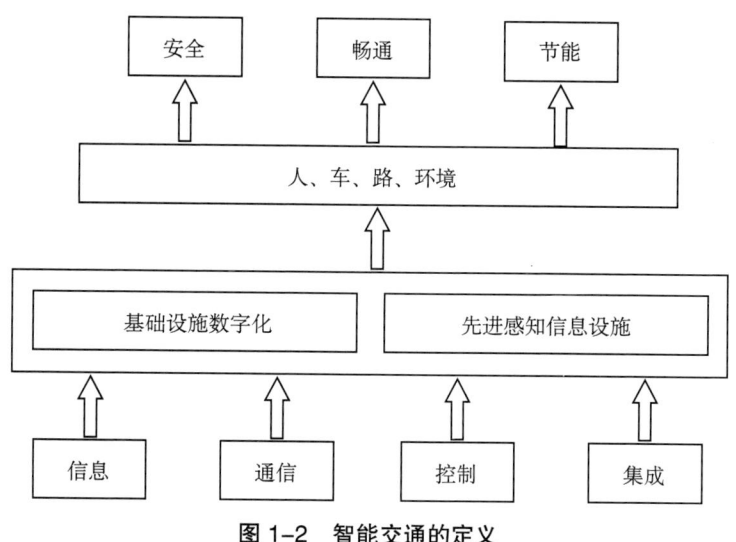

图1-2 智能交通的定义

智能交通系统主要包括交通信息系统、交通管理系统、智能公路与车路协同系统、城市公共交通管理系统、客货运输管理系统、交通信息服务系统、电子收费系统七大方向(图1-3)。

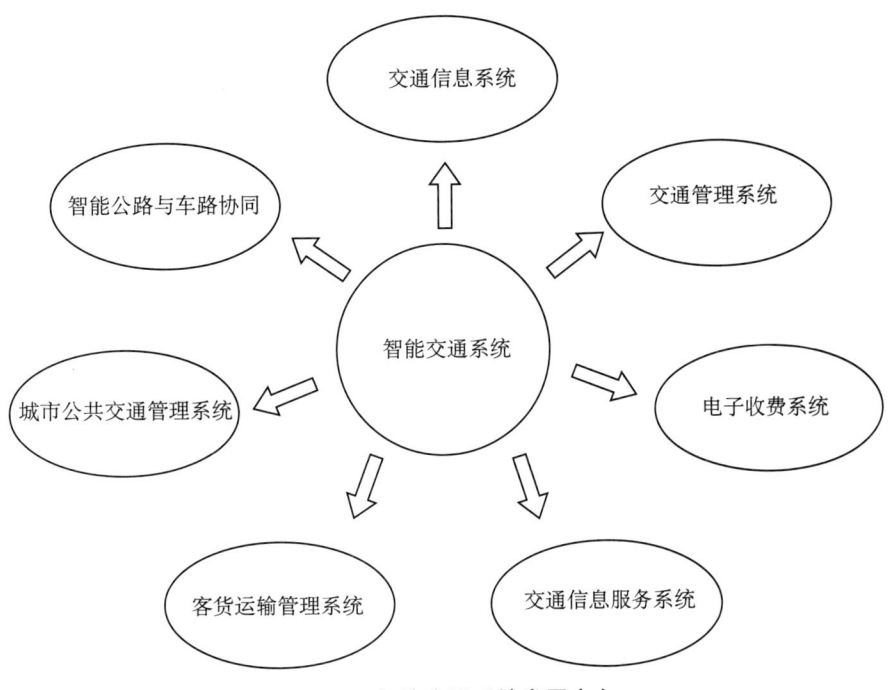

图 1-3 智能交通系统发展方向

第三节 国外智能交通发展现状

美国、日本、欧洲等是智能交通发展较为领先的国家和地区，从其发展情况来看，智能交通的核心是解决交通事故、交通拥堵、交通环境污染等问题。经过 30 余年的发展，美国、日本、欧洲等在智能交通体系（ITS）框架构建基础上，完成了重点领域大规模应用，并取得巨大成就。

我国正式研究和开发智能交通系统的工作是从 20 世纪 90 年代中期开始的，历经 20 余年。随着科技的高速发展，智能交通系统理念不断深入人心，智能交通系统得到了初步的推广，尤其是 2007 年 10 月我国成功举行"第 14 届智能交通世界大会"后，全国各地交通管理部门、政府部门纷纷意识到智能交通系统的重要性，为智能交通系统的建设奠定了良好的社会基础，智能交通系统步入一个新的发展时期。

一、国外发展状况

（一）美国

美国是应用 ITS 较为成功的国家之一。1995 年 3 月，美国交通运输部发布了《国家智能交通系统项目规划》，规定了智能交通系统的七大领域，包括出行需求管理系统、出行和交通管理系统、公共交通运营系统、商用车辆运营系统、电子收费系统、应急管理系统、先进的车辆控制和安全系统（图 1-4）。

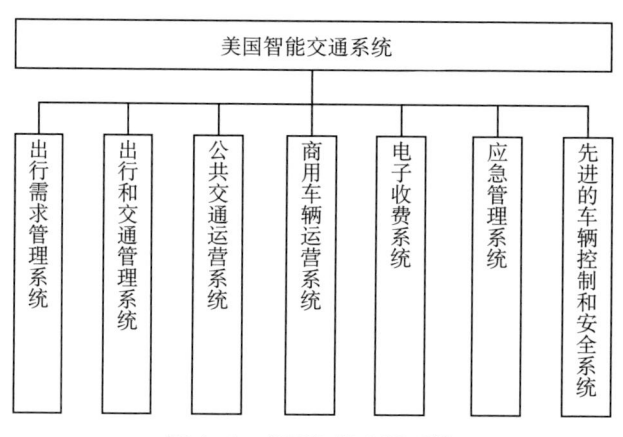

图 1-4　美国智能交通系统

在未来智能交通发展方面，美国在《美国 2045 交通运输展望》中提出的到 2045 年的交通蓝图如下。

①车联网将极大提高车辆行驶安全，使交通事故死亡率在未来下降 80% 以上；

②机器人正在改变交通运输系统的管理方式，在很多方面发挥重要作用（如设施检测），这将对交通运输行业的就业产生深远影响；

③下一代航空运输系统将引领美国航空运输迈向更加安全、高效的未来，到 2020 年该系统能够实现每秒钟更新 3 万架航空器的实时坐标和速度；

④在出行者实时信息方面,90%的成年人拥有手机,20%的人使用手机查阅实时路况和公交信息,智能手机普遍应用于导航;

⑤在大数据应用方面,全球数据量将以每年40%的速度递增,强大的数据处理能力将使拼车、合乘、实时响应公交服务变为现实。

(二)日本

日本是当今世界上智能交通系统应用最为广泛的国家,其智能交通体系框架包括先进导航系统、自动收费系统、辅助安全驾驶、交通管理的最优化系统、道路管理的高效化系统、先进的公共交通系统、商用车的高效化、行人辅助系统和紧急车辆辅助运行系统(图1-5)。

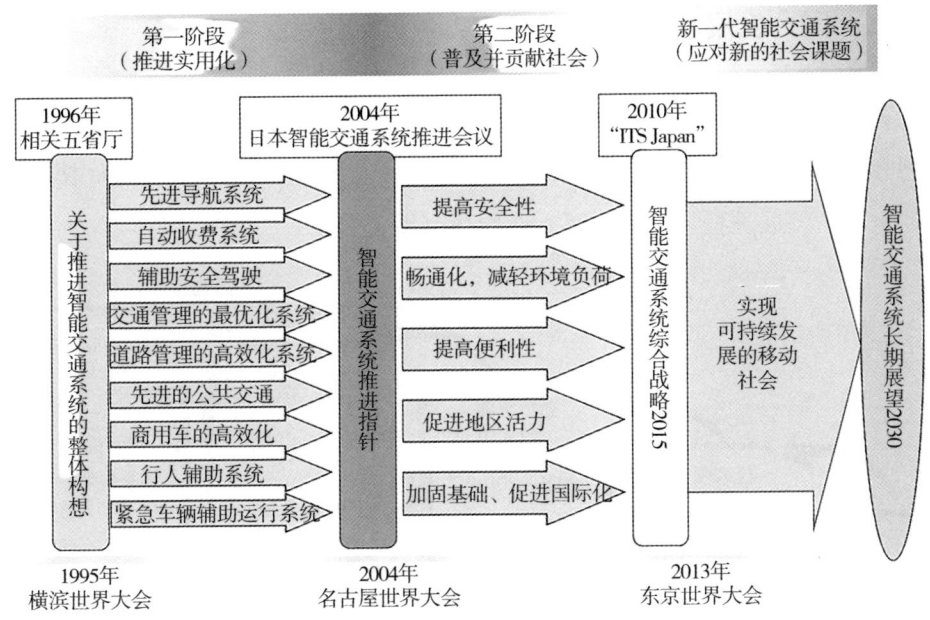

图1-5 日本智能交通发展情况

(三)欧洲

欧洲在智能交通系统应用方面的进展介于日本和美国之间。在交通管理服务方面，欧洲高速公路的智能化管理以"主动交通管理"为核心，重点关注交通出行者的需求，提供信息给出行者，用以提高出行的可靠性，并建立出行者和管理者之间的信息交互。

在未来智能交通发展方面，欧洲提出未来公路是灵活的、智能的、永不封闭的。未来公路可安装大量传感器，用于自我监测，如在路面出现坑洼之前发出求援信号，对于维护老旧公路十分重要；希望寄托于光纤，凭借光波传递信息，如埋在道路下面的光纤可以记录以微米计的变形，未来这些传感器将部署在敏感地点，与中央系统联通；道路环境温度传感器将能使人们更明确地应对恶劣天气，如可避免"过早或过迟"撒盐化雪；公路还可能成为自己的能源供应者，如夏天储存热量，冬天保持不结冰。

二、国内发展状况

我国的智能交通系统研究起步相对较晚，但发展十分迅速。经过数十年的发展和积累，我国在智能交通技术研发、产业发展、系统建设等方面取得了长足的进步，发展进程可分为如下 5 个阶段（图 1-6）。

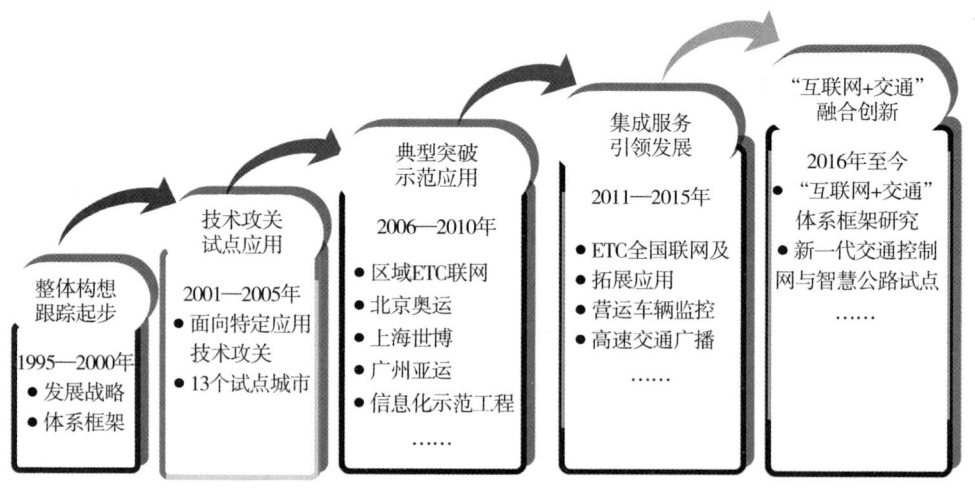

图 1-6 我国智能交通发展进程

第一阶段：整体构想和跟踪起步阶段。

第一阶段比较有代表性的工作是公路建设开始向高等级公路建设转变、高速公路机电工程三大系统体系形成、城市道路交通控制系统开始应用、智能交通发展战略和体系框架雏形初步构建。

①高速公路建设的战略转变。1993年6月，全国公路建设工作会议明确了我国公路建设向高等级公路建设的战略转变，对我国尚处起步阶段的高速公路建设是极大的推动，在我国高速公路建设史上具有里程碑的意义。

②高速公路机电工程三大系统体系形成。当时比较有代表性的工程是京津塘高速公路。京津塘高速公路是我国第一条经国务院批准并部分利用世界银行贷款按国际项目管理模式组织建设的跨省市高速公路，其通信、监控、收费三大机电工程系统技术水平与国际接轨，是中国高等级公路建设的新起点，也是高速公路机电工程三大系统体系形成的基础。

③城市道路交通控制系统开始应用。北京、上海等城市开始建立交通控制系统，在城市街道路口附近安装磁性环路检测器，并由路口控制装置或工作人员将控制参数通过通信网络传输给微处理器，用小型计算机进行集中控制，对事件周边路口、快速路出入口进行控制，减少交通拥堵。

④城市交通控制和机电工程三大系统的发展，推动智能交通发展战略和体系框架雏形初步构建。我国关于智能交通的论述可追溯到1993年交通部公路科学研究所的王彦卿研究员在《公路交通科技》上发表的《IVHS——当代交通工程的前沿技术》，介绍了智能路车系统的基本概念、技术要素及国外发达国家的开发情况，为我国高速公路建设提供参考借鉴。之后，公路科学研究所的刘以成发表《世纪之交的中国公路交通科技》一文，提出了智能交通系统发展要建立专门的研究机构和积极开展智能交通研究的明确建议。1998年公路科学研究所主持研究了"中国ITS体系框架"课题。研究历时10年，设计了中国智能交通系统的逻辑结构和物理结构，于2006年发表了《中国智能交通系统发展战略》，构筑了我国智能交通体系框架的雏形。

第二阶段：技术攻关和试点应用阶段。

第二阶段比较有代表性的工作是北京、上海、天津等13个城市智能交通系统试点应用、高速公路收费系统省内互联互通。

① 13个城市智能交通系统试点应用。2000年科技部牵头，会同国家计委、经贸委、公安部、交通部等10多个相关部委联合成立了发展智能交通系统的政府协调领导机构，设立"智能交通系统关键技术开发和示范工程"项目。2001年全面启动了北京、上海、天津、重庆、广州等13个城市作为我国智能交通系统示范城市进行试点应用，主要包括电视监视系统、警车GPS智慧调度系统、交通信号控制系统、交通管理动态静态信息系统、交通收费和汽车智能导航等，这些试点应用为智能交通发展奠定了基础。

② 高速公路收费系统省内互联互通。ETC是智能交通系统应用比较早且比较广泛的系统。从2001年开始，交通部公路科学研究所就高速公路收费系统关键技术和标准开展研究，同时在我国东部省份开展省内高速公路联网收费工作。比较有代表性的省际联网工程是京沈高速公路联网收费工作，随着天津宝坻主线收费站、河北玉田主线收费站拆除，山海关和万家主线收费站两站合一，京沈高速公路全程联网收费开始运行，车辆通行速度大幅提升。

第三阶段：典型突破和示范应用阶段。

第三阶段比较有代表性的工作是北京奥运、上海世博、广州亚运的智能交通管理与服务综合系统建设和以京沈高速联网收费为代表的ETC跨区域联网收费工程。

①"十一五"期间，智能交通系统相关成果和技术为北京奥运、上海世博、广州亚运的智能交通管理与服务综合系统建设提供基础，直接支撑了上述大型活动的成功举办。2008年奥运会期间，北京建立了实时、准确、高效的交通运输综合管理和控制系统，直接推动北京建立交通运行协调指挥中心（TOCC）；奥运期间建立了交通综合信息平台与服务系统，可存储、处理和发布综合交通信息，可为公众出行提供多方式、全方位的交通信息服务，为交通管理决策提

供支持；通过在出租车、公交车、警车等安装定位和无线通信装置，建立了浮动车交通信息采集系统，与交通数据中心进行信息交换，实时采集交通信息，通过主动感知和交互实际应用，奠定了众包数据应用的基础。

②京津冀和长三角区域高速公路联网不停车收费示范工程建设推动全国联网收费应用。随着《电子收费 专用短程通信 物理层》《电子收费 专用短程通信 数据链路层》等系列标准发布及省内高速公路实现全网收费系统联网，为实现跨区域高速公路联网收费建设，2007年4月交通部下达了《关于开展京津冀和长三角区域高速公路联网不停车收费示范工程建设的通知》（交公路发〔2007〕161号），北京、天津、河北、江苏、浙江、上海、安徽和江西开展高速公路联网示范工程建设。2008年，为进一步指导、规范高速公路区域联网不停车收费示范工程建设，根据《收费公路联网收费技术要求》，交通运输部组织制定了《高速公路区域联网不停车收费示范工程暂行技术要求》，作为我国ETC系统建设的重要指导文件，成功指导了各地ETC系统的建设和应用。截至2009年5月底，已有北京、上海、江苏、江西、福建、安徽依据上述标准及规范建设和开通了ETC系统，共建设不停车收费车道约400条，支持国标储值刷卡的车道约9000条。

第四阶段：集成服务和引领发展阶段。

第四阶段比较有代表性的工作是全国29个省份ETC基本联网、中国高速公路交通广播五省市示范工程、全国重点营运车辆联网联控、以互联网公司为代表的信息服务。

①全国29个省份ETC基本联网。2015年交通运输部开展了全国29个省份ETC联网，纵贯南北、互通东西的全国ETC联网格局就此形成，2100余万用户实现了一卡畅行全国。

②中国高速公路交通广播京、津、冀、湘、渝五省市示范工程。继2009年3月交通运输部与中央人民广播电台实现战略合作以来，2010年10月交通运输部公路局和中央人民广播电台联合率先启动了京津塘高速公路调频广播试点工

程，取得了较好的交通服务效果和良好的社会反响。2011年7—11月，完成京津塘高速公路调频广播试点工程基础建设，2012年6月26日，中国高速公路交通广播（京津塘段）FM99.6正式开播，实践表明中国高速公路交通广播全国推广已经具备基础。2013年7月30日，交通运输部发布了《关于开展中国高速公路交通广播示范工程建设的通知》（交公路发〔2013〕449号），开展建设京、津、冀、湘、渝不少于5000公里高速公路及其相邻干线公路的应急服务交通广播覆盖系统。中国高速公路交通广播是交通行业实现以人为本、人民满意交通的具体抓手。

③全国重点营运车辆联网联控。2015年，交通运输部为规范道路运输车辆动态监督管理行为、落实运输企业监控主体责任、提升道路运输安全管理水平，发布了《全国重点营运车辆联网联控系统考核管理办法》，该文件要求各级道路运输管理机构组织本辖区内联网联控系统的考核管理工作，负责组织实施对下级监管平台的考核管理；地市、县级道路运输管理机构负责对辖区道路运输企业监控平台的考核管理，履行安全监管责任。

④以互联网公司为代表的信息服务开始应用。交通移动应用依赖于通信网络发展，这个阶段正是4G应用时代。4G能够快速传输高质量的数据、音频、视频和图像等，能够满足几乎所有智能交通应用场景对于无线服务的要求，对智能交通产生了革新换代的影响。随着智能终端的普及，地图、交通、公交类App应用在交通的众多细分领域百花齐放，如高德地图、百度地图等导航应用，同时，民航信、中航信、铁路部门12306等购票软件也开始应用。

第五阶段："互联网+交通"融合创新阶段。

第五阶段比较有代表性的工作是国家高度重视"互联网+交通"工作并发布了系列政策要求、新一代交通控制网和智慧公路试点工程、党的十九大明确开展交通强国建设。

①国家高度重视"互联网+交通"深度融合。2016—2017年，国务院相继印发了《关于积极推进"互联网+"行动的指导意见》《关于印发促进大数据发展行动纲要的通知》《"十三五"现代综合交通运输体系发展规划》，将信

息化技术作为现代综合交通运输体系发展的重要引擎。《"十三五"现代综合交通运输体系发展规划》首次将智能交通、"互联网＋"和大数据提升到国家战略层面。

②交通运输部开展九省市新一代国家交通控制网和智慧公路试点工程。2017年，交通运输部为落实《交通运输信息化"十三五"发展规划》《推进智慧交通发展行动计划（2017—2020年）》的要求，开展了智慧公路与新一代国家交通控制网试点承担省份遴选工作。经专家评审，由北京、福建、广东、河北、河南、吉林、江西、浙江、江苏等9个省市承担试点工作，明确新一代国家交通控制网和智慧公路试点的6个方向，即基础设施数字化、路运一体化车路协同、北斗高精度定位综合应用、基于大数据的路网综合管理、"互联网＋"路网综合服务、新一代国家交通控制网。

③党的十九大报告明确建设交通强国。党的十九大报告提出了建设交通强国的发展目标，为我国交通运输行业发展指明了方向。从行业发展来看，经过交通运输行业几十年的建设，我国已成为名副其实的交通大国。当前社会的主要矛盾已经转变为人们日益增长的美好生活需要与不平衡不充分发展之间的矛盾，核心是以人民为中心，提升交通运输安全、便捷、高效、绿色出行水平。2018年全国交通运输工作会议指出：从现在到2020年，是全面建成小康社会的决胜期，交通运输行业既要为决胜全面建成小康社会做好服务，当好先行，又要为建设交通强国绘好蓝图、打好基础、开启新征程。2019年9月，中共中央、国务院印发了《交通强国建设纲要》，从整体性角度对智能交通系统做了总体要求，中国智能交通系统迎来了一个新的发展阶段。

第四节 人工智能推动了智能交通的发展

人工智能与交通深度融合是智能交通发展的必然阶段。信息是智能交通系统的基础，有了信息才能够实现对现有交通状况的准确监测和预测，有了信息才能开展先进的交通信息服务系统，有了信息交通管理系统才能够实现由传统单一的交通信号控制转变到智能化的信号控制、交通诱导、停车管理等一系列全方位、趋于精确的管理和控制，并根据交通状态的变化随时调整控制策略。面对交通视频、交通流数据、养护数据、收费数据等海量信息，如何处理、分析和决策，面对数据处理与分析的"瓶颈"，其必是人工智能的用武之地。

一、人工智能是什么？

人工智能(Artificial Intelligence, AI)是现代计算机科学下的一个重要分支。某些方面像普通人一样，AI可以"看到"和"听到"环境的各种变化，同时也可以根据周围环境的各种变化和反应做出合理的判断并相应采取行动，从而可以实现某些预定目标。通俗地讲，人工智能本身就是一种高级的现代计算机程序，有明确的方向和目标，能够"看到"（计算机视觉）或"听到"（自然语言处理）环境的变化，从而能够感受到周围环境的各种变化，根据不同的目标对环境变化做出不同的判断和反应，实现既定的目标。

人工智能早在20世纪40年代就已诞生，经历潮起潮落，随着相关技术的不断成熟，人工智能已经成为当仁不让的时代宠儿，成为当前最为火热的技术领域之一，经过60余年的发展，道路虽然起伏曲折，但成就可谓硕果累累。无论是基础理论创新、关键技术突破，还是规模产业应用，都是精彩纷呈，使我们每一天都享受着这门技术带来的便利。

当前人工智能存在两条技术发展途径：一条途径是基于大数据和深度学习的数据智能，比较有代表性的案例是2016年谷歌围棋机器人AlphaGo战胜世界围棋冠军李世石时，人类已意识到机器能够实现人类思维活动的穷尽；另一条途径是模拟人类大脑的类脑智能。基于大数据和深度学习的数据智能有很多优点，但存在自适应能力弱、高度依赖模型方法、需要消耗大量计算资源等缺点；模拟人类大脑的类脑智能更符合大脑认知能力，具有自主学习、关联分析能力强、鲁棒性较强等特点。

人工智能的应用领域主要在深度学习、专家系统、计算机视觉、分布式人工智能、自然语言处理、逻辑推理与定理证明、机器翻译、模式识别、符号计算等方面（图1-7）。目前，人工智能还处于概念性和战略性阶段，理论还比较基础和简单，仍是基础非扎实的工程学科，无法对场景的普适性常识进行理解。在这种情况下，人工智能应用在交通行业的最突出场景是自动驾驶，这两种技术途径是相互形成、互相促进的。

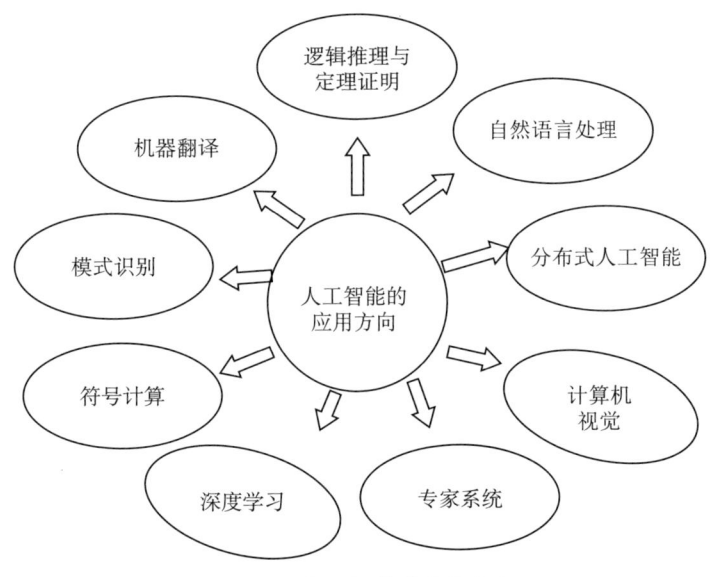

图 1-7　人工智能的应用方向

二、人工智能对传统交通领域的影响

目前，中国在交通基础设施、交通出行者、交通参与者方面已是世界第一交通大国，但不是交通强国，人工智能是引领未来的战略技术，在交通行业势必会引起很多技术层面的变革，推动中国实现交通强国战略的落地。智能交通系统从处理流程上分为智能感知、交通数据处理、交通决策、交通信息发布和交通应急处置5个过程，与人工智能的智能感知、精确性计算、智能反馈控制

3 个核心环节基本一致，两者有着天然的融合土壤。与智能交通结合后，智能交通业务场景驱动促使行业转型升级，创造更多的价值，引领创新产业模式，有助于提高乘客安全性，提高交通决策准确性和实时性，减少交通拥堵和交通事故，减少碳排放，并最大限度地降低总体支出。

（一）人工智能与交通视频深度融合，扩大高清图像处理技术的应用布局，提升预警、态势感知及监测能力

当前交通基础设施中，传统的视频设备依旧占大多数，基于视频的人工智能分析计算，图像和视频是着力点。通过图像技术的基础性研究和人工智能与视觉处理的算法相结合，提升预警、态势感知及监测能力，可应用于视频稽查、交通事件检测、交通治理、态势感知等领域；将深度学习应用到人脸识别中，可将识别的精确度提高到肉眼级别，可应用于交通人脸识别快速安全登车，如用 E 证通电子身份证体验无证通行，可以大大加快客流量较多地区的安检效率和通行效率，实现智能快速通行，同时提高安全性。

（二）人工智能与语音业务深度融合，可加强语音技术在智慧出行中的深入应用，增加公众出行幸福指数

语音应用是人工智能与交通行业融合非常好的应用场景之一。第一，人工智能应用到基于语音交互的服务，为智慧出行提供便利，包括汽车导航、路况信息查询、车辆调度等，用语音取代手动，支持用户通过自然语音进行导航指令操作。第二，基于人工智能的语音识别、语音合成和语义理解等技术，通过语音输入的方式自动理解用户的准确业务需求，实现自动服务，来减轻人工服务压力。例如，会话机器人已可以在网络上互联各方面的服务技能，通过语义理解技术与服务行业的深度结合，实现了服务层层接力直至解决客户问题，能够为客户提供各项解决方案。与此同时，对于城市交通的拥堵、事故等问题，会话机器人可以作为交通助手全面解答问题。

（三）人工智能在交通数据处理中深度应用，可强化数据挖掘深度和提高决策准确性，更好地服务于交通管理与服务

人工智能的发展离不开数据的支撑，数据是基础。如何把交通数据提炼成交通信息、把交通信息提炼成知识、把知识提炼成智能是非常重要的，也是人工智能技术与交通数据深度融合的核心环节。通过利用人工智能等先进技术，首先，把人、交通工具、交通基础设施和交通环境4个交通要素之间的关系直接转变为交通数据之间的数据交互，并能用结构化数据来表达；其次，通过足够的计算能力模拟人的某些思维过程和行为，并对分析收集到的数据信息做出判断；再次，对感知的信息进行自我训练、深度挖掘、逻辑判断、高效决策；最后，利用智能反馈控制系统将处理结果转译为可接收的信息传输给人机交互界面或外部设备，实现人机的信息交流和物理互动。人工智能融入智能交通以后，一定是数据从IT到OT再到ET的过程，定会推动当今交通行业的再次转型与创新发展。

（四）人工智能助力从云端处理转向边缘，让信息交互更快更准

随着更多的实时决策需要减少决策时间，以通过连接的感知设备和应用人工智能等关键技术可实现更智能的操作，这将推进数据处理和计算能力转向边缘，以实现更加动态的实际应用。通过视频基础设施与边缘云技术的深入融合，将强大的智能计算能力转移到离数据源更近的地方，再加上与云端计算良好协同，从而使设备变得更加智能。在自动驾驶领域，边缘计算至关重要，因为自动驾驶汽车上数百个传感器每小时预计将产生40 TB的数据量。从安全性的角度而不是从成本的角度考虑，数据的处理必须实时完成。因为当遇到紧急情况时，如汽车前方突然出现车辆，这时自动驾驶系统必须依赖实时高效的边缘计算给予决策支持，并做出应急处理。

（五）人工智能促进车路协同在交通落地，同时推进自动驾驶的发展

"聪明的车"和"智慧的路"一定是相辅相成、互相支持的。人工智能技术

推动了图像识别的精确度提高到肉眼级别、语音语义的自动识别和高度匹配，支撑了单个车辆自动驾驶的实现。与此同时，人工智能技术也推动了云计算和边缘计算在交通侧的落地，使得车路智能化水平同步提升，最终实现车路协同、自动驾驶。

三、人工智能在交通行业的应用

人工智能已在人们生活的方方面面得到了应用，无论是工作、学习还是生活都离不开科技的支撑，交通出行和管理自然是被列入人工智能最佳应用场景之中。目前，人工智能已在状态感知、交通监管、智能语音、分析决策、信息服务、机器人、预防性养护和车路协同等领域得到应用，如图1-8所示。

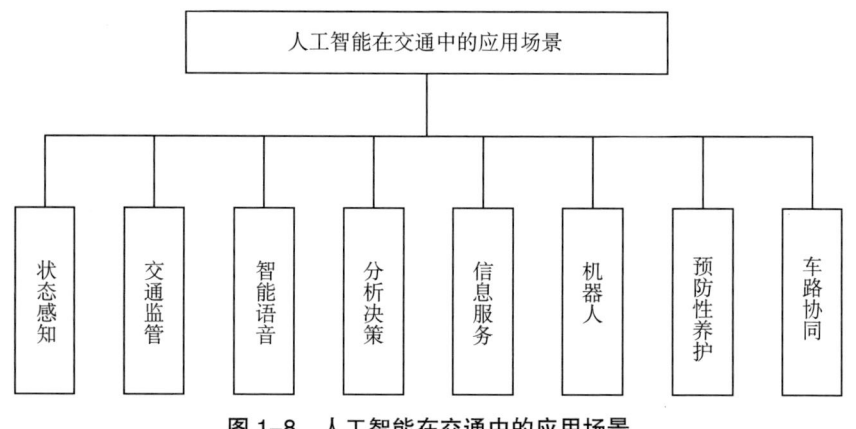

图1-8　人工智能在交通中的应用场景

（一）状态感知

状态感知是智能交通系统的基础和核心，需要采集和获取各种交通数据来支撑交通管理、服务和安全。交通状态感知数据包括交通状态信息、气象环境状态信息、公路结构设施状态信息三大类。

（二）交通监管

交通运输在铁路、公路、航空及城市领域都布设了大量的视频监控，在智能交通监控系统中，最关键的一项技术是计算机视觉技术。计算机视觉是一门研究如何使机器"看"的科学，通过应用人工智能技术，借助摄像机进行目标检测识别、跟踪、测量及决策。在交通监控中应用人工智能可实现交通事件自动检测和预警、交通视频图片自动检索、交通收费稽查等。

（三）智能语音

智能语音主要应用于交通呼叫中心、汽车导航、路况信息语音查询等应用场景。目前，很多省的交通监控呼叫中心都已引入智能语音机器人提供交通咨询和服务。

（四）分析决策

人工智能应用到交通大数据中，可提升交通决策水平，同时使得交通管控更精准、更实时。交通大脑中最常用的是交通决策，包括交通运行状态预测、气象预报预警、交通事件预测、航班延误预测、地铁站内流量预估、更精细化更可靠的调度、机电预防性养护、交通路径规划、交通投资决策等。

（五）信息服务

人工智能应用到交通信息服务的场景主要包括城市公交精准路径规划、公交精准到站预测、基于位置的伴随式信息服务、基于数据融合的应急广播服务、面向驾驶员的路径导航和诱导、智慧服务区、智能停车、网约车智能服务、面向用户喜好的个人诱导推送服务等。

（六）机器人

交通行业机器人主要包括应用于高速公路服务热线的语音机器人、应用于桥梁检测的检测机器人、应用于隧道救援的消防机器人、应用于交通管理的巡查无人机等。

（七）预防性养护

人工智能应用在基础设施方面，一方面实现了交通土建基础设施预防性养护；另一方面通过使用传感设备感知预测交通机电设施的寿命，并为未来资金预算提供重要依据。

（八）车路协同

人工智能、北斗定位、大数据、云计算等新技术的应用，共同促进了基于车路协同的自动驾驶发展。人工智能助力基于车路协同的路侧基站边缘计算，助力自动驾驶车辆根据车辆周边环境及后台信息综合处理对车辆进行及时控制。

第五节　人工智能在交通行业应用的政策环境

随着我国经济的发展，人和物对交通运输都提出了更高需求，不但要"走得了"还要"走得好"，不但要"运得了"还要"运得好"，我国当前社会主要矛盾也发生了变化，从供给不足与需求增长的矛盾，转变为人们对美好生活的向往与交通发展不平衡不充分的矛盾。人工智能在与交通融合创新、在交通行业落地生花的同时，国家对于人工智能在交通领域落地高度重视，相继出台多项政策予以支持和助推。

一、《新一代人工智能发展规划》为人工智能与交通的融合指明方向

2017年国务院发布《新一代人工智能发展规划》，国家将促进智能交通发展，研究建立营运车辆自动驾驶与车路协同的技术体系；研发复杂场景下的多维交通信息综合大数据应用平台，实现智能化交通疏导和综合运行协调指挥；加快

智能终端核心技术和产品研发，发展车载智能终端等移动智能终端产品和设备，拓展产品形态和应用服务。发展自动驾驶汽车和轨道交通系统，加强车载感知、自动驾驶、车联网、物联网等技术集成和配套。

二、国家相关规划和政策积极推进人工智能在交通行业的应用

工业和信息化部印发的《促进新一代人工智能产业发展三年行动计划（2018—2020年）》推动了人工智能技术在交通行业的集成应用及产业化。人工智能标准化论坛发布了《人工智能标准化白皮书（2018版）》，全面统筹规划和协调管理我国人工智能标准化工作，推进人工智能在交通行业的标准化。交通运输部发布的《数字交通发展规划纲要》，为人工智能在交通数据创新赋能方面提供了良好环境，提升了出行和物流服务品质，让数字红利惠及人民，增强人民获得感。

三、数字化、网络化、智能化是在一个层面上融合发展，而不是在三个层次上递进发展

习近平同志在2018年两院院士大会上的重要讲话指出，世界正在进入以信息产业为主导的经济发展时期。我们要把握数字化、网络化、智能化融合发展的契机，以信息化、智能化为杠杆培育新动能。数字化、网络化、智能化是新一轮科技革命的突出特征，也是新一代信息技术的核心。数字化为社会信息化奠定基础，网络化为信息传播提供物理载体，智能化体现信息应用的层次与水平，三者是相辅相成的，共同推动交通行业的发展。

四、《交通强国建设纲要》进一步强化了人工智能在交通产业变革中的突出作用

2019年9月中共中央、国务院印发了《交通强国建设纲要》，在"科技创

新富有活力、智慧引领"部分，提出"（一）强化前沿关键科技研发。瞄准新一代信息技术、人工智能、智能制造、新材料、新能源等世界科技前沿，加强对可能引发交通产业变革的前瞻性、颠覆性技术研究……（二）大力发展智慧交通。推动大数据、互联网、人工智能、区块链、超级计算等新技术与交通行业深度融合。"

五、新基建推动人工智能在交通行业加速落地

2020年3月4日，中共中央政治局常务委员会会议提出要加快5G网络、数据中心、人工智能等新型基础设施建设进度；同时，2020年4月20日，发展改革委解读："新型基础设施是以新发展理念为引领，以技术创新为驱动，以信息网络为基础，面向高质量发展需要，提供数字转型、智能升级、融合创新等服务的基础设施体系。"因此，在新基建国家政策背景下，人工智能会与交通紧密融合并开展广泛应用。

人工智能作为一项基础技术，从国家顶层设计方面已经越来越受重视，其渗透至各行各业，助力传统行业实现跨越式升级，提升行业效率，正在逐步成为掀起互联网颠覆性浪潮的新引擎。

第六节　人工智能开启交通产业新业态

顺应技术发展趋势，发达国家都在调整布局智能交通的发展，也从不同角度展示了智能交通系统的发展趋势。《交通强国建设纲要》的发布标志着我国智能交通系统迎来了一个新的发展阶段，建设交通强国是以习近平同志为核心的党中央着眼全局、面向未来做出的重大战略决策，是交通行业发展的重大机遇，是新时代做好交通工作的总抓手。

可以想象，在不久的未来，随着人工智能、云计算、北斗定位等技术的发

展，实时感知与交互将实现定制出行、共享工具等全新的出行服务模式；交通系统中更快、更灵活的各类新型交通工具将不断出现，交通流优化调控将成为人、车、路、环境和谐的重要标志，汽车智能化、自动化将使出行更安全、更舒适。全时空交通信息感知、智能网联汽车、车联网等成为智能交通系统的热点，而这些工作离不开人工智能技术的支撑，人工智能推动了交通行业转型发展和形成新的业态。主要体现在以下几个方面。

一、交通基础设施网、运输服务网、能源网与信息网络四网合一的新型基础设施是未来交通运输的发展方向

以前交通基础设施网、运输服务网和信息网络三网融合提得比较多，目前我国能源体系正面临革命性变化，未来能源体系将向清洁和绿色转型，交通基础设施网、运输服务网、能源网与信息网络四网合一将成为必然趋势。智能基础设施应为未来新能源车辆和智能车辆提供新型能源供给设施和信息传输设施，并且这两种基础设施密不可分，建设过程中要把"四网合一"的新理念贯穿始终，最终在未来交通系统中实现安全便捷的运输和高效运行。

二、移动互联网推动体验型信息服务快速发展，出行服务向一站式出行服务平台及MaaS（出行即服务）发展，无处不在、随需而动成为发展趋势

企业尤其是移动互联网企业以用户需求为中心，以用户体验为途径，以提高用户黏性为目标加入到交通运输服务中来，利用智能手机、终端和移动互联网开发的智能交通系统应用越来越多，利用人工智能、大数据、云计算等技术精确掌握用户的需求，强调服务与物理网络的无关性。智能交通提供的信息服务将无处不在，可根据出行者在时间、费用、舒适、低碳等不同方面的需求，随时随地提供个性化、多样化的信息服务。

三、强化基础设施数字化，实现交通数据全息、实时、动态获取，支撑智能交通深度发展

基础设施数字化是交通强国建设的基础，数据是关键要素，通过将促进先进信息技术与交通运输深度融合，构建数字化的采集体系、网络化的传输体系和智能化的应用体系，以基础设施数字化赋能交通运输及关联产业，推动模式、业态、产品、服务等联动创新，是支持交通强国建设的具体体现。

四、交通大脑是智能交通系统的中枢神经

管理决策大脑是智能交通的核心组成部分，是交通运行管理能否实现"智能化"的核心，是提高各级交通部门管理效率、打破信息盲区的重要支撑。建立交通大脑，从政府决策与服务，到人们出行方式的选择，再到交通的产业布局和规划，以及交通的运营和管理方式，都将在交通大脑的支撑下走向"智慧化"。交通大脑一般由交通云控平台及依托平台建设的管理应用构成，建设可实现跨部门、跨行业的数据交换与共享平台，大数据分析平台可支撑大量数据、高访问量、实时可靠计算的需求。

五、人工智能是撬动智能交通发展的核心利器

在国家的大力支持与推动下，国内智能交通发展速度较快，从运载工具、基础设施的信息化建设，到通过信息化手段提升交通运输管理能力、服务水平及应急保障方面都取得了较大的成绩，但未来的智能交通一定是数字化的交通，以数据为关键要素和核心驱动的现代交通运输体系一定需要人工智能技术来引发交通产业变革，一定需要人工智能技术与交通行业深度融合来推进数据资源赋能交通发展，加速交通基础设施网、运输服务网、能源网与信息网络融合发展。

六、北斗定位与人工智能等互相促进智能交通发展

交通运输系统是解决人和物在空间位置的快速、安全、便捷移动，因此大部分应用场景都与位置相关，可以说，交通运输行业是北斗系统最大的民用行业之一，其自身点多、线长、面广的特点对位置服务提出了巨大需求，而北斗定位与人工智能都具有无所不在的特点，既有联系又有区别，在新兴产业中各有其位，它们同属于新一代信息技术群体，它们共同推进的是现时代最为伟大的智能信息产业。因此，可以说智能交通的发展离不开北斗定位、人工智能、大数据等新技术的支撑。

七、5G 是通信技术发展的趋势

移动通信技术的变革已对交通运输的组织、运营和管理模式产生了深刻影响，促进了智能交通的发展。5G 的高速率、低时延、广连接可为交通提供更快、更宽的传输通道，将产生更多全新的智能交通应用，如利用 5G 使边缘计算扩展到路侧端，使自动驾驶成为可能。可以说，5G 促进交通变革，交通加快 5G 落地。

本章小结

本章主要从智能交通的定义、国内外研究现状、人工智能对交通行业的影响及在交通行业的应用、人工智能推进交通行业新业态发展等方面展开。可以说，人工智能是智能交通发展的必经之路，面对日益增长的交通管理压力，只有积极推动大数据、人工智能与现有交通产业的共同技术迭代，才能开启交通产业的新业态。人工智能在交通行业的应用包括智能感知、交通大脑、智能服务、机器人和智能定位等，我们将在后面的章节陆续介绍，这些应用都是在落实《交通强国建设纲要》，为推动交通强国发展提供基础和支撑。

第二章

人工智能将成为未来交通的"千里眼"和"顺风耳"

由前述可知,智能交通是助推交通强国战略的重要手段,而智能交通的发展需要数字化基础设施做支撑,使其既能及时精准地了解交通情况、道路本身结构情况、环境情况,也能将这些信息及时有效地发送给需要的人们,指导管理者和出行者做出正确的选择。感知系统是数字化基础设施的重要组成部分,也是未来智能交通发展的重要支撑,它能够及时、精准地掌握交通、道路、环境的变化乃至人的行为,也正是有了感知系统,才会让出行变得随心所欲,让管理变得得心应手。随着人工智能、大数据、互联网、云计算等新一代信息技术带来的强大助推力,交通感知系统的精度和广度都有了较大幅的提升,成为公路聪慧的"眼睛"和灵敏的"耳朵",为落实交通强国建设目标提供有力的基础保障。

第一节 概 述

随着我国经济及交通行业的快速发展,人们的出行需求也越来越高,对交通的考验也越来越严峻。纵观近30年的发展历程,无论是从量上,还是质上,

第二章 人工智能将成为未来交通的"千里眼"和"顺风耳" 027

交通行业都经历了翻天覆地的变化。随着新一代信息技术给交通行业带来的较大推动与冲击,智能交通将成为未来交通发展的主要方向。

提及智能交通,这里我们将介绍其中一个重要"角色",它就是"感知系统"。为什么说其是重要角色呢?我们都知道交通发展的基础条件是具备完善的基础设施,而智能交通的发展除了需要完善的基础设施作为基础外,还需要有全面、精准、及时的交通信息数据作为支撑。离开了信息数据,智能交通将寸步难行,而感知系统就是信息数据采集和获取的重要手段和设备,它能够在时间、空间上全息、及时、有效地采集到公路的路况状态、环境状态及设施状态等重要信息,犹如管理者的"千里眼"和"顺风耳"。如图2-1所示,感知系统在不同时域或空域所承担的责任略有差别,当无异常出现时,感知系统可以源源不断地感知各类信息,并对信息进行分析判断,配合相应的管理和服务手段,使交通保持安全运行的常态;当出现轻微异常状态时,感知系统可以快速感知异常信号,进行分析研判危险源并做出有效的预防,将出现异常的概率降至最低,使交通回归到常态;而一旦不可避免地出现事件后,感知系统则可以快速感知到异常的类型、影响范围等,从而使管理者和社会用户能够做出正确的行为。可以说,感知系统是保证交通常态、交通"大脑"发送指令和多样化服务的底层基础保障。

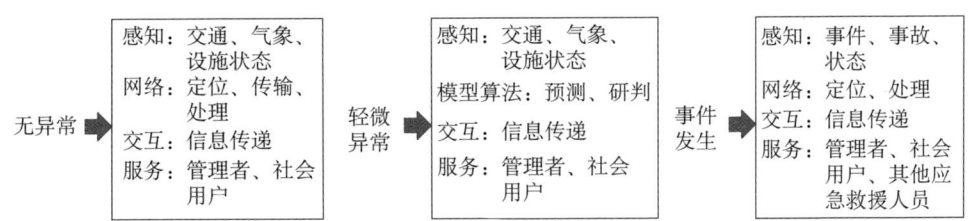

图2-1 感知系统的基本功能

根据前面描述的感知系统功能定位,感知系统采集和获取的信息种类多样,总体来说主要包括以下3类,如图2-2所示。

第一,交通状态信息。交通的本质是人、车、物在时间和空间内的位置移动,而交通状态数据是这一位置移动过程中人、物与车、车与车、车与路之间是否行驶正常的重要表征。因此，交通状态数据是感知系统需要采集的不可或缺的数据。获取的交通状态信息包括交通流、交通量、交通组成、交通密度、车速、车辆信息、行驶轨迹、交通事件、路网数据、"两客一危"数据等。

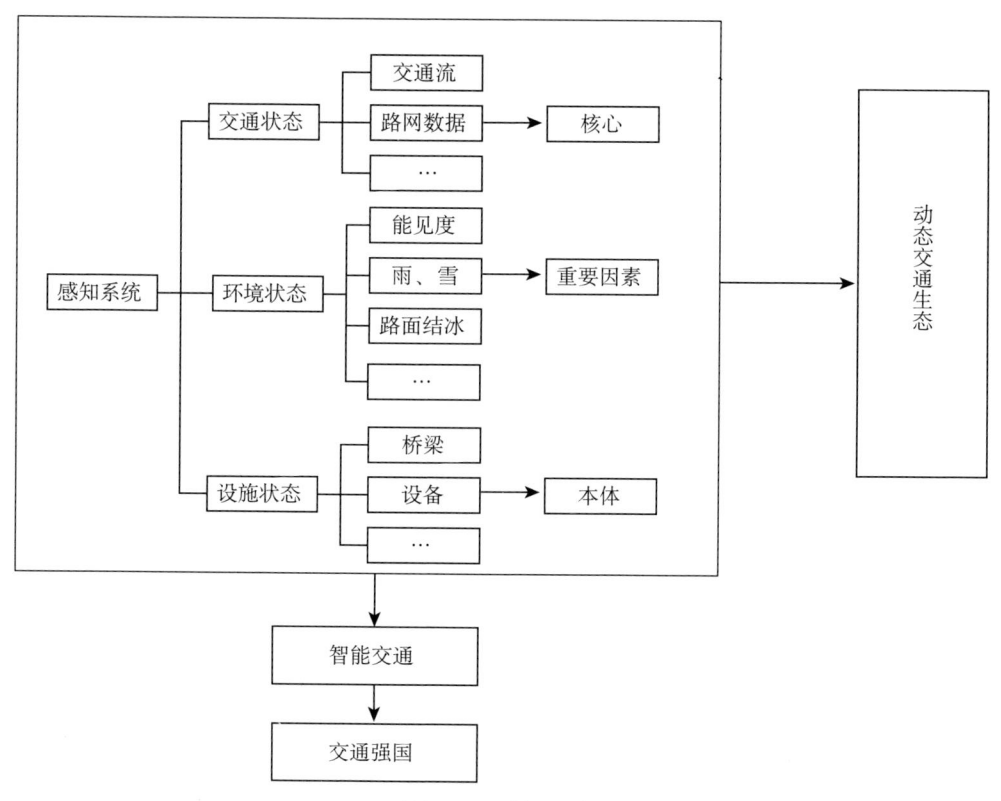

图 2-2 感知系统

第二，气象环境状态信息。天气环境是影响交通安全和畅通的重要因素之一，大雾、暴雨、暴雪等恶劣天气极易诱发交通拥堵和交通事故，灾害天气多发的季节性因素往往给交通安全工作带来很大压力。如何精准掌握气候变化，减少其对交通造成的不良影响，一直是交通部门关心的大事。因此，对气象环境的精准预测预报对于交通来说至关重要。获取的气象环境状态信息包括能见度、温度、湿度、路面结冰、大雨、大雪、降水量、风速、横风等。

第三，公路结构设施、机电设施的健康状态信息。公路一般由两大类设施构成，一类是结构设施，如路基、路面、桥梁、隧道，它们是承载交通的主要载体。另一类是机电设施，它们是交通正常运行及公路管理与服务的基础保障。二者是影响交通安全和畅通的重要因素，因此，它们也是感知系统监测的重要对象。

我国公路行业建设起步相对较晚，较早期的公路仅仅是为了满足出行者能够达到出行目的地，并未过多地考虑安全、高效、便捷等功能需求。到了20世纪80年代，我国第一条高速公路建设运营，早期的感知设备开始出现在公路舞台，也即监控系统。这时期的感知系统基本上都是由各个路段的建设单位进行建设并使用的（图2-3），主要是对道路黑点、繁忙路段交汇点、隧道口、主要道路及公共大桥等位置进行监视，往往只能直观地看到某段道路小部分的实况，这种监控方式对突发性较强的交通异常事件通常无法预测，所建设的感知设备为单向数据感知设备。

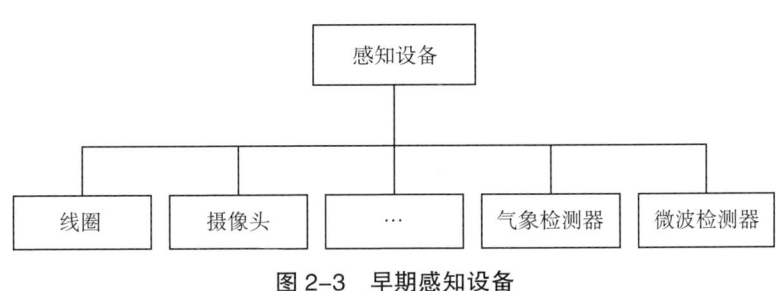

图2-3　早期感知设备

随着交通行业的快速发展，感知系统已经不限于单一的数据来源和单向的数据传输，多元双向、更安全、更便捷、更精准、可持续、旅游服务设施、商业环境等的需求逐渐增强。党的十九大明确提出互联网、大数据、人工智能和实体经济深度融合，如何让公路具备"千里眼"和"顺风耳"，使出行者和管理者能够"运筹帷幄""决胜千里"是交通行业不断研究的动力和目标。交通管理模式也将从原来的"事后处理"演变为"事前预防"。

在高度信息化的数字时代，每时每刻都有许许多多的"眼睛"和"耳朵"在感知并产生大量的数据，有文本、语音、图像等。交通运输部发布的《数字交通发展规划纲要》强调，以数据为关键要素，赋能交通运输及关联产业，并提及促进先进信息技术与交通运输深度融合，以"数据链"为主线，构建数字化的采集体系、网络化的传输体系和智能化的应用体系，加快交通运输信息化向数字化、网络化、智能化发展，为交通强国建设提供支撑。如何更好地让数据为交通服务呢，人工智能技术的应用将这一规划变成了现实。

第二节 交通感知系统的发展历程及发展趋势

一、传统的感知系统

20世纪80年代伊始，感知系统，也就是监控系统，负责对高速公路交通流状态及交通设施和交通环境状态进行监测与控制，其目的是保证道路行车安全和运行畅通。具有代表性的设备主要有线圈检测器、视频检测器、气象检测器等，对于隧道等封闭结构物，还有火灾报警器、CO检测器及能见度检测器等，在2005年前后，交通行业开始出现边坡、桥梁、隧道等结构状态监测技术。这几类感知设备在特定时期内都肩负着感知的重任。

（一）环形线圈

环形线圈是目前世界上技术较为成熟的交通状态检测设备，可以获得当前监控路面交通流量、占有率、车速、车头时距等数据，以此判定道路阻塞情况。它的工作原理是：由环绕成匝的专用电缆及其馈线构成环形线圈，通过变压器接到被恒流源支持的调谐回路，环形线圈构成调谐回路的电感部分，并在线圈周围产生电磁场（图2-4）。当有车辆行驶至此处时，车体内形成的感应电涡流产生与原磁场相反的磁场，导致原线圈磁场变化，从而判断车辆通过或存在。

环形线圈埋设于路面以下，运营道路如若安装地感线圈，需破坏路面，且地感线圈的埋设原则上要考虑面积的大小（或周长）和匝数，可以不考虑导线的材质。但在实际工程中，必须考虑导线的机械强度和高低温抗老化问题，在某些环境恶劣的地方还必须考虑耐酸碱腐蚀问题。

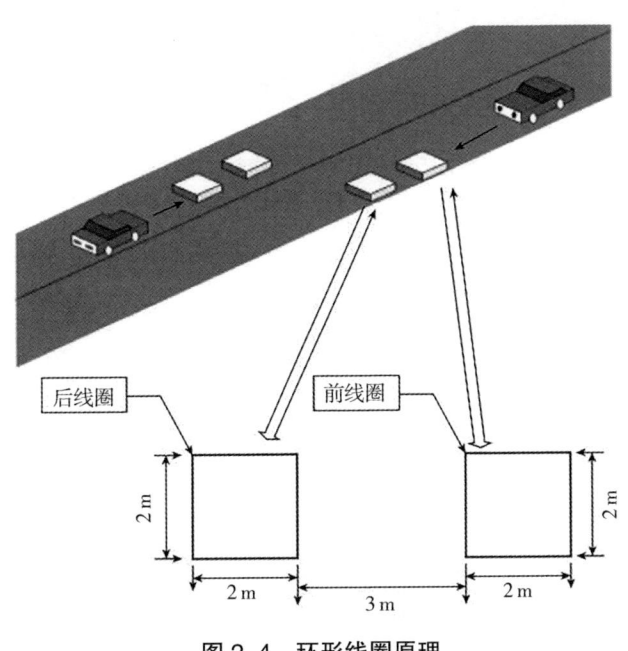

图 2-4　环形线圈原理

（二）微波车辆检测技术

微波车辆检测器属于交通情况调查类检测设备，主要是利用数字雷达波检测技术实时检测道路的交通流量、车型、平均车速及车道占用率等交通数据，早期广泛应用于高速公路、城市道路、桥梁等进行全天候的交通检测（图 2-5）。微波车辆检测器在车型单一、车流稳定、车速分布均匀的道路上准确度较高，但是在车流拥堵及大型车较多、车型分布不均匀的路段，由于车辆之间的相互遮挡，测量精度会受到比较大的影响。

a   b

图 2-5 微波组合式车辆检测器

（三）视频检测技术

视频监控是目前交通行业应用最广泛的核心设备之一，也是应用时间较长的一类感知设备，经历了从模拟视频到数字视频，从数字视频到标清视频，再从标清视频到高清视频几个时代的变化（图 2-6）。视频技术的应用快速地推动了交通感知技术的发展，能够获取关键节点处的视频流数据，监测公路、城市、

图 2-6 公路监控摄像机

枢纽等重要路段，通过视频数据分析可以识别道路交通状态、车辆身份信息、结构状态等。

在视频技术基础上，交通事件检测技术逐渐发展起来，能够实时分析检测视频，监控道路状况，及时甄别发现交通事故、异常停车、车辆逆行、道路遗撒、人员闯入等多种交通事件，并能够实时预警，做到了早发现、早处置、早疏导，从而改善了交通状况，提高了道路交通通行能力。但是对于视频来说，环境对其的影响较为明显，在特殊天气条件或故意遮挡、污损号牌、假套牌等情况下，摄像机感知的视频数据无法识别车辆的准确身份信息。

（四）超载车辆检测技术

为了保证公路的正常使用寿命，降低运营养护成本，我国公路法对公路允许的车辆最大轴载和总重进行了规定。对于高速公路来说，一般从收费匝道引出一条车道，用来检测超载车辆，重型货车需进行静态或慢速行驶车重检测。称重设备有应变式、压电式和电容式等多种类型。这种方式虽然能够检测出超重车辆，但是需要车辆驶入专用车道，且一车一检，在大型车辆占比较大的道路极易出现车辆拥堵。

（五）气象检测技术

早期的气象检测设施主要是气象检测器，在高速公路沿线结合路线的地形、地物、环境条件进行设置。根据需要，气象检测器可检测到风速、风向、温度、湿度、能见度、路面湿滑、雨雪等气象状况（图2-7）。后期随着气象监测技术的发展，有一部分气象检测器还可以根据实时数据提供短时间内的特殊气象状况预报。

从交通安全和运维管理的需求来看，当然希望气象预报又"早"又"准"。这些检测器早期由公路行业自己管理、自己维护，但在实际工程中发现，大多数气象

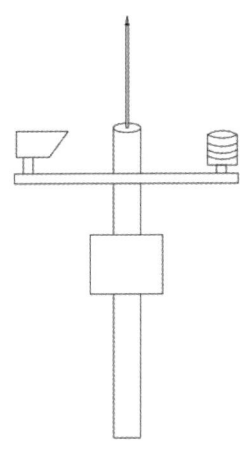

图 2-7 气象检测器

检测器感知的数据准确度不够或颗粒度较粗，无法满足交通行业对环境气象预测预报的需求，原因主要有两个方面：一是气象检测器布设间距较大，从经济成本角度考虑，也无法做到全线覆盖；二是由于专业差异，交通部门对气象检测器的专业维护、精度调节等能力有限，导致采集的数据精度不高。

（六）结构健康监测技术

早在1997年，Housner等人就对结构健康监测技术进行了深入的研究，其基本目的是从营运状态的结构中获取并处理数据，以此来评估结构的主要性能指标，为结构运维及管理决策提供基础支撑（图2-8）。结构健康监测的对象一般是桥梁、隧道、边坡路面等结构物。采用的监测系统一般可分为传感器系统、数据采集系统、数据处理与控制系统及结构健康与评估系统。结构健康监测及诊断评估需要从采集的大量数据中提取能够反映结构状态的特征值，这必然对数据量、数据精准度、数据融合处理、多学科的密切合作及性能决策等方面有较高的要求。早期常用的方法是应变片，但受限于技术条件，结构健康监测的准确度不高，导致工程实际应用效果不尽如人意。

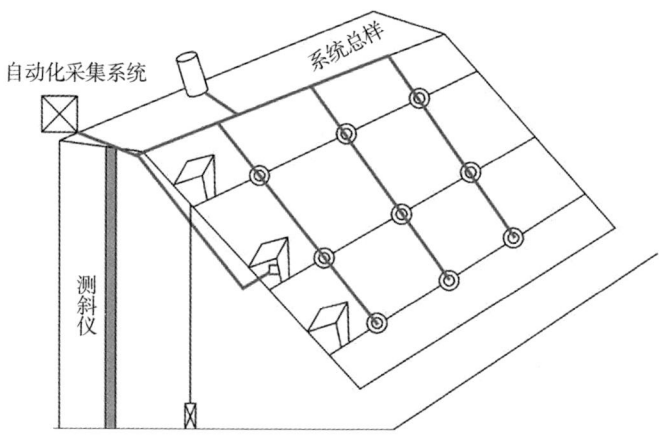

图2-8 边坡结构简况监测

二、行业面临的痛点问题

前面提到的这些感知系统在我国公路建设过程中发挥了重要的作用。近年来,虽然公路行业感知系统的建设投入和新技术应用有了较大的进步,然而随着经济、技术的发展及人民对交通需求的不断增加,传统的感知系统逐渐表现出不适应性,无法匹配未来交通的发展需求(图2-9),主要表现为以下3个方面。

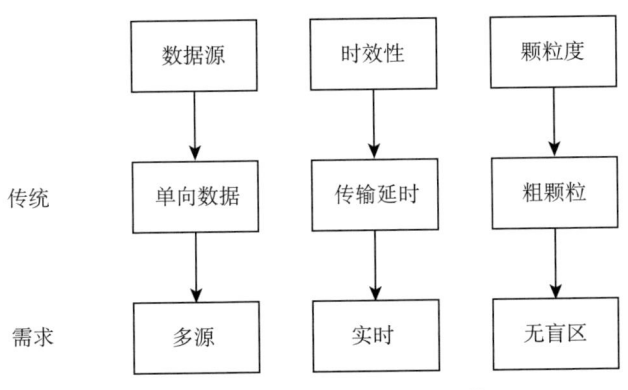

图2-9 感知系统的技术"瓶颈"

第一,数据来源单一。早期的感知数据主要是交通行业自己建设的感知设备采集而来的且多为单向数据,数据源极其单一,并且公路行业长期形成的以资产、地域单元为主体的管理体制,高速公路与普通公路相对独立的"二元"管理架构,以及"建管养运"相关管理机构分设的业务模式,导致部门信息化形成大量"烟囱"与"孤岛",数据资源被分割在各个环节和机构。

第二,实效性较低。传统感知系统中,采集后的数据需要传到监控中心,监控中心处理后再反馈到前端,而且在传统的闭路电视监控模式下,高速公路监控中心值班人员需要24小时轮班监视大量的视频画面,不仅远远超出常人的接受能力,而且实效性较差。

第三,颗粒度较粗。造成传统感知系统颗粒度较粗的主要原因有两个:一是公路交通以带状分布为主,仅靠公路行业沿线配套设施有限,无法做到无盲区的全覆盖感知，精准度不足。二是设备自身特征影响。以视频摄像机为例，其工作原理决定了其在夜晚及雨、雪、沙尘、浓雾、烟尘、眩光等恶劣环境条件下无法正常工作，而且由于汽车尾气、油污、风沙雨雪等的污染，视频摄像头必须由人工进行定期清洗。以上原因使得目前的视频监控设备无法充分发挥其在设计安装之初和预设条件下的监测效果，不能完全满足管理和服务的需求。

三、发展趋势

随着全国各地对路网管理工作重视程度与资金投入的加大及新技术的快速发展，全国路网运行自动化监测感知发展势头良好，公路网运行可视、可测、可控程度将达到新高度，移动互联网、人工智能、大数据、5G、移动智能终端等新技术、新装备及管理和服务的功能需求等，正以多种方式驱动着交通感知体系向新的方向发展。

一是本质驱动，即数据赋能交通，多源数据融合与交互趋势明显；二是模式驱动，即多模式深度融合将占据主导地位，交通的发展不再是交通行业一个领域的事情；三是技术驱动，即人工智能、边缘计算、大数据、云计算等新一代信息技术将驱动感知系统快速发展；四是功能驱动，即感知系统将为管理和服务提供基础保障；五是目标驱动，即支撑数字化基础设施，助力交通强国建设（图2-10）。

综上所述，全方位、无死角的全息感知是交通最核心的功能。那么，人工智能能否成为交通的"千里眼"和"顺风耳"，助力交通的感知数据？我们可以从交通相关数据的角度进行了解。

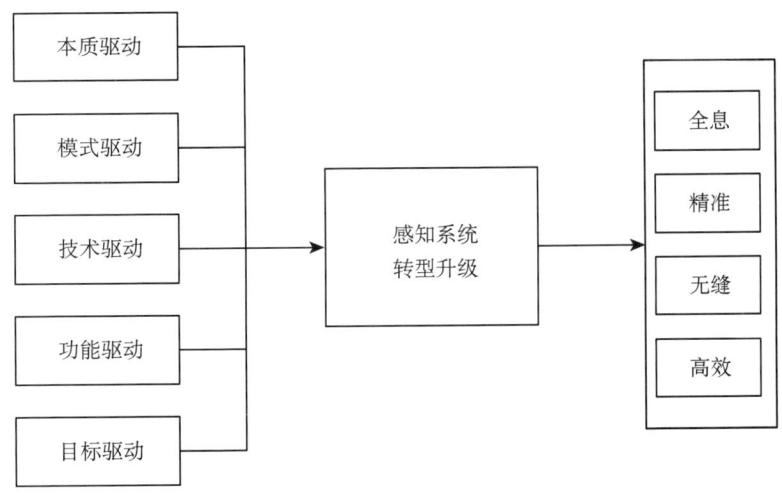

图 2-10　感知系统的发展趋势

第三节　大数据和人工智能助力交通感知新技术传承与融合

随着人工智能、大数据、互联网、云计算、北斗定位、手机信令等技术与交通感知系统深度融合，感知手段和能力得到了较大的提高，感知的数据源更丰富、数据采集更先进、数据类型更多样、数据处理更快速、数据分析更精准，从而实现了动态交通流的提取计算、路段拥堵分析及车辆轨迹与旅行时间预测等功能，用户现场体验感、真实感强烈，其实时性与准确性已可以满足公众出行和行业监测的基本需求。

一、多源数据采集应用，让感知无处不在

数据采集，即通过传感器等将外界的数据进行记录并通过一定途径输入到系统中来。数据采集技术涉及领域广泛，如交通监控摄像头对于违章车辆信息数据的获取，导航 App 对于车流量大小数据的实时获取等。随着多媒体和互联网的迅速发展，数据源及需要获取的数据量逐渐增多，借助新型计算机技术来

对这些数据进行快速、高效、准确采集显得十分重要。

（一）多媒体数据采集

随着新一代信息技术的发展，多媒体数据采集的可实现形式多种多样，在交通行业中常用的多媒体数据采集方式主要有语音数据采集和视频数据采集。

1. 语音数据采集

语音数据采集主要是通过特征提取、模式匹配等的技术将获取的语音转化为文本信息，再通过语义理解技术把文本信息中的意思提取出来，转变成计算机能够理解的文字形式（图2-11）。这一系列过程可以将语音采集与处理功能集成到语音转化的 App 中，可以满足大部分的语音交互场景。数据采集可以通过语音 SDK，同时将采集到的语义信息转化为文本指令存储到数据库中。

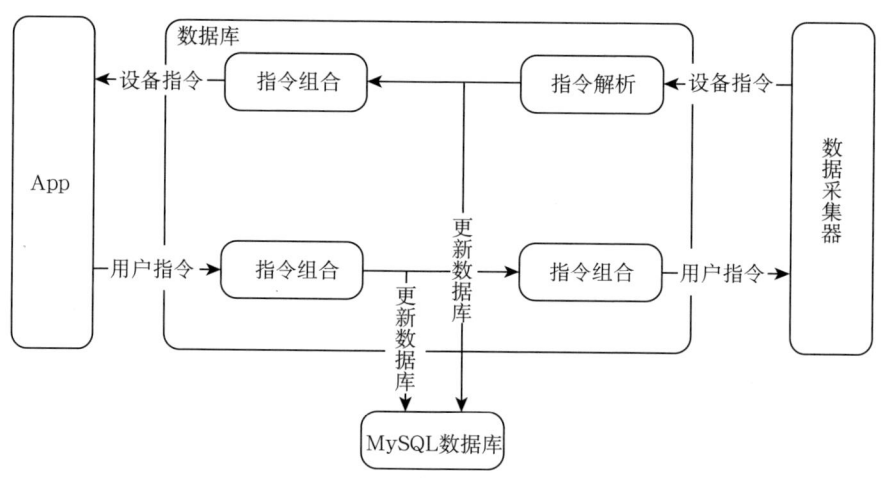

图 2-11　语音数据采集实现流程

2. 视频数据采集

根据视频数据其体量庞大的特点进行特征提取，然后分类存储，这样才方便后面步骤的进行。首先从摄像头或其他视频录制设备将视频采集过来；然后存储到相应的视频服务器，通过相应软件（如 Kafka）将存储好的视频数据上传到服务器进行相关处理（如特征提取和视频压缩）；最后，大数据平台接收相应的处理结果。

（二）互联网大数据采集

由于科学技术及互联网的高速发展，各行各业每天都会产生数量巨大的数据信息碎片，数据计量单位从 B、kB、MB、GB、TB 发展到 PB、EB、ZB、YB，甚至 BB、NB、DB，如此海量的数据就需要借助人工智能技术来进行采集。

互联网大数据采集主要有互联网众包数据采集、Web 爬虫数据采集和日志数据采集等。

1. 互联网众包数据采集

首先，我们需要知道在互联网大数据中非常重要的一个概念，即什么是数据众包。众包指的是一个公司或机构把过去由员工执行的工作任务以自由自愿的形式外包给非特定而且通常是大型的大众网络的做法。在实际生活中，人们对交通信息的需求日益增加，各种交通 App 的普及使人们步入交通大数据时代，这些 App 实际上就是数据众包的应用。利用这些用户的出行数据，既可以为大众提供交通信息及出行指导建议，又可以同交通服务机构进行对接，集成到交通决策支持系统，从而为大众提供精准的交通服务。

除了通过 App 这样的方式，还可利用各种可穿戴设备（如苹果 Apple Watch、三星 Gear 和华为手环等）通过监测使用者的运动步数、出行轨迹、常去场所等出行指标，为大众提供基于个人大数据的出行管理建议。但是，这些可穿戴设备只收集某方面或特定指标的数据，并且相互间是竞争关系，缺乏数据联动意愿，因此，用户的数据被散落于各种可穿戴设备中。

2. Web 爬虫数据采集

爬虫技术实质上是使用一种网络程序实现搜索引擎的下载和网页存储的功能，从而对数据信息进行采集。在用爬虫程序对网络上的信息进行采集的过程中，会获取到网页中的非结构化数据，通过一定的方式将非结构化数据转化为结构化数据，以便于互联网数据的传输与存储，从而转化为可供人们使用的数据信息。数据采集调用关系如图2-12所示。

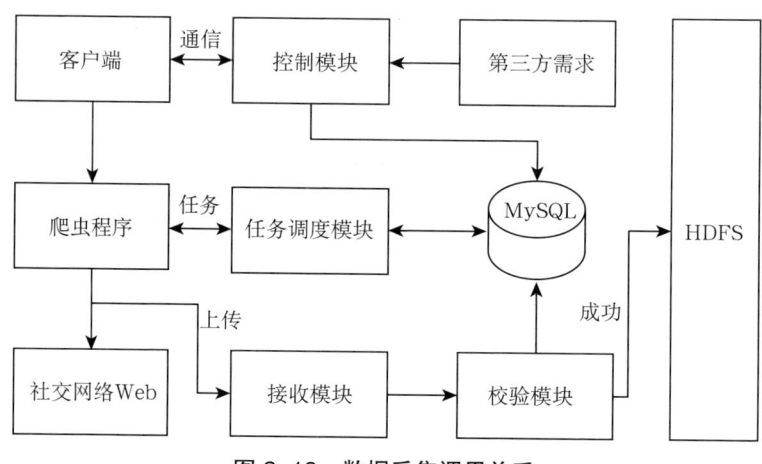

图2-12　数据采集调用关系

3. 日志数据采集

随着信息技术的快速发展及分布式系统的部署，系统日志数据增长速度日益明显，系统日志数据采集和运行监控难题日益突出。尤其是在交通行业数据繁杂的今天，对系统日志数据进行采集的新型技术需求更加迫切，因此，需要构建开发新的分布式系统日志数据采集系统。

分布式日志数据采集系统架构如图2-13所示。交通系统输出的日志数据存储在业务管理系统中的消息中间件ActiveMQ中，同时由ActiveMQ驱动程序信息服务将信息推送到日志采集系统。日志数据采集系统提供了数据接收接口，并将接收到的数据缓存文件存储到ActiveMQ中，可以提高日志数据的接收能力。ActiveMQ程序信息服务项目集群可将数据转换、清洗并将其存储到非结构化数据库MongoDB中。

在上述采集技术支撑下，采集的数据种类和数量较传统采集方式将发生质的变化，那么如何将海量的大数据加以串联、融合、分析并发掘出有价值的数据，以创造满足公众交通出行需求的服务，提升基础设施的数字化水平，这就是数据采集中融入计算机技术的意义。

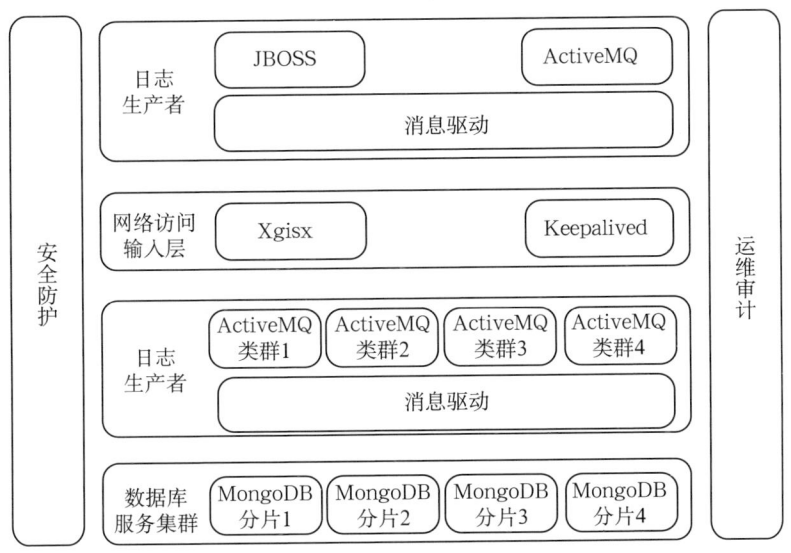

图 2-13　分布式日志数据采集系统架构

二、强大的数据预处理能力，提高数据精准度

在实际的数据采集过程中，我们得到的数据会存在有缺失值、重复值或数据存在干扰等，在使用之前需要进行数据预处理。数据预处理没有标准的流程，通常针对任务和数据集属性的不同而不同。数据预处理的常用流程为数据清洗—数据缺失补齐—数据转换—特征提取等。

（一）数据清洗

1. 清洗污染数据

从数据源采集的数据从精度角度可以分为 3 类：正确数据、弱精度数据和无效数据。无效数据可以直接去除，弱精度数据可以进一步修正。为了识别这

3 类数据，可以利用随机森林算法来对数据集进行处理。

在随机森林算法中，最重要的参数是选定的特征子集的维度 m。当增大特征数 m 时，树的相关性和分类的能力会有所增大；当减小 m 时，两者会有所减小。所以，选择好一个合适的 m 是问题的关键，为了解决这个问题需要对不同的 m 分别计算包外错误率。所谓的包外错误率，即使用套袋法，对样本进行有放回的抽样，并且每个自己的样本数量必须和原样本数量一致，允许子集存在重复数据，选择随机森林维度 m 时，从总的特征 m 个维度中，抽取 m 个新的观测值，此时，任意一个样本没有被抽到的概率为

$$\lim_{m \to \infty} (1 + \frac{1}{m})^m \to \frac{1}{e} \approx 0.368 \text{。} \tag{2-1}$$

将这个 36.8% 作为包外数据。在选定的样本数据集中，确定 m 的取值范围。如图 2-14 所示，当 $m=16$ 时，包外错误率就降到了比较低的水平，因此，该特征集的维度可定为 16。

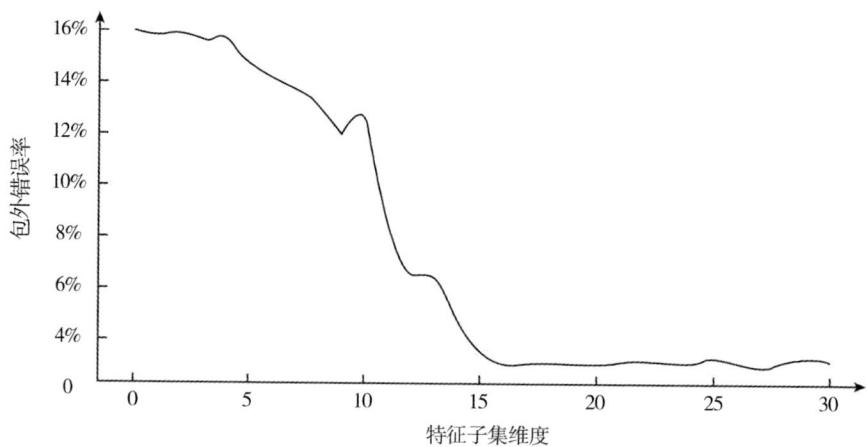

图 2-14　特征子集维度的选择

在特征子集维度确定后便可通过 Python 中的 Pandas 库和 Scikit-Learn 库来实现随机森林对数据源数据进行清理。

2. 清洗重复数据

日常应用的数据中往往存在着相似重复的项，这时无论是人工手动输入还是机器自动录入到数据库，都会费时费力。这个问题在交通业务中更为突出，大多数的数据格式复杂，因此，好的检测算法非常必要。SNM 算法是在数据清洗中解决类似数据问题相对完善的优化算法，其核心是建立排序编码序列。

首先，在数据表中获取重要属性或属性组成以区分记录，编码序列由所获取的属性或属性组成，其对于记录的划分具有很强的内容有效性。然后，根据建立的关键字也是重要的属性将数据库文件不同部分的相似和重复记录分配给相邻部分，即顺序。最后，对于数据集中的数据，设置一个具有一定总宽度（如 X 大小）的滑动窗口，先选择对话框，然后使用顺序方法来解决记录。在对话框中，第 X 个记录将与第一个记录到第 $X-1$ 个记录进行比较。每个记录完成后，对话框将向后移动。若其中有两个类似的重复记录，将执行相对的联合解决方案。SNM 算法流程如图 2-15 所示。

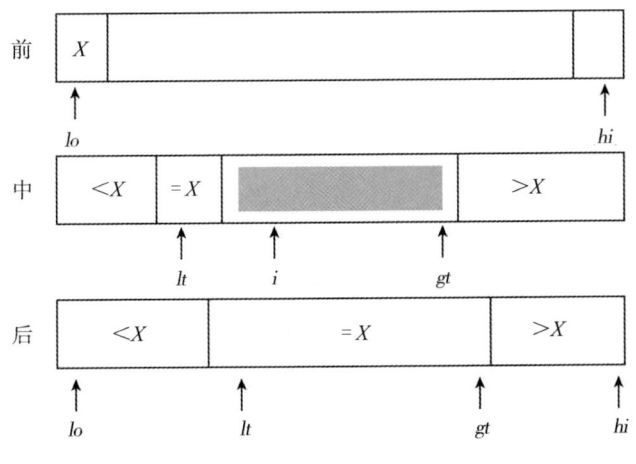

图 2-15　SNM 算法流程

图 2-15 中 lo、lt、i、gt、hi 分别代表 5 个指针，lo 是头指针，hi 是尾指针，lt 指针使得元素 (arr[0]–arr[lt–1]) 的值均小于 X。gt 指针使得元素（arr[gt+1]–

arr[N−1]）的值均大于 X。i 指针使得元素（arr[lt]−arr[i−1]）的值均等于 X。整个算法直到 $i > gt$ 结束。

3. 清洗格式错误字段数据

当数据源文件中存在格式错误的字段名称时，根据样本数据的规则性，获得应用于数据清理实体模型的正则表达式。然后遍历所有数据，分析并获取每个数据项，比较该数据项的格式以获取与该数据项内容格式不符的数据信息内容，并获取匹配的位置信息和数据。例如，对于超长字段的数据，经由数据项的格式比较，筛选出格式不正确的数据，如图 2-16 所示。

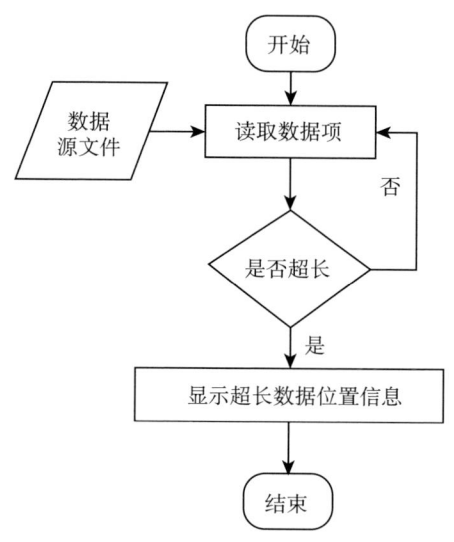

图 2-16　特定超长字段自动化检测模型流程

（二）数据缺失补齐

在各种数据库中，数据缺失的情况非常普遍，对于缺失值的处理结果会直接影响数据模型。对于处理缺失值时，当数据属性不重要时，直接删除即可；但当数据属性重要时，可以通过插补法处理，包含 K 近邻插补法、多重插补法、回归插补法。

1. K 近邻插补法

K 近邻插补法是一种基于数据信息部分相似性的填充优化算法。该方法的基本概念是：某个样本具有缺失值，可以用它的 K 个样本来代替其类似的缺失值。具体而言，K 近邻插补法将数据分为一个包含所有完整样本（即没有缺失值的样本）的集合和另一个包含所有不完整样本（即具有缺失值的样本）的集合。在不完整样本的集合中，找到集中在完整样本中的 K 近邻。假如缺失值是分类属性的，添加 K 近邻样本属性值中出现次数最多的数；假如缺失值是数值属性的，则用 K 近邻样本的平均数来代替该缺失值。因为不完整样本的缺失值是基于"相邻"样本获得的，所以 K 近邻插补法不易提高太多新样本的信息含量。

2. 多重插补法

多重插补法是一种基于重复模拟的处理缺失值的方法。它从一个包含缺失值的数据集中生成一组完整的数据集。每个数据集中的缺失数据用蒙特卡洛方法来填补。蒙特卡洛方法在多种插值方法中的应用导致了几种可选的插值，并产生了一些详细的数据。此估计值反映了数据信息的可变性，进行综合分析以获取估计值及进行统计推断。几种结构的估计值实际上是某些模拟标准下的估计值，缺少的自变量的特定后验是通过估计值来估计的。

3. 回归插补法

回归插补法是基于回归分析的思想，根据完整的数据集建立回归模型，根据发生概率的大小确定插补值。回归插补的实际效果是由辅助变量的选取决定的，当选取的辅助变量与目标变量之间存在着明显关系的时候，则可以判定该插补的效果较好；假如辅助变量遇到比较多的情况，这时候就需要通过相关知识筛选辅助变量，选择与目标变量关系最明显的辅助变量。总体的估计为回归插补所用样本，当样本量足够时，插补的效果才会好，而且回归模型不是一成不变的，需要在日常使用过程中不断更新、维护和完善，才能发挥更好的作用。

(三)数据转换

随着互联网的进步,数据库在日常生活中扮演着越来越重要的角色。不同软件公司由于其开发数据库软件不同,数据模型的关系往往也不同。因此,想要在不同数据库软件间进行数据转换往往是行不通的。这里就有了异构数据库的数据处理,通过数据预处理实现数据的相互转换,可以降低成本,提高工作的效率。

一般情况下,数据转换首先使用数据转换器获取异构数据,解析不同的数据进行数据转换,然后通过模式匹配器将转换后的数据写入到标准化数据库中,从而实现异构数据的标准化。数据转换模型架构如图2-17所示。

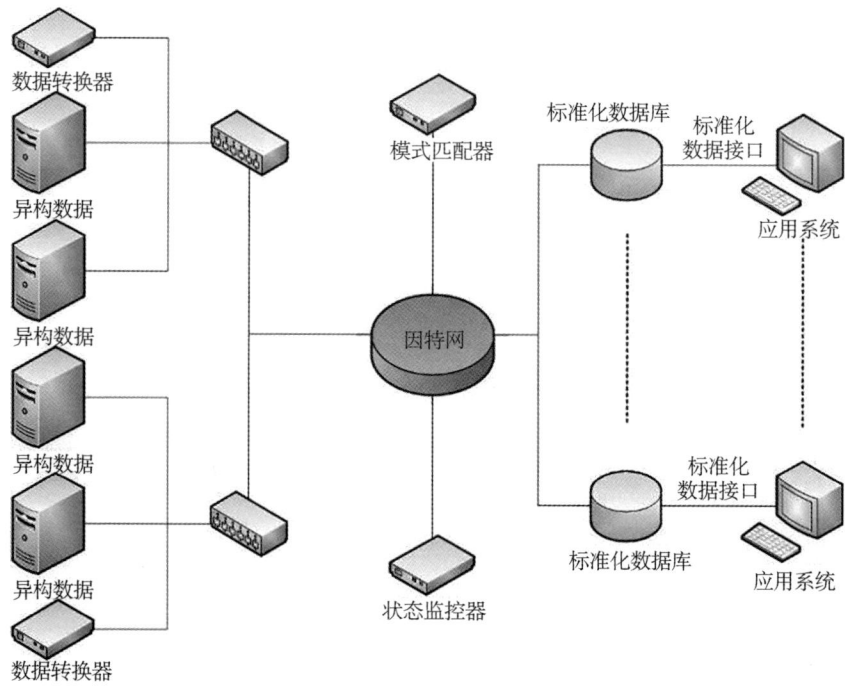

图 2-17 数据转换模型架构

（四）特征提取

特征提取是计算机图像和文字处理中的一个概念。它是指通过计算机将图像或文本中的特征点提取出来，提取结果将原有的图像像素或文本文字分为孤立点、连续曲线或连续区域的不同子集，特征的好坏对泛化性能有至关重要的影响。

1. 图像特征提取

为了得到图像的特征信息，图像经过人工神经网络处理，借助物体形状的特征参数，来得到图像的相关特征。

以人脸特征提取为例。人脸特征提取包括3个阶段（图2-18）。在处理之前，为了方便在图上截取片段（可包括所有人脸），先将图片进行金字塔分割，分成不同尺度的图片组。然后通过第一阶段一个浅层的全卷积神经网络去提取人脸候选窗口；之后是第二阶段，利用一个全连接的提纯网络将候选人脸框中的非人脸框进行排除；最后是第三阶段，借助一个更深层的全连接卷积神经网络，将前面的候选人脸框再次提纯，并将得到的最终人脸框结果输出。

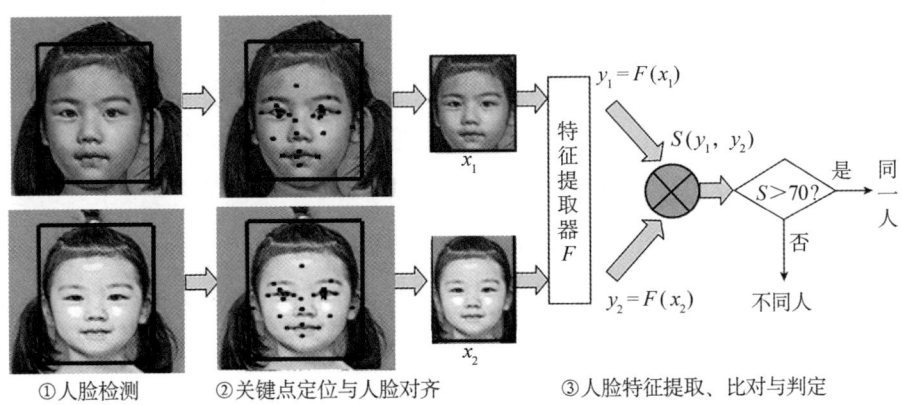

①人脸检测　　②关键点定位与人脸对齐　　③人脸特征提取、比对与判定

图2-18　人脸特征提取流程

2. 文本特征提取

文本分析作为大数据挖掘的关键技术，是完成大数据理解与使用价值发现的合理方法，现已广泛应用于互联网技术网络舆情监测和预警信息、互联网不良信息过滤和情感分析等多个行业。而文本分析中最重要的部分就是特征提取，特征提取的优劣直接关系到模型构建及分类的高效准确性。在对文本进行处理的过程中，首先要将文本数据变成向量数据，在向量数据中经过算法处理后便可以得到很多来自原文本当中的语义特征。

三、数据深度融合，提高数据颗粒度

数据融合是将采集到的有用信息进行传输、综合、过滤、相关及合成，这样的数据更能抓住其特征，更能帮助人们对外界环境进行判断，以便于做出后续的行动。

整个交通系统不是一个孤立封闭的系统，其运行状态受环境、基础设施等多信息源非交通因素影响，反过来交通系统也影响着周围环境，因此，对整个交通系统状态的估计与监测所需数据不能仅局限于交通这一单一数据源，在整体框架上对多信息源的数据进行评估建模至关重要。

数据融合方式需要考虑两个层面：一个是存储层面；另一个是业务层面。存储层面取得基于交通流、交通密度、车辆速度等分布式节点处的交通数据信息，以及多信息源的外部环境数据（如天气、温度等）和基础设施的各项数据（如电压、电流等）等非交通数据信息，得到数据源。而业务层面则需要通过聚类、云计算传输及特征提取等相应的技术对所得到的多源数据进行充分清洗、挖掘及深度利用，去除不需要或错误的数据，对数据源降维，建立整个交通系统的聚类模型，并搭建交通系统数据云计算并行分析平台；再基于处理后的数据及并行计算平台建立系统数据融合系统建模框架，将多源数据通过耦合关系进行统一，建立整体的交通模型。

数据融合架构如图 2-19 所示。

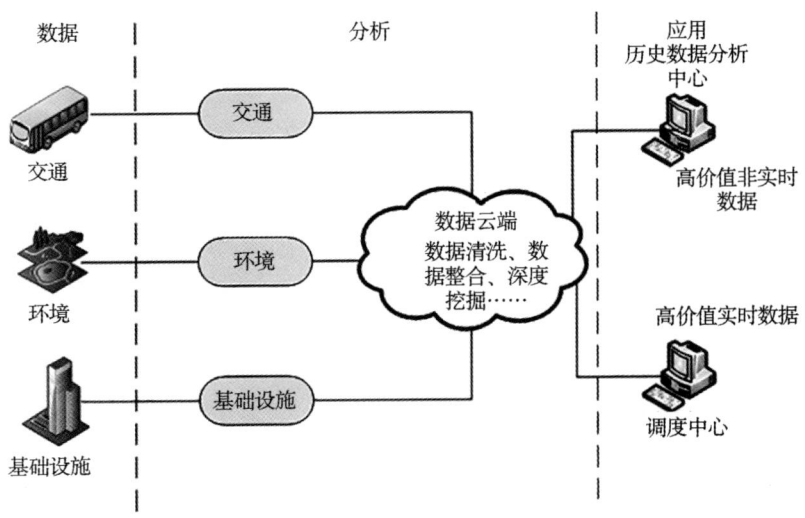

图 2-19 数据融合的架构

四、前端数据交互，减少后端计算压力

近年来，随着信息技术的高速发展，信息的源头越来越多。在交通行业中交通管理者想要从众多资源中获得有价值的信息往往需要花费大量时间，影响管理效率。如何使前端数据能够快速准确地为交通管理部门提供其所需的信息资料，减少后端计算压力和时效性，是目前亟须解决的问题。以下从 Web 页面交互和无线传感器交互两方面介绍前端数据交互。

第一，Web 页面交互。互联网行业的高速发展带来了海量的信息源，从一些交互网页上爬取用户的数据显得格外重要。AJAX 技术是目前应用较多的用户客户端与互联网交互的组件。AJAX 技术集成了 DOM、CSS 及 Java 等技术，通过将 XML 与异步 JavaScript 进行相互整合，成为一种支持异步请求的重要技术。面对当前数据量大且用户等待界面缓存时间较长等问题，可以采用 AJAX 技术中的 Web 应用，利用异步交互模式传输数据，有效地弥补了传统数据交互传输中用户获取处理后的数据过慢这一不足。

AJAX 的异步交换技术，通过后台与服务器不断进行少量的数据传输，可实现网页的异步更新。目前，这种异步数据传输无疑是更合适于那些数据量大且页面结构复杂的大数据平台。

第二，无线传感器交互。人机交互技术是人工智能的一大技术基础。随着近十年来的不断突破，交互技术由一开始的人与计算机交互逐渐转变为人与机器交互，而更为高效的传感器技术也迎来了广阔的市场需求。在交通领域，需要用到大量的传感器，如用监控器去监测车速及违章情况，用温湿传感器去感应气温和地面湿滑程度的变化，这些都用于检测外在环境和目标的反应，然后将数据传输到管理者的数据库中。

考虑到互联网的连接速度和连接可靠性，云端服务器有可能无法及时处理这些传感器采集的数据。因此，有必要在传感器附近配置一个小型、节能、廉价、有限的智能终端系统，将这些传感器采集到的数据应用到附近的终端系统中，并及时反馈给用户。同时，它还可以减少云端服务器处理和网络通信的负载，而这就是新提出的边缘计算技术。

边缘计算的"边缘"是指数据源与云数据中心之间的任何计算机和网络资源。边缘计算的基本原理是在数据源附近进行计算。它是一个集网络、计算、存储、应用等核心功能于一体的开放平台，为周边提供边缘智能服务。

边缘计算实现了互联网技术前所未有的连接性、集中化和智能化，能够满足连接的敏捷性、数据的实时性、应用的智能化等方面的需求，是实现智能交通的重要支撑。

第四节　新技术条件下的"千里眼"和"顺风耳"

人工智能技术和大数据技术的应用，使得公路的感知系统在时域和空间的数据源、实效性及颗粒度都有了较大的提升，感知能力上达到透明化。将传统与新型感知方式的融合，以众包数据为主，获取整条公路运行状态，通过处理平台，将新型感知数据与传统感知数据融合，最终提高对交通状态的感知及变化研判能力。新型的感知方式包括北斗卫星定位、5G、毫米波雷达、激光、手机信令、车路协同、"两客一危"、无人机巡查、无人机众包数据感知等（后面章节将详细介绍）。同时，第三方数据公司对数据的采集与应用也积极地促进了行业的发展。

一、多源数据下的全息交通状态感知技术

目前公路行业有多种感知方式，但每种感知方式都有各自的特点和局限性。为了保障高速公路的安全、高效运行，需要通过传统方式提升、新型感知方式、互联网众包数据等的多源数据融合来提高对可能产生安全风险关键要素的感知能力（图2-20）。

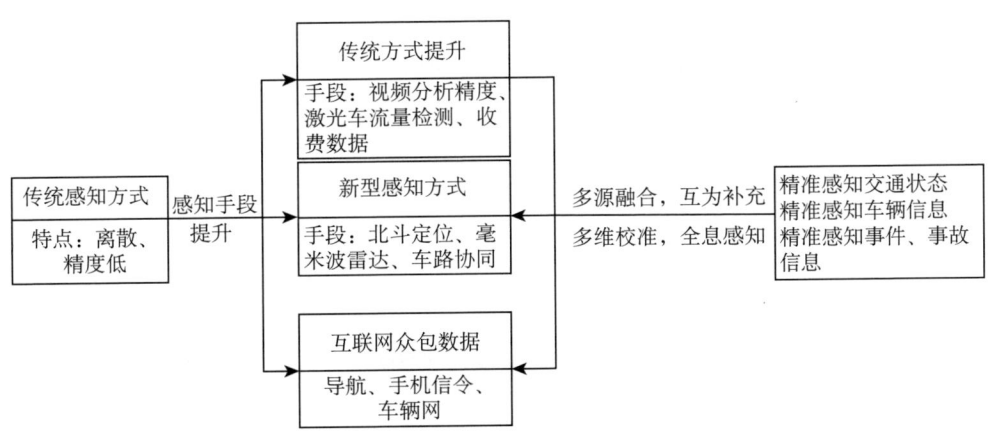

图 2-20　感知能力提升

多源数据融合从不同角度、不同层面、不同空间获取所需信息，并充分利用人工智能技术，使多种感知方式相互配合，最终实现对交通状态的精细感知、研判及处理，如进行空域全方位、时域全时段，以及交通、气候、结构设施全类型和高精度的全息感知，掌握运行状态，及时发现交通事故并进行应急处置；掌握出行规律，辅助管理决策，制定相关预案（包括重大节日、自然灾害）；

辅助交通信息服务及交通诱导。如图 2-21 所示，在交通运行状态感知方面，通过路段级互联网众包数据获取、视频图像智能识别、无人机监测、"两客一危"车辆监测等感知手段的结合，充分利用多种数据信息系统的优势，通过数据的优化组合推导出更多、更精准、更有价值的信息；在基础设施数字化方面，通过基础设施（桥梁、隧道、边坡）健康监测、安装智能路侧基站及数字化安全设施、绘制三维可测实景及高精度地图等方式，对公路设计、施工、运营阶段动静态数据进行采集和处理，提升基础设施的数字化水平，提高交通运行状态监测和分析的精度。

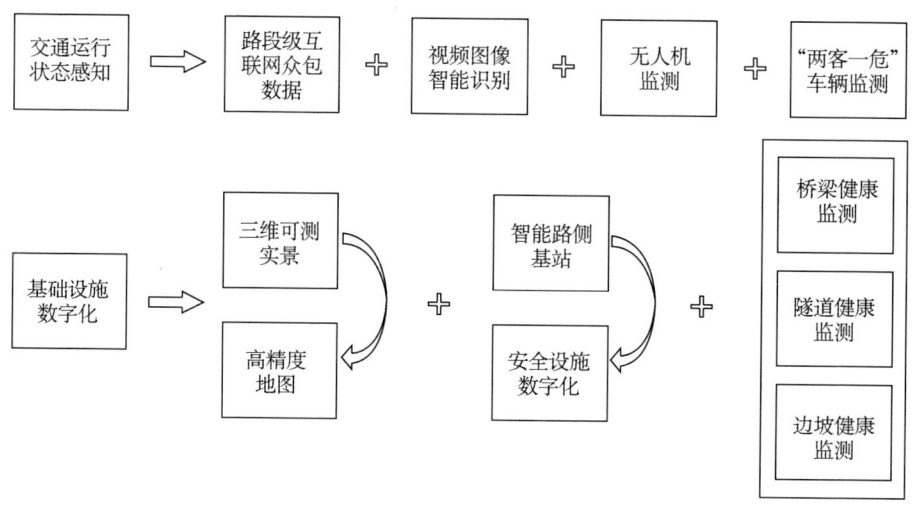

图 2-21 全息交通状态感知

二、视频处理技术

在感知系统中，视频技术一直伴随着交通行业的成长，特别是进入智能交通发展时代，高清视频监控技术、智能云计算、云存储等多项技术赋能交通，已成为国内外交通行业研究的重点。无论是我国全国高速公路视频联网还是取消全国省界收费站，都是视频技术在交通行业的深度应用。充分挖掘视频资源，发挥视频资源增值应用，建设基于视频图像的交通流和交通事件的智能识别系统仍是未来视频技术在交通行业的关键应用。本部分简要介绍基于视频技术的"以图搜图"视频浓缩系统对交通行业感知能力的提升。

"以图搜图"视频浓缩查询主要是通过特征照片来进行事件分析。例如，在路政案件追踪时，可以根据抓拍的逃逸车辆轮廓图像，锁定事件发生前后一定时间内的所有视频图像，再经过剔除无关视频及浓缩、抽取包含该"特征照片"的视频，形成关于该"特征照片"的视频"短片"，通过多维度、深层次的快速查询与处理应用能力，可以在大量视频图像中快速获取所查对象的视频历史轨迹，从而提高监控效率。

如图 2-22 所示，"以图搜图"视频浓缩系统架构基于高速公路已建的高清视频监控系统，及时、准确、完整地收集并预告前方道路的各类信息，并将实时视频图像逐帧进行结构化处理，输出视频中的图片和结构化信息。在无异常情况下，道路管理者可以通过监视（显示）设备直观地了解交通运行状态。当发生交通异常时，管理者可以及时锁定事故区域及事故影响区域，并实时采取应急措施，发布交通诱导和救援信息。

在现有技术条件下，"以图搜图"视频浓缩系统可以查询到下列内容。

①车牌搜车。支持从车牌号码、车牌颜色、通过卡口和时间范围检索通行记录，支持精确车牌和模糊车牌查询，查询结果可快速存放至视频图像信息库，支持对通行记录的批量导出。

②车型搜车。支持从多种车型中检索通行记录，查询结果可存放至视频图像信息库；支持对通行记录的批量导出。

③类别搜车。支持从车辆类别等其他条件检索通行记录，查询结果可存放至视频图像信息库，支持批量导出通行记录。

④特征搜车。支持通过特征图片自动识别车型信息，包括车型、品牌和车辆年款等，并基于车型信息和二次识别的特征文件在数据库中进行车辆特征比对，系统会自动筛选，并将筛选结果按照与特征图片的相似度进行倒序排序。

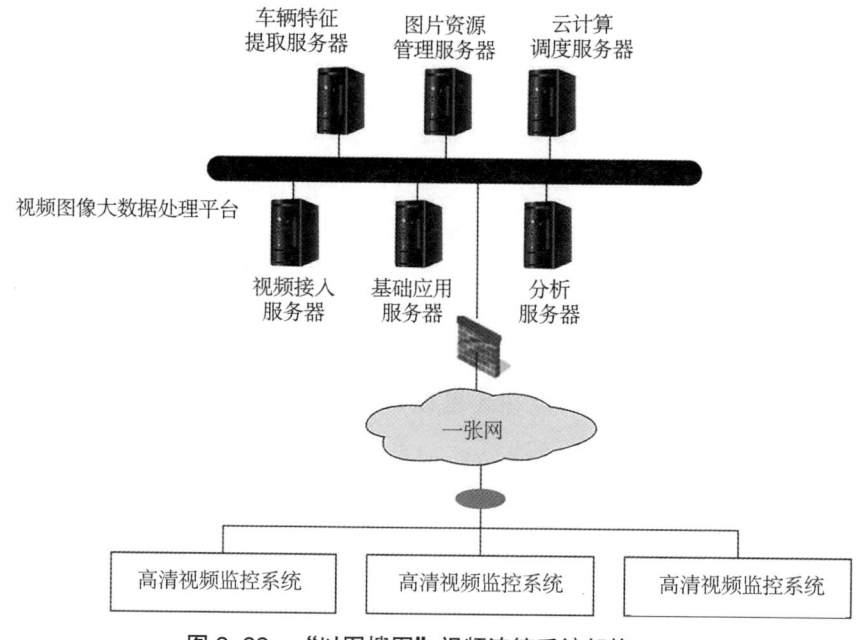

图 2-22 "以图搜图"视频浓缩系统架构

⑤多维搜车。支持从车型、车辆类别、车辆特征、车牌特征等多个维度检索车辆通行记录，支持精确车牌和模糊车牌的多个条件组合查询，查询结果可快速关联至轨迹分析、跟车分析、频次分析、布控和入视图库，支持对通行记录的批量导出。

⑥车辆画像。支持手动选择车辆局部细节特征，锁定车型，并可查看车型详情，跳转至车型搜车。

综上所述，基于视频资源深度挖掘，利用视频技术对交通运行状态感知、车辆身份比对、车辆行为分析、交通流分析、交通事件自动识别等增值应用进行充分分析，可大力提升行业的数据分析能力，从而实现路网交通状况精确掌控。

三、全向广域毫米波雷达技术

毫米波雷达技术是近年来兴起的新型交通安全动态监测及智能预警系统。

区别于传统基于视频的事件检测技术,全向广域毫米波雷达传感器的精准感知技术可以实现对1 km范围内道路运行安全动态的全天候、全照度、全自动精准实时全面监测(图2-23),采集包括车流密度、平均车速、车道占有率、目标经纬度、运行速度、方向、轨迹等交通实况数据,可对异常交通事件进行实时检测及智能预警,包括慢行、拥堵、排队、停车、逆行、事故等,还可以识别行人、动物、抛洒物等。

图2-23 全向广域毫米波雷达

全向广域毫米波雷达实现对交通路况的自动化、智能化、数据化监控,超低的误报率可极大减轻隧道监控管理人员的工作强度和工作压力,及早发现事故隐患,为应急处置争取时间,最大程度上避免二次事故和连环事故的发生。

正是基于上述技术特点,全向广域毫米波才可实现全天候、全照度、精准、实时智能化的监控，提升交通运行状态和事件检测的准确性与及时性，不受或尽量少受外界运行环境影响，做到监测与预警并重，在减轻监控人员工作压力的同时，达到高速公路运行状态的可视、可测、可控，以及最大程度降低事故率、提高通行能力的目的。运用于隧道的运行安全风险的自动预警，还可以自动调用视频监控系统，与视频及发布系统联动。

四、高精度地图技术

在智慧公路建设中，作为基于用户位置的伴随式、个性化精准服务基础条件之一，高精度地图带来的精准车辆位置、主动交互式交通信息服务模式也将是未来交通发展的主要服务模式。

高精度地图能够将车辆位置信息作为一种信息源与其他方式采集的交通信息源相融合，进一步提高交通信息的准确度、完整性、可靠性。同时将需要发布信息位置的经纬度适配到车路交互系统中，车辆经过此地就会接收到相关的信息，如前方路况、安全提示、施工警示等，成为车辆主动安全告知的重要方式，提高了出行者的获得感和发布信息的有效性。高精度地图工作原理如图2-24所示。

对于高精度地图来说，主要实现高精度地图数据采集、数据处理、数据管理与分发、高精度定位等功能，其工作原理大概可以分为以下3个方面。

第一，数据采集。根据高速公路路段特征，采用多种采集方式相结合进行高速公路高精度地图数据的采集。对于高速公路路产所属区域，采用先进的移动测量装备进行快速的全要素采集；对于高速公路路产所属区域之外一定距离范围，主要采集影像数据作为背景数据。可以采集的数据包括高速公路主路、匝道、互通立交、收费站、服务区、桥梁、出入口、监测设备、标志标线及各类标牌、情报板、照明设施、隔离带、反光设施、护栏等内容。

第二，数据处理。采集建设的高精度地图数据可采用WGS84或CGCS2000

第二章 人工智能将成为未来交通的"千里眼"和"顺风耳"

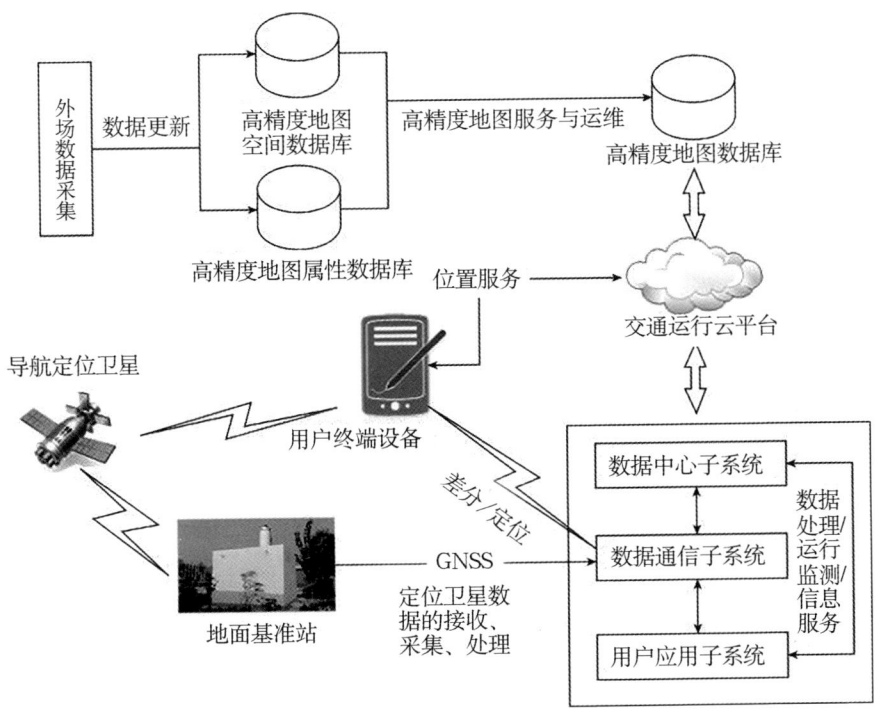

图 2-24 高精度地图工作原理

坐标系统,并支持与 GPS/北斗高精度定位坐标的转换与融合,高程基准拟采用或支持 1985 国家高程基准。在数据处理精度方面,实现基于车道线、路面边界线的车道级数据相对精度达到 10~20 cm,并可与现有业务数据进行对接,实现高精度数据与现有交通资源的整合处理。高速公路数据处理总体流程如图 2-25 所示。

第三,数据管理与分发。数据管理与分发体系采用基于云平台模式的实时数据库体系存储高精度地图数据,研发交互式、分布式、高动态性的展示平台引擎,并采用基于数据交互的轻量化安全认证技术进行高精度地图数据的分发应用。

在上述技术基础上,高精度地图以云服务模式提供高速公路精准运行监测与管理、设施与养护管理、应急事件管理与处置,以及未来事故多发或易发路段的安全辅助驾驶信息推送所需的高精度地图数据资源。

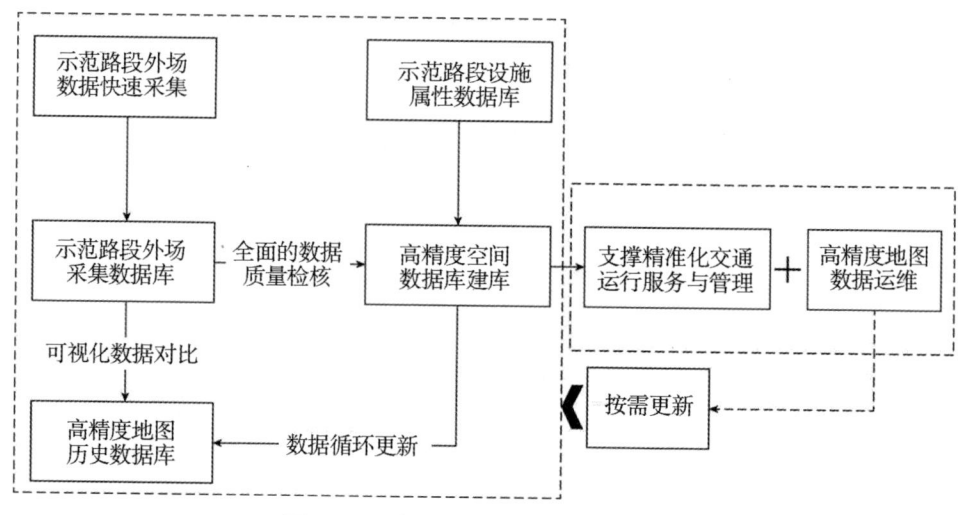

图 2-25　高速公路数据处理总体流程

五、北斗高精度定位技术

2018年2月，交通运输部办公厅印发了《关于加快推进新一代国家交通控制网和智慧公路试点的通知》。通知明确了新一代国家交通控制网和智慧公路试点的6个方向，其中，北斗高精度定位综合应用是建设内容之一，即建设北斗高精度基础设施，实现北斗信号在示范路段（含隧道）的全覆盖，在灾害频发路段实施长期可靠的监测与预警；探索开展基于北斗高精度定位的高速公路通行费收费应用研究，强化技术储备。构建基于北斗的高速公路应急救援一体化管理系统，实现车辆人员的迅速定位与救援力量的动态调度和区域协同。

对于交通行业来说，车辆的精准定位一直是个难题。如果没有精准的定位，精准服务就将是空谈。北斗高精度定位技术也在尝试解决这一技术难题，作为智能网联汽车运营的基础和保障。

在目前的技术条件下，北斗高精度定位系统主要包括两个方面：一个是CORS基准站建设，一般由基准站网、数据处理中心、数据传输系统、定位导航数据播发系统、用户应用系统5个部分组成；另一个是专用终端定位系统，

第二章 人工智能将成为未来交通的"千里眼"和"顺风耳"

接收北斗导航卫星信号和CORS基准站发送的差分信息,并实现与CORS基准站的通信功能及导航卫星信号接收、处理功能,通过定制的专用终端系统位置融合处理实现位置精准感知,从而为用户提供全国统一的车用高精度时空服务,如精准车道级定位、高精度地图、高精度导航、车路协同、自动驾驶。北斗高精定位应用如图2-26所示。

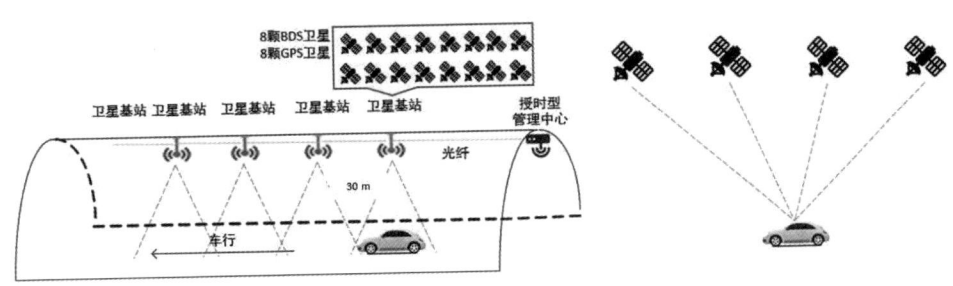

图2-26 北斗高精度定位应用

除此之外,基于北斗高精度定位技术、高精度地理信息技术、无人机技术等,融合手机信令、"两客一危"车辆定位数据、无人机巡查数据、互联网交通数据、交通监测数据、养护巡查数据等多源数据,利用大数据技术,还可构建一体化应急指挥调度系统,依托广泛获取的重点营运车辆异常事件、蜂窝电话自动定位及其他系统的预警信息,实现异常事件的位置信息和报警位置信息感知功能,建设有基于重点营运车辆卫星定位数据的异常事件感知与风险预警、辅助决策与智慧调度、应急资源与预案管理、救援服务监督与评价、事件统计与评估、移动应急处置、应急信息发布等模块构成的一体化应急指挥调度系统,实现一体化快速响应与全过程调度指挥。

六、三维可测实景应用技术

基于三维可测实景的设施数字化管理系统融合了三维地理视频实景数据快

速采集技术、空间位置实时获取技术、快速视频实景影像解算技术、视频实景地理信息综合处理和展示技术、基于 GIS 的时空综合统计分析技术等现代科技手段,实现高速公路环境信息快速采集、基础设施精细化空间数据库快速构建、高速公路基础设施快速巡查、现状数据库的更新和历史数据库的维护,以及高速公路基础设施的可视化综合管理与统计分析。基于三维可测实景的设施数字化管理系统通过快速数据采集、设施信息提取、数字化建库与发布管理,为高速公路设施数字化应用提供了高效的技术支撑环境。

三维可测实景数据采集主要利用车载移动测量设备采集高速公路主路(不含附属设施)、互通立交、收费站、服务区、桥梁、隧道、出入口、监测设备、标志标线、各类标牌、情报板、照明设施、隔离带、反光设施、护栏等的实景数据。系统采用的车载移动测量设备依托高精度、高可靠性的卫星信号接收芯片,实现高速行驶中基于地理位置的视频影像采集及全天候高速公路任意位置的精确坐标获取,结合先进的惯性导航技术,同时保障在卫星信号不稳定环境下的连贯、线性精确位置信息的采集,其中,高速公路数据采集全部实施双向实景采集。三维可测实景应用技术如图 2-27 所示。

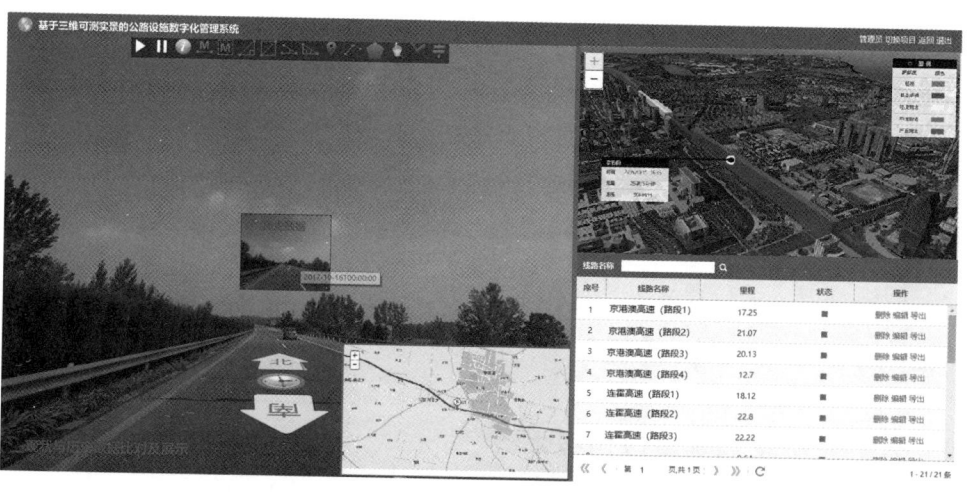

图 2-27　三维可测实景应用技术

七、超限车辆状态感知技术

据交通运输部门测算,车辆每超载30%,公路养护费用就要增加200%。以超限超载为代表的行业顽疾,严重制约着交通行业的高质量发展。以往对于超限车辆,主要通过现场执法进行查处。相比传统的人海战术,信息化技术的应用将使管理者变成"千手观音",让执法变得无处不在。

随着信息技术的发展,交通管理部门已经充分利用科技信息手段,打造全国治超"一张网",实现全国治超"一盘棋",实现对多轴货车的精准称重,确保高速公路零超载。

如图2-28所示,超限车辆治理的终极目标是实现"全过程记录、全业务上线、全路网监控、全链条管理、全方位服务",建设全国范围内标准化的信息管理系统,实现治超信息共享,完善政府、社会等多方共同参与的跨地区、跨部门、跨领域的信誉机制,真正实现全国治超"一盘棋",形成"一处失信、处处受限"的治超精准管理格局。

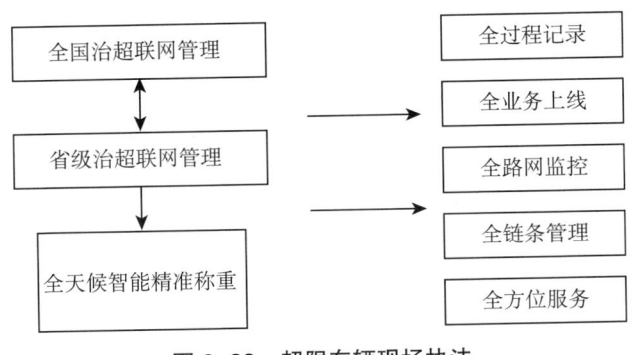

图2-28 超限车辆现场执法

八、"两客一危"运行状态感知技术

"两客一危"是指从事旅游的包车,三类以上班线客车和运输危险化学品、烟花爆竹、民用爆炸物品的道路专用车辆，上述车辆是交通行业重点管理对象。按照《国务院关于进一步加强企业安全生产工作的通知》要求，运输企业必须为"两客一危"车辆安装符合《道路运输车辆卫星定位系统车载终端技术要求》的卫星定位装置，并接入全国重点营运车辆联网联控系统，保证车辆监控数据准确、实时、完整地传输，确保车载卫星定位装置工作正常、数据准确、监控有效。

"两客一危"监管系统实现的是联网联控，是指通过车载卫星定位监控设备，记录和实时回传车辆的行驶轨迹及基于行驶轨迹所得到的速度信息等，对部分驾驶行为进行监测，如超速、禁行时间段行驶（凌晨2点至5点）、长时间驾驶／疲劳驾驶、偏离路线行驶等。

重点车辆联网联控系统的未来发展，监管预警与执法将会并重，在监管方面，安监部门对于危险化学品从生产到运输再到应用的全过程监管，也将借力联网联控系统。跨部门之间复用共享同一系统平台还是具有重要意义的，一是有利于数据采集设备与基础平台、数据库、应用系统建设的标准一致和同步建设，实现信息资源全域流通、全时共享；二是有利于打破部门壁垒，充分整合资源，避免重复建设，共享各类基础设施和信息资源，节省维护和运营平台的成本；三是可以加强跨部门的沟通交流，提高协作能力，减少传递数据的烦琐程序，节省时间，提高工作效率。"两客一危"管理系统示例如图2-29所示。

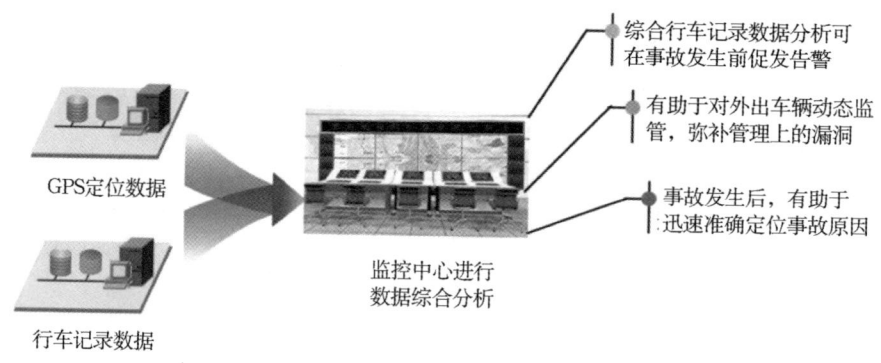

图2-29 "两客一危"管理系统示例

第二章 人工智能将成为未来交通的"千里眼"和"顺风耳" 063

九、精准气象感知技术

交通行业自己建设的气象监测设施由于受环境、设置密度、专业运维养护等条件限制，感知的数据量及精度往往极其有限，而通过在重点路段建设气象状态监测站并与精准气象服务供应商合作的方式，建立精准的气象采集和预测预警模型，可实现气象信息的精准发布和应急处置措施的智能推送，从而为用户提供精准的道路环境信息，让出行变得更加人性化。交通行业与气象局合作实现精准天气预测预报如图 2-30 所示。

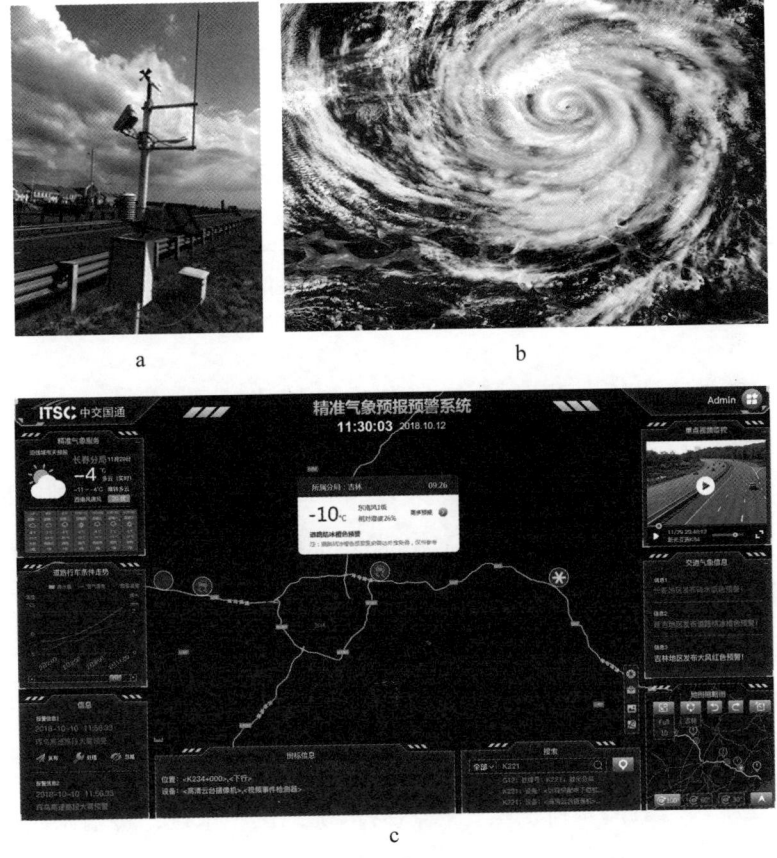

图 2-30 交通行业与气象局合作实现精准天气预测预报

根据不同路段恶劣天气特点安装针对性的交通监测站,通过数据分析处理云计算平台,结合气象部门的大数据实现灾害预警、趋势预报,并实时动态控制交通情报信息显示、限速抓拍等,实现高速公路气象公里级、小时级监测的自动化和智能化,降低高速公路因恶劣天气而发生事故的概率,提高高速公路的利用效率(图2-31)。

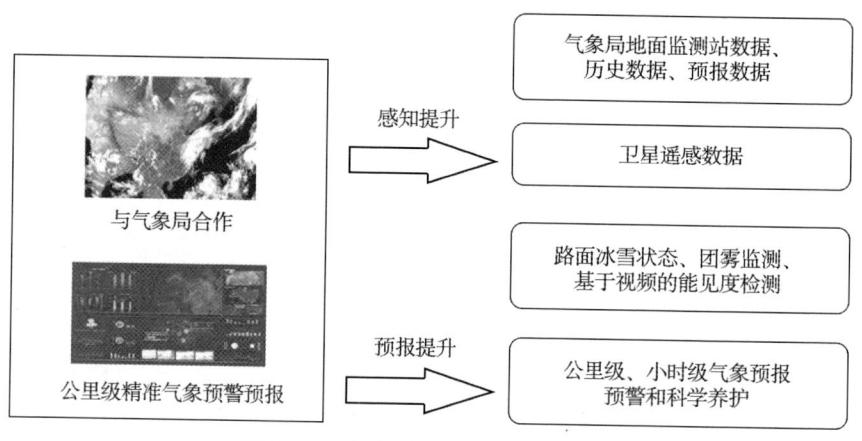

图2-31 气象感知技术的性能提升

十、重点结构物、设施设备状态感知技术

重要结构物、设施设备的状态感知是保障交通安全、稳定运行的基础载体,主要包括边坡状态监测、桥梁健康监测、路基冻胀情况监测、隧道安全情况监测、机电设施健康状态监测等。对于机电设施的健康状态监测在本书的第六章将做详细阐述,本部分主要简单阐述结构物的健康状态监测。

结构物健康状态监测的目的是对结构物健康状态监测数据的实时采集、传输、分析计算、存储及图形化显示,并完成健康状态的评估、诊断及预警。一般结构物健康状态监测系统主要由传感器系统、控制系统、传输系统、数据处理与分析评估系统组成,具备数据采集、传输与存储,实时数据分析计算,动态数据波形的图形化显示,传感器的3D图形显示,健康状态评估、诊断及预警,存储策略和系统参数管理,数学模型和监测算法库,状态评估,以及常规检测数据、结构健康档案的管理等功能(图2-32)。

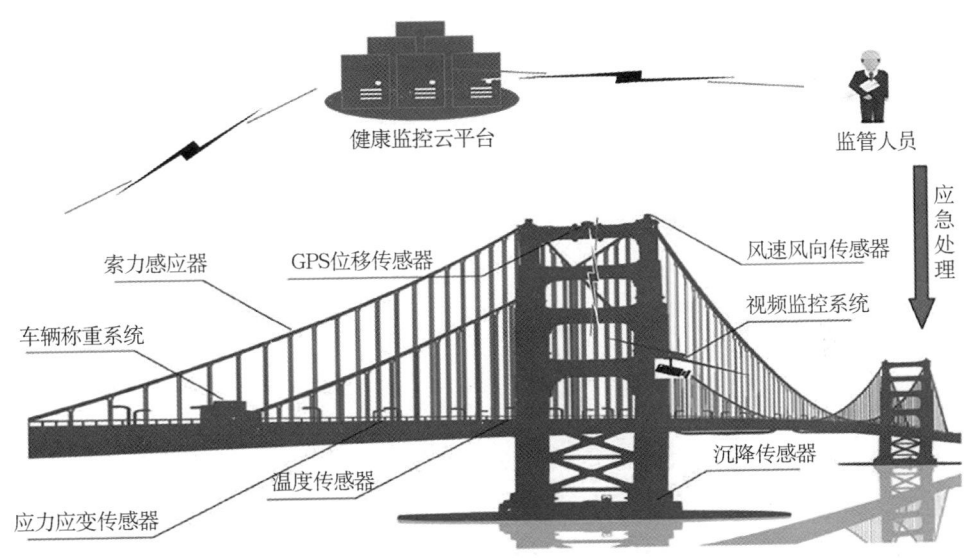

图 2-32　结构物健康状态监测示意

第一是数据采集部分。可对结构物应变监测、结构物位移监测、结构物动力特性参数、环境监测等实时数据进行采集。

第二是数据通信模块。支持上、下双向通信,可选择采用 GPRS/SMS/ 北斗卫星(主要为 GPRS)等通信方式。采集器所获数据可通过监测预警系统的通信模块,上行发送至监测控制中心后端接收器。

第三是监测控制系统。对各层设备和系统功能进行整合,通过与 GPRS/SMS/ 北斗卫星等连接,在系统上实现对前端采集器的命令下发,上传监测数据的获取、处理、存储及管理,从而实现监测设备的远程控制。同时有监测数据存储数据库,直接应用地质环境信息系统,含全部监测设备基本信息及监测数据信息。为确保数据库安全,监测控制系统独立封装数据库访问服务接口,授权用户通过服务接口管理数据库资源。这样，当监测控制系统升级改造时，可直接使用监测数据库宝贵资源，避免重复建设。

第四是数据展示发布端。建立高效、多样的信息发布通道，增强信息实时性。

结构物健康状态监测系统的结构物状态监测、健康状态评估诊断、自动预警报警功能及应急处置联动功能对有效预防事故发生、保证周围交通出行者生命财产安全起到了至关重要的作用，是数字化基础设施的重要组成部分。

本章小结

人工智能技术是交通行业感知系统革新换代的重要推动力，二者的深度融合，不仅提高了前端设备的智能化水平，增强了对交通、道路、环境的时域空间感知能力，而且也较大地提升了数据综合运用能力，改变了传统单一数据源的局面，从而为基础设施数字化、网络化和智能化建设奠定了基础。同时，有了时空全域、全息、精准的感知，也会进一步提升精准快速的智能管理能力和人性化服务水平，为实现人民满意交通的建设目标打好基础。

第三章

新一代云控中心是交通大脑的核心

第二章我们介绍了感知系统。感知系统能够在时间、空间上全息、及时、有效地采集到公路的交通状态、环境状态及设施状态等数据，这些感知数据进一步和人工智能技术相结合，我们就可以在事前研判风险源，发现异常状态，通过交通管控有效预防并及时处置异常状态，使交通维持在正常状态，事后对事件进行自动评估，防止事件再次发生，最终达到提升交通安全畅通水平的目的，这些功能都可以通过基于人工智能的交通大脑来实现。

第一节 概 述

随着交通的快速发展及人们生活水平的提高，交通需求不断增大，交通需求和交通供给之间的矛盾越来越突出，如何在最低程度改变既有交通基础设施条件下，通过交通管理和控制保障交通系统安全有序畅通，一直是交通管理部门追求的目标。19世纪的工业革命让欧洲各国进入蒸汽时代，这一时期，英国道路上的主要交通工具是马车，它们在道路上横冲直撞，经常发生交通事故，为了减少交通事故，1868年产生了世界第一盏交通信号灯（图3-1），交通信号灯的出现代表产生了最原始的交通管控手段，大幅减少了交叉口的事故发生率。

图 3-1　19 世纪信号灯
（来源：https://www.sohu.com/a/113271681_486911）

随着智能交通的发展，人们将电子控制技术及计算机技术等综合运用于整个交通管控体系中，从而建立起一种大范围、动态、时效性比较高的交通管控手段。人们通过对交通状态实时监控，利用远程控制等手段对车辆和人流进行诱导，如在高速公路中利用可变限速标志对车流车速进行控制，在城市道路中根据交通的拥堵状态利用诱导屏对交通进行大范围的调度和引流，在交叉口通过信号灯进行交通调度等（图 3-2）。

a

b

图 3-2　交通诱导
（来源：b. https://www.1xun.cn/guonei/110522.html）

随着交通量的增加,路网越来越复杂;感知手段逐渐增加,交通数据量越来越大,数据量从 TB 级别跃升到 PB 级别;数据种类越来越多,如视频、图片、地理位置信息、传感器数据等;数据价值密度越来越低,以视频为例,连续不间断监控过程中,可能有用的数据仅仅有一两秒等。

在上述情况下,传统的交通管控手段已无法满足交通的需求。于是,交通大脑登上了舞台,它可以使各种感知数据通过模型算法、机器学习进行再分析、再融合和再处理,使交通数据由人工分析转变为机器分析,由经验决策转变为数据决策,从而能提前对路网运行状态进行评判预测,发现风险源,实现基于不同管理用户身份的全域路网管理,提升交通辅助决策能力,并使事件能自动处置评估,大大提升了交通管控水平(图 3-3)。

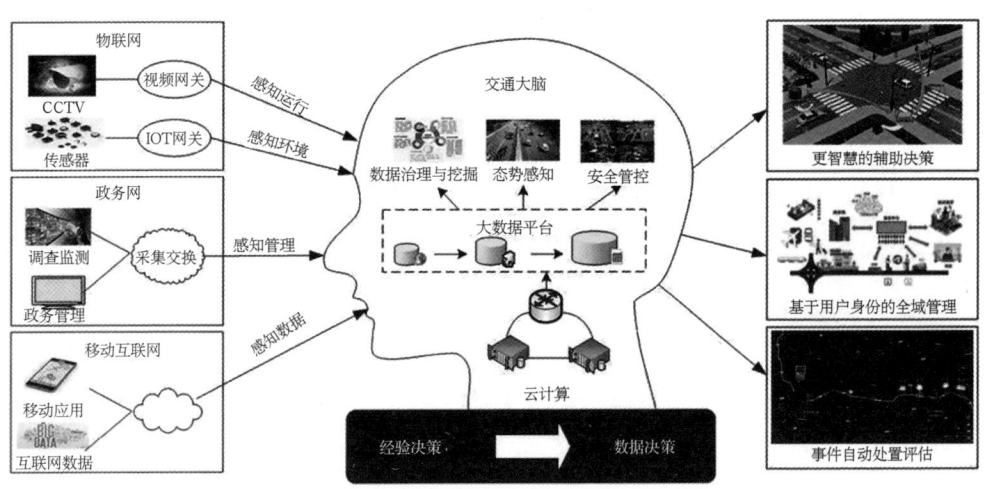

图 3-3　交通大脑

交通大脑在对数据分析的基础上对交通行为进行研判,从时间和地理空间判断交通运行的正常状态、风险源和异常状态。基于交通大脑的新一代管控手段,在发现风险源之后能第一时间对风险源进行处理,能够快速感知研判并做出有效的预防,避免异常事件的发生;一旦发现异常状态,能够做到快速响应处理,从而使管理者和社会用户能够做出正确的行为,使其归回到交通常态,从而最大限度地保持正常状态，减少和避免事故的发生，最大限度地保障道路的安全运行和通行能力（图3-4）。

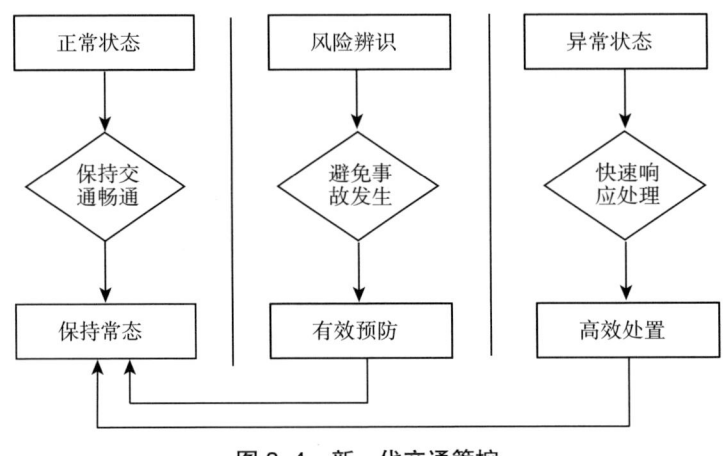

图 3-4　新一代交通管控

第二节　交通管控现状及面临的问题

一、传统的交通管控手段

随着社会的发展，交通量越来越大，路网也越来越复杂，交通需求和交通供给之间的矛盾日渐突出，各种交通管控手段在交通中的作用越来越重要。

传统的交通管控如路口红绿灯，通过固定配时的方式对路口车流进行控制；随着电子控制技术及计算机技术的发展，人们在高速路段或城市设置监控中心，通过远程监控方式将交通路口车辆运行状况实时传送到调度中心，在此基础上对路网进行调度；随着智能交通的发展，交通管理者可以利用可变限速标志和可变诱导屏对交通进行宏观大范围的调度和引流。

（一）利用信号灯对交通流控制

信号灯是最早被用于交通管控的手段。在道路交叉口上无法实现交通分离的地方，通过信号灯在时间上给交通流分配通行权，科学分配道路上车辆、行人的通行权，使之有秩序地顺利通行。现有的信号灯主要分为3种类型：定时控制、感应控制和自适应控制。

第一，定时控制。道路交叉口信号控制机设定好固定的配时，可分为单段式定时控制和多段式定时控制，一天只用一个配时方案的称为单段式定时控制；一天按不同时段的交通量采用几个配时方案的称为多段式定时控制。

第二，感应控制。在交叉口进口道上安装车辆检测器，实时检测交叉口的交通流和交通运行状态，信号灯配时方案由计算机或智能化信号控制机计算，随着交通流的变化改变交通控制方式。感应控制的基本方式是单个交叉口的感应控制，简称单点感应控制，随检测器设置方式的不同单点感应控制可分为半感应控制和全感应控制。

第三，自适应控制。把交通系统作为一个不确定系统，能够连续测量其状态，如车流量、停车次数、延误时间、排队长度等，并与希望的动态特性进行比较，利用差值以改变系统的可调参数或产生一个控制，从而保证无论环境如何变化，均可使控制效果达到最优或次优的一种控制方式。

（二）视频监控中心

随着计算机技术的发展，城市或高速路段建设了视频监控中心，视频监控系统通过建立覆盖全路段的通信网络，在道路重点区域配置视频监控设备并在后台配置相应的视频处理软件，将重点路段、交叉口及事故多发地段的路网运行状态传送至后台中心，并对道路运行状况进行监控。在监控的基础上，交通管理部门可以根据现场实际情况对道路车流量进行调度控制，及时分流疏导，减少拥堵事件发生。视频监控中心对路段的监管包含两种方式：道路交通实时监控和交通管理。

第一,道路交通实时监控。对实时交通指数和实时路况进行监控。以最直观的方式如红黄绿显示交通状态,包括区域路网交通指数、全路网交通指数、全路网拥堵指数、交通流量和拥堵路段(图3-5)。

图3-5 交通状态实时检测

第二,在交通监控的基础上进行交通管理。根据拥堵状况进行交通管控,如发生拥堵时,通过人工方式改变红绿灯配时来调节交通流量;当发生事故时判断事故位置,管理人员调动路政进行交通事故处理。

(三)通过交通诱导

交通诱导系统从交通网络中收集各种实时的交通信息,并进行信息处理。通过路侧感知设备,对交通状态原始数据进行采集,如道路状态、交通流量、交通流速、道路占有率等,并形成交通信息原始数据库。交通诱导信息处理与控制计算机设置在指挥中心和分中心大厅的控制台上,对经过工作人员确认后的交通信息和指挥管理信息接收并进行处理,输入或发布信息(或指令),向车载终端、电台、电视台和互联网发布交通诱导信息,设置交通信息板和交通诱导屏的显示参数等。

交通诱导系统通过可变交通信息板和交通诱导屏向司机及时发布不同路段比较简单的警告警示信息、交通诱导信息和公众信息,显示直观而比较简单的图形线路信息,从而疏导交通(图3-6)。

图 3-6　交通诱导

(来源:http://www.its114.com/html/news/urbanits/2019_07_104009.html)

二、传统交通管控手段存在的问题

传统的交通管控手段在交通管控中发挥了巨大作用,但随着智能交通的发展出现了许多问题,如交通运行状态测算不准、不能快速判断风险源和通过人工现场办公的方式快速及时处理突发事件,具体问题如下。

第一,交通运行状态测算不准。现有的管控手段多是基于已有的交通流进行判断分析,并结合历史交通流数据来预测交通的运行状态,面对相对复杂的交通网络或变化交通流,人工交通预测方式的准确率越来越低,预测的速度已经跟不上交通流的变化，在此基础上进行交通管控并不能达到预期的效果。

第二，交通风险源不能快速判断。由于数据共享程度低和数据分析落后，大多数事故的预测仍以统计分析和资料管理为基础，再判断哪些地方有风险源、哪些路段容易发生事故，在此基础上提前进行交通管控。但由于风险源的判断需要大量数据的长时间分析，当风险源判断后，事故可能已经发生了。

第三，通过人工现场办公的方式不能快速及时处理突发事件。长期以来，形成的路网状态数据只能在内网传输，数据公网与专网、监控大厅和户外数据均未打通，以致交通管控主要通过人工控制、现场处理的方式来达到保安全、减少事故的目的，其主要特点就是静态管理、事后预防。随着出行方式的多样化、人财物的快速流动和出行量的增加，特别是随着机动车数量的迅猛增长，交通拥堵事件和事故的出现具有空间和时间的不确定性，需要随时随地对交通进行管理和调度，人工现场办公的方式只能固定地点、固定时间处理交通事故，已经越来越难以满足交通管控的需求。

第三节　人工智能如何让传统监控中心变成交通大脑

交通大脑主要是将交通的多源信息采集而来后，通过机器学习或深度学习形成很多交通场景的模型与算法。交通大脑便通过这些模型和算法，来处理整个交通业务场景中出现的各类情况。整个交通大脑是对交通行为的研判和管控，在事前通过预测尽量避免风险的发生，出现风险后要及时发现风险，并尽快根据交通大脑中的相应解决方案处理风险，尽可能地减少风险的影响，尽快恢复到常态，并在事后对模型进行更新，提升交通管控能力。

一、交通大脑的基础

交通大脑的基础是机器学习的算法与模型。机器学习是一门多领域交叉学科，通过计算机模拟或实现人类的学习行为，以获取新的知识或技能，重新组织已有的知识结构，使之不断改善自身的性能。机器学习是人工智能的核心，能够通过数据或以往的经验自动改进，是使计算机具有智能的根本途径。算法是指解题方案准确而完整的描述，是一系列解决问题的清晰指令，算法代表着用系统的方法描述解决问题的策略机制。模型是一类问题的解题步骤。如果研究的问题不具有一般性，就没有必要建立模型；如果研究的问题具有一般性，如要研究每周的车流量，由于每周的车流量大小基本不会发生很大变化，因此，可以为车流量这一类事情建立模型。

交通大脑会运用机器学习涉及的一些模型，包括分类模型、聚类模型及回归模型等，根据以往获取的数据，使用相应的机器学习算法，如线性回归算法、神经网络算法等对模型进行训练，建立模型，最终根据模型对相应的交通状况进行有效预测。

在交通大脑的建设中，势必要用到人工智能技术，而在人工智能技术中，模型与算法是重要的一环。我们通过这些模型与算法对交通各种感知数据进行归类、融合和处理，在此基础上实现对交通运行正常状态、风险源和异常事件的综合判断和预测，并通过融合对交通状态进行评估预测，实现对交通的基于位置的全域管理。

在交通大脑的背后，有着机器学习和深度学习的工厂，它们对这些数据通过特征工程进行预处理，将相关数据输入机器学习和深度学习的计算机，供它们学习。这个学习过程是个充满挑战和单调的过程，往往需要经过长时间的模型训练或参数的调整，如学习率、缓冲区大小、学习轮次等。在满足相应的学习层数后，再将学习到的不同模型，如车流量模型、城市交通网络模型等封装至交通大脑中，最终用于解决各种交通场景，如交通拥堵、车牌识别、无人驾驶、导航等。

（一）分类模型

分类模型针对输入样本的特征值输出对应的类别，将每个样本映射到预先定义好的类别中。分类模型若建立在已有类标记的数据集上,则属于有监督学习。在实际交通应用场景中,分类算法被用于对交通流量管控、交通风险评估、天气预警、车位识别等领域。分类模型中比较经典的算法包括K近邻算法、贝叶斯算法、决策树算法、随机森林算法及支持向量机算法等。

1. K近邻算法

K近邻算法的核心思想是首先在一个数据完整的历史数据库中,提取数据特征,然后根据当前的数据特征与历史数据库中的历史数据进行比较,并将与当前数据特征最相似的历史数据应用于未来形势预测。

K近邻算法依赖于大量的历史数据,但是不需要建立数学模型和设置大量解释条件,适用于解决相对简单的问题。

2. 贝叶斯算法

朴素贝叶斯是经典的机器学习算法之一,同时也是为数不多的基于概率论的分类算法。朴素贝叶斯是基于贝叶斯理论建立的一种用于简单分类的算法,原理简单,也很容易实现,在交通大脑中可以应用于交通风险概率评估等异常行为检测。

朴素贝叶斯最核心的部分是贝叶斯法则,而贝叶斯法则的基石是条件概率。这里的 c 表示类别,输入待判断的数据特征,最终得出各个类别的最终概率值大小,如下所示:

$$p(c_i|x, y) = \frac{p(x, y|c_i) p(c_i)}{p(x, y)} 。 \quad (3-1)$$

3. 决策树算法

决策树算法是一类重要的机器学习预测建模算法。它是一种非常典型的分类模型算法。决策树算法首先处理数据,使用归纳算法生成可读规则和相关决策树,然后使用决策分析新数据。本质上,决策树是通过一系列规则进行分类数据的过程。决策树的叶节点包含用于进行预测的输出变量。通过在树的各个分叉路径上游走,直到到达某一个叶节点,然后输出该叶节点的类别值而得出最后的预测结果（图3-7）。

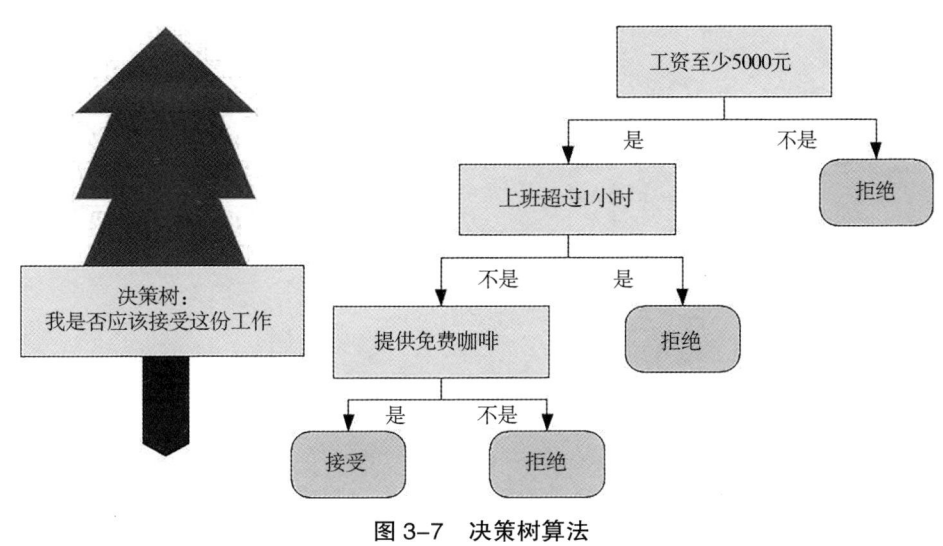

图 3-7　决策树算法

决策树算法的学习速度很快，预测速度也很快。它们在许多问题中往往都是很准确的，而且决策树算法的另一个好处就是不需要为数据做任何特殊的预处理准备，因此成为目前应用比较广泛的分类算法。

4. 随机森林算法

随机森林算法是目前最流行也最强大的机器学习算法之一。随机森林算法本质属于集成学习方法，它由多个决策树集合而成，因此，它在拥有决策树算法优点的基础上在应对大规模数据的时候也有着良好的表现（图3-8）。

作为新兴起的、高度灵活的一种机器学习算法，随机森林算法在交通方面拥有广泛的应用前景，常用来做交通场景模拟的建模，也可用来预测交通事故的风险。

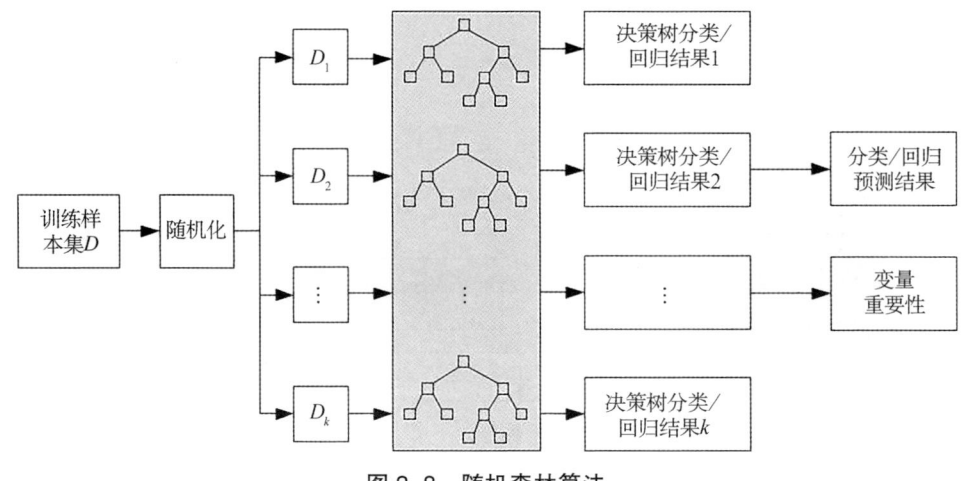

图 3-8　随机森林算法

5. 支持向量机算法

支持向量机算法（SVM 算法）是目前最流行、被讨论最多的机器学习算法之一。SVM 算法会选出一个将输入变量空间中的点按类（类 0 或类 1）进行最佳分割的超平面。超平面是一条对输入变量空间进行划分的直线，在二维空间中，可以把它想象成一条直线，假设所有输入点都可以被这条直线完全划分开来。SVM 算法旨在寻找最终通过超平面得到最佳类别分割的系数。

（二）回归模型

回归模型是指通过对数据进行统计分析，得到能够对数据进行拟合的模型，确定两种或两种以上变量间相互依赖的定量关系。它与分类模型的区别在于其结果是连续的。回归模型可应用于对交通出行方式的调查预测等领域。

1. 线性回归算法

在统计学和机器学习领域，线性回归算法可能是最广为人知也最易理解的算法之一。线性回归模型被表示为一个方程式，它为输入变量找到特定的权重（即系数 b），进而描述一条最佳拟合了输入变量（x）和输出变量（y）之间关系的直线（图 3-9）。

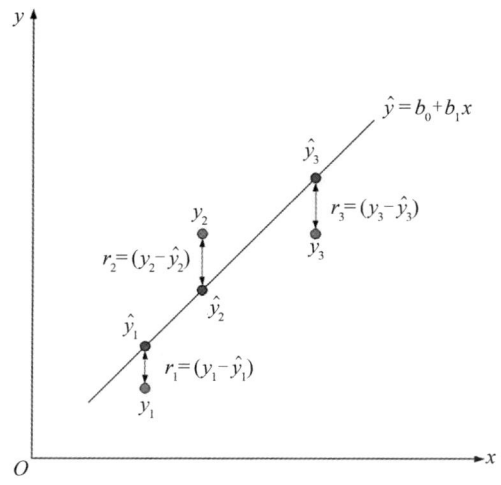

图 3-9　线性回归算法

例如，假设 $y = b_0 + b_1 x$，我们将在给定输入值 x 的条件下预测 y，线性回归算法的目的是找到系数 b_0 和 b_1 的值。我们可以使用不同的技术从数据中学习线性回归模型，如普通最小二乘法的线性代数解和梯度下降优化。

2. 岭回归算法

岭回归算法的目标函数在一般的线性回归基础上加入了正则项，在保证最佳拟合误差的同时，使得参数尽可能的"简单"，使得模型的泛化能力强（即不过分相信从训练数据中学到的知识）。正则项一般采用一、二范数，使得模型更具有泛化性，同时可以解决线性回归中的不可逆情况。岭回归算法在交通应用领域较少。

3. 主成分回归算法

主成分回归算法是根据主成分分析思想提出来的，是对最小二乘法的一种改进。它通过线性变换，将原来的多个指标组合成相互独立的少数几个能充分反映总体信息的指标，从而在不丢掉重要信息的前提下避开变量间共线性问题，便于进一步分析。在主成分分析中提取出的每个主成分都是原来多个指标的线性组合。

例如，可以基于主成分回归研究通勤交通方式的影响因素。首先，提取影响通勤交通方式的主成分，建立小汽车、公交、慢行交通（步行+非机动车）出行比例与主要影响因素之间的拟合关系式。通过拟合值与调查值的比较分析，结合对现状通勤交通方式与主要影响因素之间影响机制的分析，便可对未来通勤交通方式进行研判。

（三）聚类模型

聚类模型是通过学习样本内在的性质和规律，将数据集合分成不同类，其中，类内对象尽可能相似，而类间对象尽可能不相似（图3-10）。

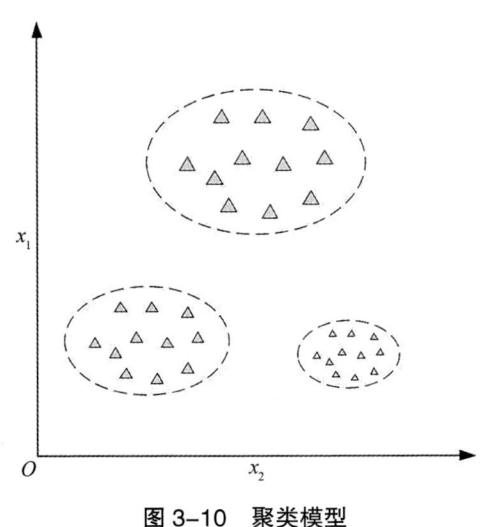

图3-10 聚类模型

聚类模型在交通大脑中可应用于综合各类交通行为，掌握交通各个时期的车流和客流分布情况，方便管理者进行交通规划和运营调度。

1. k-means 聚类算法

k-means 聚类算法是一种无监督学习，同时也是基于划分的聚类算法，一般用欧几里得距离作为衡量数据对象间相似度的指标，相似度与数据对象间的距离成反比，相似度越大，距离越小。算法需要预先指定初始聚类数目 k 及 k

个初始聚类中心,根据数据对象与聚类中心之间的相似度,不断更新聚类中心的位置,不断降低类簇的误差平方和(SSE),当 SSE 不再变化或目标函数收敛时,聚类结束,得到最终结果。k-means 聚类的迭代过程如图 3-11 所示。

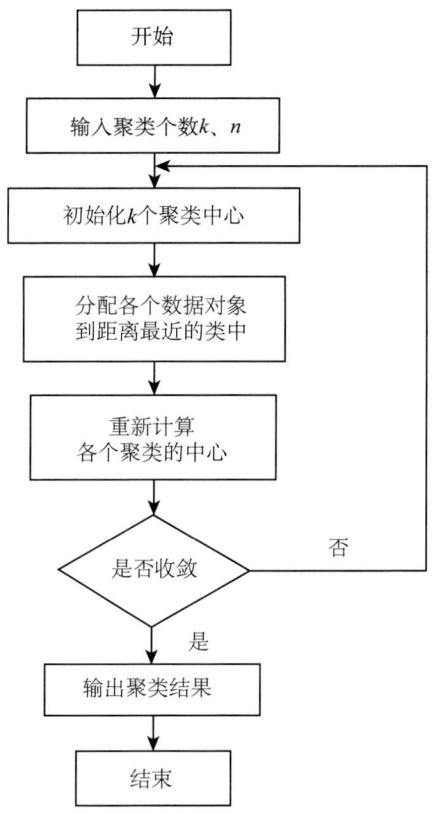

图 3-11　k-means 聚类的迭代过程

2. 层次聚类算法

层次聚类算法是聚类算法的一种,通过计算不同类别数据点之间的相似度来创建一棵有层次的嵌套聚类树。在聚类树中,不同类别的原始数据点是树的最底层,树的顶层是一个聚类的根节点(图 3-12)。

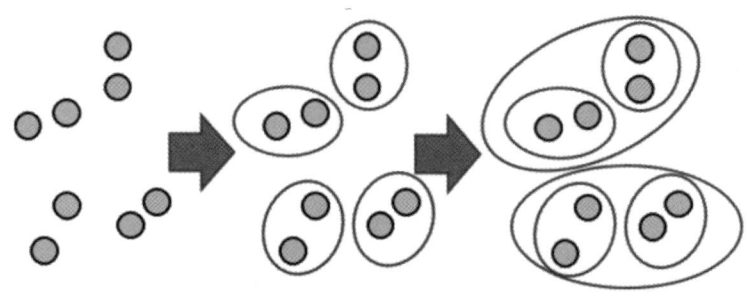

图 3-12 层次聚类

例如，针对目前日益复杂的城市交通网络，可以使用层次聚类算法，通过极大团中的频繁边发现将复杂交通网络分裂为一系列骨干图，而后以骨干图为聚类中心点，根据节点与中心点的平均距离将原始的交通网络聚合为若干子图，从而实现公共交通网络根据拓扑结构和网络特性的层次聚类，从而将公共交通网络的区域进行划分。

3. 密度聚类算法

密度聚类的思想在于通过计算样本点密度的大小来实现一个簇/类别的形成，样本点密度越大，越容易形成一个类，从而实现聚类。

DBSCAN 聚类算法是一个比较具有代表性的基于密度的聚类算法，它将簇定义为密度相连的样本点最大集合，可在有噪声样本的样本集中发现任意形状的簇。

DBSCAN 聚类算法的基本思想是：如果一个样本点的邻域包含多于 m 个对象，则创建一个 p 作为核心对象的新簇。然后寻找核心对象的直接密度可达的对象，合并为一个新的簇。直到没有点可以更新簇时算法结束。

以车辆出行的建模为例，利用车辆的 RFID 可获得轨迹链数据，依据这些数据利用 k- 差值法计算出 DBSCAN 聚类算法中 ε - 邻域半径，之后进行 DBSCAN 密度聚类，获取车辆出行时间特征和出行次数。

4. EM 聚类算法

EM 聚类算法解释起来相对复杂，读者只需知道 EM 聚类算法经过两个步骤交替进行计算即可：第一步是计算期望（E），利用对隐藏变量的现有估计值，计算其最大似然估计值；第二步是最大化（M），最大化用第一步求得的最大似然估计值来计算参数的值。第二步找到的参数估计值，被用于下一个计算期望计算中。这个过程不断交替进行，直至函数收敛。

在交通领域，道路交通流预测可以采用 EM 聚类算法，通过 EM 聚类算法得到路网子网车流概率分布，再结合路网子网中流量守恒原则，对待预测路段流量进行推测。

（四）深度学习相关模型与算法

深度学习技术是通过深度神经网络进行大规模样本的学习，识别多源数据及关键目标信息，从不同数据中智能分割与提取关键目标。在准确提取和识别数据中关键目标的基础上，针对分析与理解中所关注的对象及其行为建立模型，根据模型来实现各种场景的应用。深度学习技术广泛应用于图像识别、语音识别、视频分析、文本分析和大数据分析等领域，并广受好评。

在交通领域，深度学习技术的主要应用对象是自动驾驶、无人机、机器人、ETC 车牌识别、驾驶员行为识别等。以自动驾驶为例，通过自动驾驶车辆上的各种传感器了解车辆周围信息，再通过深度学习中的卷积神经网络等算法，实现车辆的自动驾驶。

1. 卷积神经网络（CNN）

卷积神经网络在大型图像处理应用中表现出色，它的泛化能力很强且不对输入数据的平移不变性做高要求。卷积神经网络原理如图 3-13 所示。

卷积神经网络包括卷积层和池化层。卷积神经网络包括一维卷积神经网络、二维卷积神经网络及三维卷积神经网络。一维卷积神经网络常应用于序列类的数据处理；二维卷积神经网络常应用于图像类文本的识别；三维卷积神经网络主要应用于医学图像及视频类数据识别。

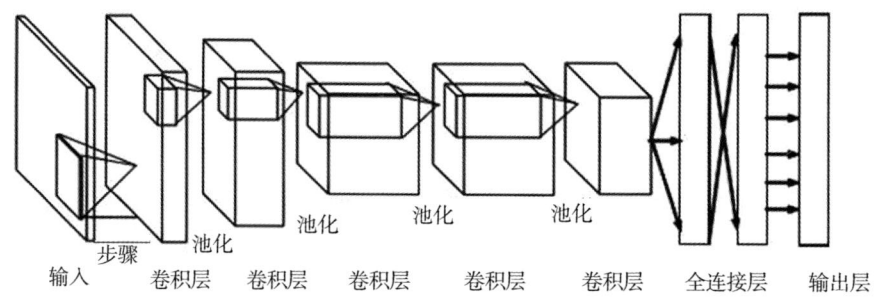

图 3-13 卷积神经网络原理

2. 循环神经网络（RNN）

循环神经网络也称作递归神经网络，其结构原理如图 3-14 所示，主要用于序列数据的特征提取，如音频分析和语言识别等，也可应用于语音机器人领域。

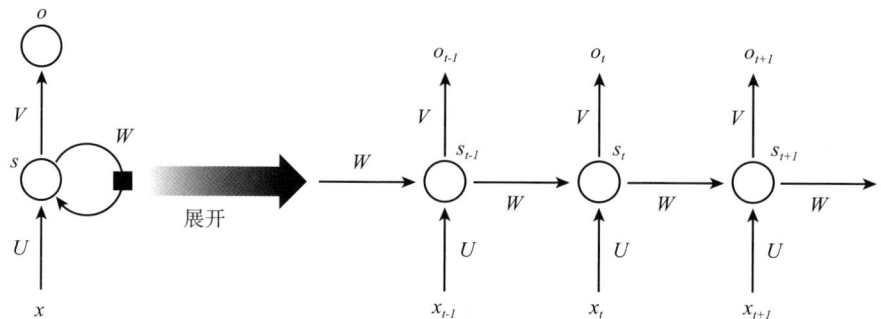

图 3-14 循环神经网络原理

相比其他网络，循环神经网络在机器翻译和语音识别领域有更加出色的表现，其主要功能是进行特征提取，优点是可以对序列内容建模，缺点是训练参数较多、调节不方便、可能会出现梯度爆炸和梯度消散的情况，而且该网络不具备特征学习的能力。

3. 生成对抗网络（GAN）

2014 年，Goodfellow 等人提出了一个通过对抗过程估计生成模型的框架——生成对抗网络。该框架需要训练用来捕获数据分布的生成模型 G，以及用来估计样本来自训练数据概率的判别模型 D。对抗网络的生成如图 3-15 所示。

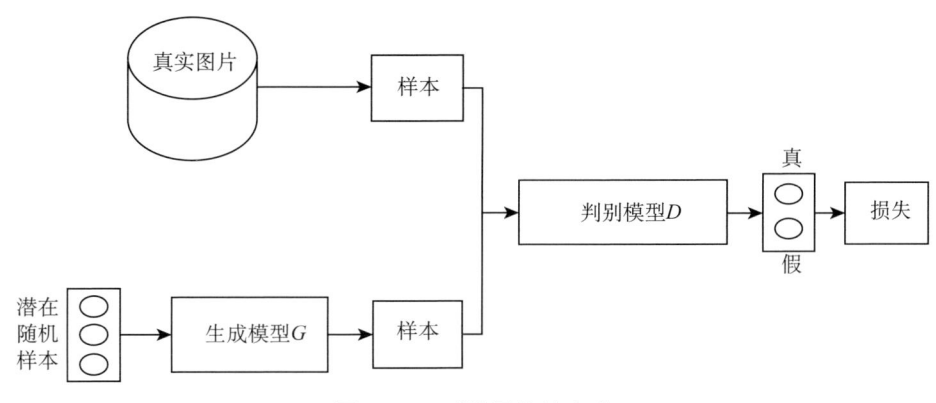

图 3-15　对抗网络的生成

生成对抗网络的主要功能是生成对抗样本，与其他模型相比，它的优点是可以生成较好的样本，能够训练任何一种生成器网络，能有效避免近似计算概率的问题；缺点是模型的收敛性较差，在训练过程中，容易出现崩溃的问题，因此存在一定的不可控性。

（五）强化学习

机器学习不仅仅可以按照模型分为以上类别，还可以按对样本集的处理分为监督学习、非监督学习及强化学习。监督学习就是通过已有的训练样本，这些训练样本有着已有标签，去训练得到一个最优模型，来使得这些预测值尽量贴近这些标签。上述的分类模型就是一种标准的监督模型；而非监督学习则是事先没有任何训练样本，需要直接对数据进行建模，典型的例子就是聚类模型。

强化学习是机器学习的一个重要延伸分支，与监督学习和非监督学习不同，它在学习过程中不需要预先给定任何数据，而是强调在给定情景下不断试错，最终得出最佳策略。

强化学习算法主要分为两类：一类是基于值的算法；另一类是基于策略的

算法。基于值的算法是计算每个状态动作的值并选择值最大的动作执行；基于策略的算法直接对策略建模。这两种方法不同，但其核心都是在行为—评价的环境中获得学习信息和更新模型参数，以改进行动方案以适应环境。

由于强化学习在大空间、复杂非线性系统中具有良好的学习性能，在交通大脑中常应用于区域性的交通管控，治理交通拥堵等问题。

（六）迁移学习

上文所列举的相关机器学习技术已经足够解决很多问题。然而，大多数机器学习方法都必须有个前提，即训练及测试数据必须具有相同分布形式。当数据分布形式发生改变时，旧模型就无法适应新的数据形式，就不得不进行模型重构。然而在实际应用中，由于带标记的训练样本数量有限及数据分布发生变化等原因，很难满足数据服从同一分布形式的假设，因此，数据的重新采集和模型重构的实现代价大且可实现性差，迁移学习则很好地解决了这些问题。

迁移学习是一种将已有领域的信息和知识运用于不同但相关领域中去的新的机器学习方法。迁移学习不要求相似领域服从相同的概率分布，其目标是将已有领域中已有的知识和信息，通过一定的技术手段迁移到新领域中，进而解决目标领域标签样本数据较少甚至没有标签的学习问题。

在迁移学习中，现有知识被称为源域，需要学习的新知识被称为目标域，按源域和目标域的数据特征差异可将迁移学习划分为两类：同构空间下的迁移学习和异构空间下的迁移学习。目前，迁移学习大都发生在同构空间下，因为同构空间下的源域数据集与目标域数据集能够很好地避免不同领域间数据差异较大的问题。同构空间下的迁移学习通过在特征层面上寻找一些共有特征（纹理特征、边缘特征、高层抽象特征等），然后迁移这些特征到目标域数据集，进而提高在目标域数据集上模型的泛化能力。

迁移学习作为比较新型的人工智能技术，已经在交通领域路面干湿判断、铁路异物监测、交通标志识别等方面有了应用。

二、交通大脑的构成

交通大脑其实是一个云控中心，根据不同功能可以分为物理层、模型和业务逻辑层及应用展现层。

交通大脑的物理层是一个数据中心的基站，其提供降温及持续不断的供电以保证安全。为了使交通大脑能够持续运行，数据中心需要提供灾备，包括冷站、热站、温站等。冷战是指备份相关数据，热站是针对交通大脑完全镜像备份，温站是指除了数据之外的一些应用及环境的备份。同时，还要考虑到同城备份和异地备份，"911"之后异地备份成为主流。

在交通大脑的模型和业务逻辑层中，提供了针对不同交通应用场景的服务。这种服务本身是分布式的服务，存在着如何调用服务、发现服务和服务的容错问题。

阿里巴巴提供的 Dubbo 服务是一个非常重要的服务，它能够将模型算法和支持业务逻辑服务很好地管理封装起来，并且能够提供一个整体的服务治理，使得各项服务井井有条地运行。

整个服务架构包括服务提供者、服务消费者、服务注册中心和服务监控中心。服务提供者将服务展现出来，服务注册中心提供服务清单，为服务消费者提供服务，服务监控中心对服务内容进行监控。整个服务系统能够重点解决交通行业中业务的快速变化和用户流量的迅速增长，能够把交通底层业务系统的各个业务系统横向打通，应对快速的交通应用膨胀。

交通大脑的应用展现层采用了微服务的架构，每个交通服务的应用互不干扰。微服务本身也依赖于 Dubbo 来注册新的服务。从软件开源的角度来说，也可以用 Spring Boot 来代替 Dubbo。但不管怎么说，采用微服务，无论用 Spring Boot 还是 Dubbo，底层都使用了 Spring Cloud 对云平台进行管理。

在交通大脑中，服务内部之间，抛弃了笨重的 Soap 的 WebService 架构，而采用了轻量级的 Restful 架构的通信机制。

云平台是交通大脑的核心,通过与用户的交互获取相关数据及用户的服务请求,对相应的服务进行监督、管理和协调。交通大脑逻辑架构如图3-16所示。

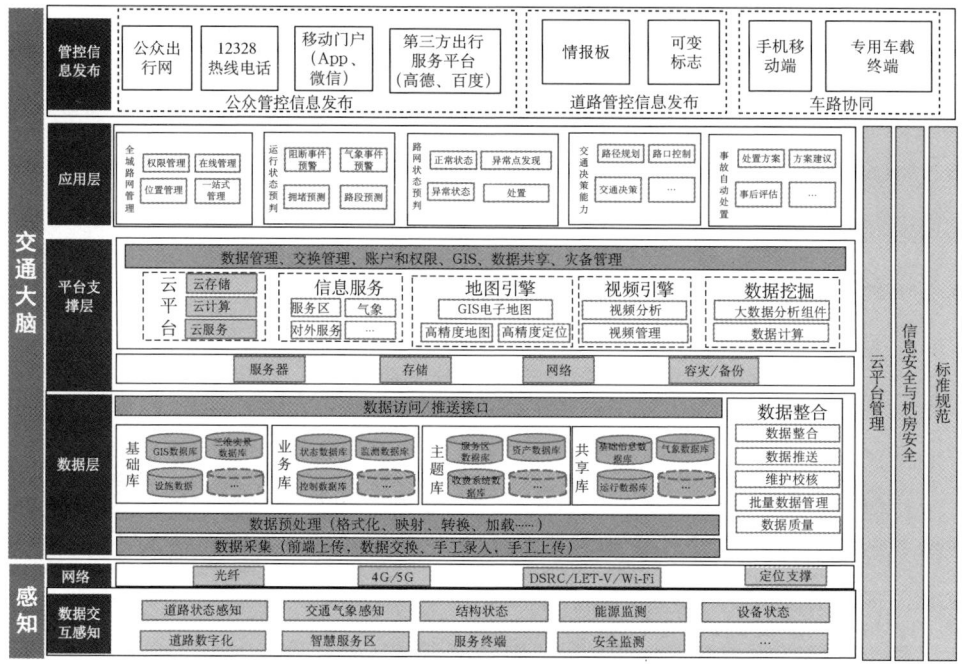

图3-16 交通大脑逻辑架构

三、交通大脑的云控技术

为了在中国真正实现交通大脑对交通信息的管控,需要有云控平台支撑,需要融合先进的计算机技术形成新的云端架构技术。

(一)云端架构技术

云端架构的底层以Docker(容器)为主,每个Docker就像代码集装箱的装卸工一样,可以将任何需要运输的代码进行封装、转移、管理,使得庞大的云控中心能够像集装箱一样开发、测试、持续集成、部署和维护,而且Docker

中还提供了对Docker本身的很多映像文件。映像文件是一个只读的模板，是由特定的应用程序提供的特殊操作系统环境。使用映像文件的原因就是要方便Docker像集装箱一样可以到处迁移。Docker采用仓库来管理这些映像文件，每安装一个软件，就在现有的映像文件基础上新加一层。同时，针对Docker，还有对Docker运行监控的应用，如K8S、OpenShift等。

（二）云控平台的"控"

首先，云计算的把控。云计算是一种基于因特网的超级计算模式，在远程的数据中心，成千上万台电脑和服务器连接成一片电脑云。因此，云计算可以实现极其强大的运算能力。具体的云计算技术会在下一章中讲述，读者只需知道在交通大脑中，通过云计算技术可以真正地做到将大量的数据采集、处理、运算，最终模拟为相应的交通场景来实现交通管控。

其次，安全的把控。交通云控平台是一个真正的面向全体网络和全体用户的大规模异构资源系统管理平台。在云计算环境中，海量的用户数据都存储在云端，任何一个局部数据的破坏或泄露都有可能危害到整体数据的完整性和可靠性。云控平台在为交通大脑提供服务的同时，会不可避免地遭受病毒入侵、恶意攻击等安全性问题，因此，对于云控平台的安全性建设需要把握以下4个原则。

一是机密性。由于云平台的开放性，使得其中存在着众多异构的具有安全漏洞的开放性软件，导致平台中的数据更容易被破坏和窃取，因此，需要对平台中的数据进行加密处理。例如，导航地图中的一些军用基地、涉及国家安全的一些设施等，极其需要保密，一旦出现数据或信息泄露，后果将不堪设想。

二是可靠性。可靠性包括数据的来源可靠及提供服务的可靠，云平台的可靠性主要靠云平台监控技术来实现。云平台监控技术主要对系统各种资源信息进行监控并提供展示，将云平台中服务器和虚拟机的运行情况反馈给云平台使用者，工作人员通过监控的情况展开相应的运维工作，协助管理云平台。

三是可用性。云平台的可用性主要是指保障云平台的稳定可靠运行。为了实现云平台的高可用性，在设计云平台时需要从硬件、软件、策略及管理等多个角度进行分析和设计，避免系统因日常维护或一些突发情况而导致停机，影响整个云平台的工作效率。

四是完整性。大多数云平台都是大规模的数据中心，大量的用户数据存储其中，因此，云平台必须确保其安全。也就是意味着，云平台需要为用户创建数据备份，并在物理层面采取保护措施来防御攻击和自然灾害。

最后，应用的把控。实际上，迄今为止中国的云平台还是在简单地做服务，而交通大脑中"控"的概念，则是需要云平台不仅能服务交通大脑，同时还能使交通大脑协同感知、协同决策。云控平台体系的最终定位，还是利用相应的模型和算法，以及基于真实数据的大数据计算为交通大脑实现真正的交通管控提供基础，实现现实生活中对车、交通、环境等要素的高效协同，解决系统性的资源优化与配置问题，最终促进人、车、路根据交通大脑的需求而动，实现真正的交通管控。

（三）交通大脑中云控中心的工作模式

在交通大脑中，各个模型和算法协调配合着共同解决交通中的问题或提供更智能的交通服务。例如，当用户发起导航请求时，应用层接收到用户的请求信号后，在服务层中找到相应的导航服务，然后去算法和模型层找到该导航模型，调用现有的车流量数据，找到最佳路径，最后返回服务层传输到用户层实现导航。交通大脑通过云控中心，利用客户端上传的数据发现某个异常现象或交通问题后，马上从模型库中寻找、匹配可以合理解释该现象或问题的运作模型，并进行标定，作为后续分析的基础；然后运用预测模型模拟问题的演化趋势，通过相应的算法生成多个方案，并通过改变影响评估模型对这些方案进行综合评估，从中挑选出最优方案实施；在方案实施过程中，交通大脑还会通过测评模型，监测城市交通运行状况，评估问题的解决情况，继续"发现问题—解决问题"

的过程，实现实时的交通管控。如此形成一个智慧的循环，保证交通大脑的健康运行。

第四节 通过交通大脑实现新一代的交通管控

随着交通量的增加，路网越来越复杂，传统的管控手段已经不能满足交通需求，如人工预判越来越不准、现场办公方式不能处置紧急事件、事后管控效率低下等。亟须新一代的交通管控手段，基于机器学习、模型和算法的交通大脑打通数据通道、进行多源数据融合，实现交通管理者的全域路网管理；精确的对路网运行状态的评判预测，提升交通畅通水平；快速的路网正常状态到异常过渡状态的判断，及早发现风险源进行处置，提升交通安全水平；交通决策和事件自动处置评估实现了事件协同式处理（图3-17）。

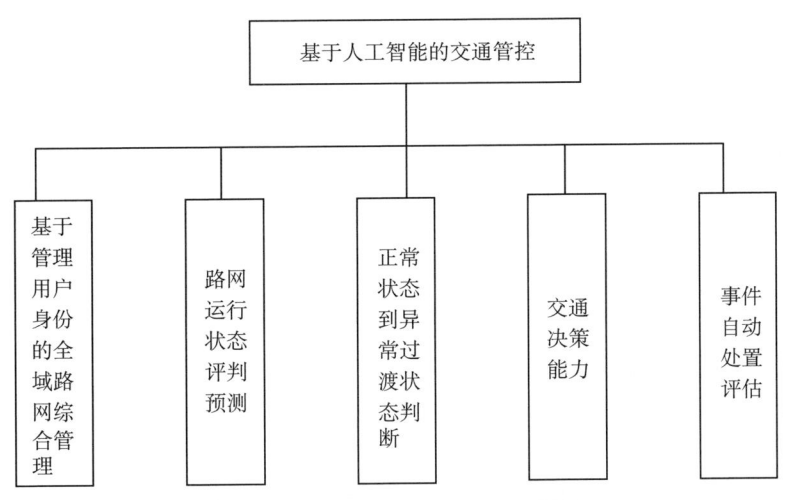

图 3-17 基于人工智能的交通管控

交通大脑利用人工智能服务于交通管理者，管理者通过交通大脑可实现管理业务全部在线、实时、一站式办理；通过移动管理平台，交通管理者能够随时随地掌握交通运行状况、路况和特殊事件信息，管理者能走出监控大厅、走出办公场所，并随时随地处理突发事件和路网调度，云控平台从时间和地理空间判断交通运行的正常状态、风险源和异常事件，在发现风险源之后，管理者第一时间对风险源进行处理；事件发生时云控平台能主动提醒管理者，并根据路政、养护、管理等不同管理者的用户权限，分级别、分时段向管理者发布信息，并提供对事件处理时间、影响范围的预测和决策建议，大大提升了交通管理者的管理效率。

通过全域路网管理，最大限度地保证了路网的正常状态运行，落实了《交通强国建设纲要》中提出的"构建安全、便捷、高效、绿色、经济的现代化综合交通体系，打造一流设施、一流技术、一流管理、一流服务，建成人民满意、保障有力、世界前列的交通强国"，提升了交通通行和安全运营水平。

一、基于管理用户身份的全域路网综合管理

通过交通大脑实现多渠道数据的融合，如计算机数据、移动端数据、物联网数据、线上数据和线下数据的融合、多类数据的融合和多维度数据的融合，打通数据通道，实现了交通管理者的全域路网管理。支持管理者基于专网和公网、办公计算机和手持终端等多场景的办公和管理，实现路网管理、路政养护和决策支持的在线化和实时交互，行业信息感知和交通业务全部在线、实时管理。通过对不同级别用户的权限分配，实现系统内不同级别用户的功能差异化。

二、通过深度学习可进行路网运行状态评判预测

交通流蕴含的不同时间维度信息对其短时预测结果具有显著影响，针对交通状态、环境状态及设施状态数据，以及分析与理解中所关注的对象，可运用卡尔曼滤波理论、K近邻法、ARIMA模型等进行短时交通流预测；神经网络具有高度非线性的动力学系统，拥有强大的非线性拟合能力，也可应用于交通流

预测，其中，BP神经网络在交通流预测中应用最为广泛，在此基础上对公路上的阻断、气象地质灾害事件进行预警，进而实现对交通的短期拥堵预测和运行趋势整体预测，具体如下。

第一，实现公路阻断事件预警。当道路上发生阻断事件时，会产生交通拥堵等影响，可通过交通流量监控数据、行业车辆位置数据、互联网用户众包数据等多源数据进行融合分析，实现阻断事件的自动发现。阻断事件预警界面如图 3-18 所示。

图 3-18　阻断事件预警

第二，建立模型通过气象地质灾害预警实现事件预警。针对气象、地质部门发布的特大气象、地质灾害预警信息，对可能影响的区域、公路路段、基础设施进行分析，对可能产生的影响程度进行分析。采用大数据分析技术，对历史气象、地质预警信息及实际发生的公路事件信息等进行关联分析，实现对可能出现的公路事件的预警。灾害事件联动预警如图 3-19 所示。

第三，通过估算模型实现短期拥堵预测。构建公路交通状态估计模型，实现对公路实时交通运行状态的预估，包括车速和车流等；在实时状态估计基础上，构建公路交通运行状态预测模型，对短期或中期交通运行状态进行预测。实现路段实时交通状态的估计，短期、中期或将来的交通运行状态预测，包括预计车速、预计到达时间和交通事件预计影响（如事件发生后交通流可能出现的变化、拥堵可能造成的事件增发及对清障人员的指导等）等。拥堵预测、研判如图 3-20 所示。

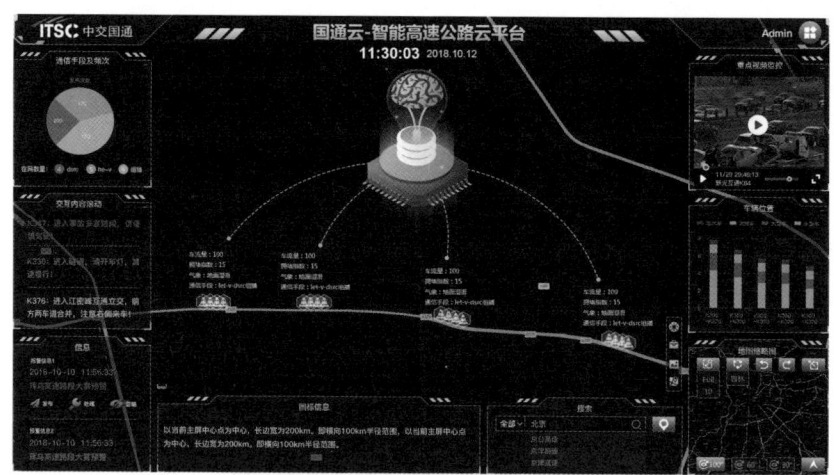

图 3-19　灾害事件联动预警

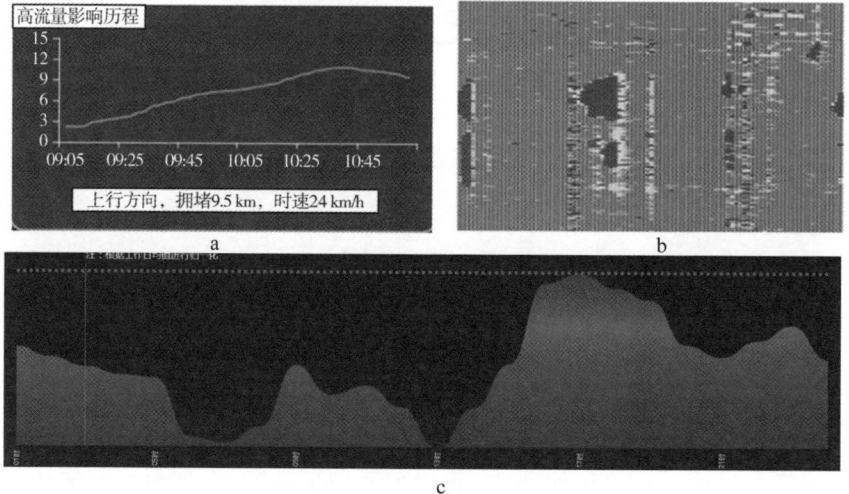

图 3-20　拥堵预测、研判

第四,实现了对路段运行趋势的预测。通过感知系统的监测数据信息、"两客一危"数据、交通量观测数据、重点货运平台数据、联网收费数据、治理超限超载数据的综合分析挖掘,提取历史交通流状态(分类、分型、轴载)、气象环境、突发事件、技术状况,建立交通流运行趋势库,实现按指定时间间隔进行可视化交通运行状态回溯与展示,在提炼特征日运行状态的基础上,实现对未来交通运行趋势的有效预测。

三、通过机器学习可实现交通正常状态到异常过渡状态判断

交通运行状态从正常状态逐步往异常状态转变时的过渡状态会伴随着许多微弱的前兆信号,包括:个体行为风险,如危险品车辆、异常交通行为、异常人员闯入等;基础设施风险,如隧道结构状态风险、桥梁状态异常;交通状态风险,如周围路网运行中发生的拥堵和事故等;环境状态风险,如团雾、结冰、雨雪、横风等;网络安全风险,如信息发布的内容安全、关键设施的接入安全。

异常检测的任务是识别其特征显著不同于其他数据的观测值,这样的观测值称为异常点或离群点,异常检测算法的目标是发现真正的异常点,从而避免错误地将正常对象标注为异常点。利用弱信号感知,检测算法包括基于分布的、距离的、深度的、划分的异常检测算法等,交通大脑快速分析及预判过渡状态的变化,通过及时干预,减小交通事件影响范围及区域,最大限度避免和减少事故发生;通过交通流感知和大数据分析技术,对交通运行规律进行分析,对于异常状态提前预判,通过多种渠道进行事故预警,提醒驾驶员或提前进行交通诱导。

四、通过模型算法使交通大脑具备交通决策能力

在实际运用中,交通大脑以大量的交通感知数据为基础,包括数以百亿计的交通管理数据、交通监测数据、互联网公司数据和第三方数据被集中输入数据平台,以丰富的数据为依托,交通大脑可构建算法模型,计算出更"聪明"

的解决方案。

在交通信息化发展过程中，建设辅助决策系统是其中一项重要任务。与交通运行状态感知技术和公众出行信息服务的快速发展相比，辅助决策系统在技术手段和应用效果上并没有达到理想的目标。由于数据共享程度低和数据分析落后，大多数辅助决策系统仍以应急预案、数据统计分析和资料管理为主要功能，基于数据的决策支持应用很少，辅助决策力度较弱。

一方面，交通大脑在空间上打破了区域的"数字"壁垒，打通数据通道，实现高效、全面的交通管理和服务的全协同；另一方面，交通大脑在时间上突破了人类的决策能力极限，通过机器自我学习的方式，搭建出能够支撑类脑推理的核心算法模型。如图 3-21 所示，通过空间搜索法、层次法、动作行为法、势场域法、栅格法、模糊逻辑法和神经网络法可以实现更准确的路径规划能力；通过基于神经网络和强化学习相结合的控制算法，即深度学习算法，实现对交通路口的控制；利用神经网络方法建立系统协同控制模型，协调子系统之间的相互影响因素和控制目标，从而更好地实现区域间的协同；更多轮次的学习实现最优的交通组织，能够总结经验、发现规律、预测趋势，使交通决策更科学。

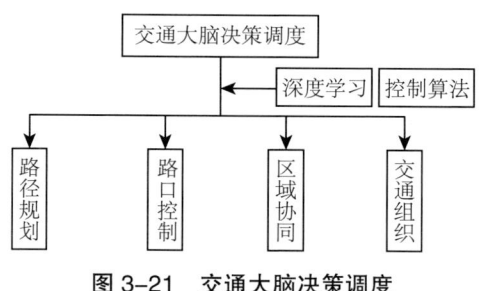

图 3-21　交通大脑决策调度

五、交通大脑使事件自动处置评估

交通大脑通过对实时交通态势数据的挖掘分析，实现对道路突发事故及拥堵事件的自主发现与判别。利用客户端上传的数据发现某个异常现象或交通问题后，及时从模型库中寻找、匹配可以合理解释该现象或问题的运作模型，并进行标定，作为后续分析的基础；然后运用预测模型模拟问题的演化趋势，通过相应的算法生成多个方案，并通过改变影响评估模型对这些方案进行综合评估，进而对其进行跟踪分析，记录发展与演变过程，并据此给出处置建议，推送至指挥调度系统进行处置。

通过对道路拥堵事件发生的起点位置、终点位置、发生时间及拥堵态势的时空演化趋势等多维度信息进行研判，交通大脑能够对道路进行全域"健康画像"，根据对拥堵产生和加剧影响因素的分析，实时调整优化信号灯配时，并指导易发生交通事故的路段进行微观改造，缓解交通拥堵。

基于数据引擎，对常发性拥堵、交通事故焦点、重点车辆隐患点、违停密集区、车辆违法突变区等进行识别分析，以便开展进一步的排查清理工作。隐患点识别数据将推送到情报监测中心，并作为事件处置的数据源之一。

提供预警阈值管理，系统根据所配阈值来识别事件处置超时和无效的情况，并对用户进行预警提醒。支持对事件类型、处置规则的管理，支持对不同类型事件进行流程预置。

本章小结

本章介绍的以人工智能技术为依托的交通云控平台，可实现对交通行为的研判，从时间和地理空间判断交通运行的正常状态、风险源和异常事件，从而尽快处理风险源，最大限度地保障了道路的安全畅通水平。交通云控平台打通了数据通道，可实现管理者的全域路网管理，实现交通行业管理业务全部在线、实时、一站式办理，使管理者能走出监控大厅、走出办公场所，进而更好地履职。

第四章

人工智能助力交通运输实现以人为本的服务

随着人工智能、大数据时代的来临,交通运输行业在进行着智能化的升级,智能交通的应用场景也越来越广阔。智慧公路是人工智能和交通行业融合的产物,随着人工智能的发展,智慧公路顺势而出,国家也出台了智慧公路的相应发展规划。前两章重点讲了人工智能在感知系统和交通大脑中的应用,"千里眼"和"顺风耳"感知各种数据,交通大脑对感知到的数据进行云控处理。有了感知的手段和大脑的分析,我们就可以利用人工智能提供更好的服务手段来服务出行者和管理者。党的十九大提出建设交通强国的重大战略部署,明确提出了要打造一流设施、一流技术、一流管理、一流服务,建成人民满意、保障有力、世界前列的交通强国,为新时代交通发展指明了方向。

第一节 概 述

随着移动智能终端和移动互联网的发展,移动应用已经深入到人们生活的方方面面,基于互联网平台的交通运输信息服务也延伸到客运、货运、铁路、公交、航空等交通行业。随着经济的发展及交通需求的不断增长,人们的出行活动变得越来越频繁,社会公众对出行的便利性、舒适性和安全性也提出了更高的要求。

当前,交通信息的发布方式主要包括高速广播、可变信息板、热线电话、微博、微信等,不同的发布方式拥有不同的发布系统,各系统之间未能形成及时有效的信息共享机制,影响了信息发布的及时性和准确性;同时,系统提供差异化推送式服务的局限性较大,难以满足客户对于获取更准确、更精细交通信息的需求;交通行业直接掌握了大量的交通运行信息,由于信息发布手段较为单一、发布方式及覆盖范围受基础设施建设的限制,交通信息服务在信息时效性、覆盖范围及定制化服务等方面还有待提升。因此,由交通行业主导的交通信息服务发展相对缓慢。

基于此,本章重点探索基于人工智能的交通技术与传统服务的区别,列举了传统的服务手段。在人工智能技术的引导下,基于 MaaS 架构及交通行业的差异性,利用模型算法、深度学习等手段,实现语音类及数据类的信息服务,从而引出伴随式服务的概念。

第二节 传统交通信息服务

一、传统的交通服务分类

目前,传统的交通服务手段包括信息发布、位置共享、支付等几大类型,这些服务各有优缺点,下面我们逐一介绍。

(一)交通信息发布服务

常用的交通信息发布方式有 App 终端、车载终端、可变情报板、电子站牌、交通广播、移动电视。

最常用的是 App 终端,主要采用手机、PAD 等多种移动终端通过网络获取交通信息服务。这种方式成本低、操作简便,能够实时获取所需信息;所获取信息的表现形式也很丰富，涵盖了声音、文字、图像等，同时还能实现定制化服务。

车载终端首先通过车载 GPS 等位置接收装置接收导航信息，然后将所获取的语音、文字、图像等交通信息整合并显示到车辆 GIS（地理信息系统）上。车辆经由 GPS 提供的位置环境信息，结合 GIS 可以完成地理环境的搜索查询，进而根据目标位置获取车辆行驶的最佳路径。

道路上的可变情报板可以发布道路运行状况、气象、路况、交通事故等多种动态交通信息。信息展现的实时性强、表现力强、系统稳定，但是针对性较差，不能与用户进行信息交互，获取的信息也没有办法有效存储。

电子站牌是一种专属交通信息发布设施，主要用于发布到站发车、线路调整等公交线路信息。电子站牌还能显示时间、天气状况等信息，可以辅助公众选择更为合理的乘车路线，优化乘客乘车体验，提升公交系统运行效率和客运服务质量。

传统的电台广播用于发布交通信息部门提供的实时路况信息，包括突发性交通事故、拥堵路段、交通管制等。通过将这些信息发布给听众，可以帮助其及时有效地选择合理出行路线。

移动电视通常安装在地铁和公交上，以直播为主进行路况播报。移动电视可以灵活编排内容、内容丰富、覆盖面广、实时性强。

（二）位置共享服务

位置共享服务的技术实质是基于"物联网 + 互联网"，是通过对闲置资源整合形成的服务模式。基于位置服务的共享主要包括交通工具与设施的共享，下面以停车位的共享、载运工具的共享为例重点介绍。

停车位的共享是减少资源浪费的重要一环，无论是城市区域还是高速公路的服务区，都需要提升停车位的使用效率。

以高速公路的服务区为例，服务区可以提供包括停车、加油、购物、餐饮

第四章 人工智能助力交通运输实现以人为本的服务 101

等在内的多种服务，它既是高速公路重要的服务载体，又是保障驾乘人员行车安全的休息驿站。车辆及驾乘人员在服务区进行消费或休息时，如何帮助驾乘人员快速、合理地进行服务区和停车位的选择是行程的关键点。若服务区停车位已满，而主线上车辆仍源源不断进入，将加剧服务区停车拥堵。此外，由于服务区各种车位交织复杂，缺乏停车诱导会导致车辆盲目停车，并且增加寻找车位的时间成本。智能停车场示例如图4-1所示。

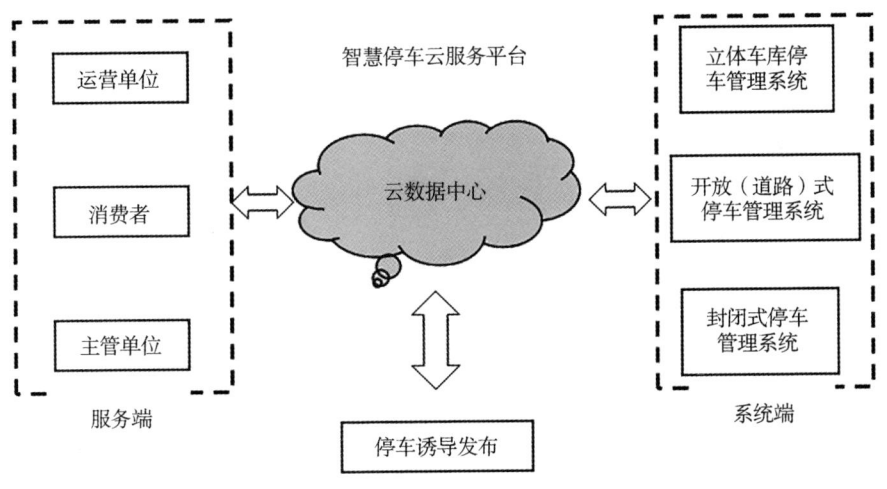

图 4-1 智能停车场示例

（三）交通支付服务

智能交通下的支付服务主要分为高速公路的通行费支付和城市交通工具费用的支付。

1. 高速公路通行费支付

高速公路收费一般分为传统的人工收费（MTC）和电子不停车收费（ETC）两种方式。人工收费，顾名思义为用户驾车到收费站领取复合通行卡（又叫CPC卡），在出口处交费，这个过程用户往往需要自备现金，非常不方便。而ETC通过车载电子标签与ETC车道上设置的微波天线等相关设备建立起专用短程通信，结合计算机技术和银行相关平台进行后台结算，最终实现在车辆行驶过程中进行高速公路和桥梁的相关收费。

ETC 收费可以极大地提升车辆通行效率。一辆车通过 ETC 收费口的时间只需十几秒甚至几秒，相对于传统的人工收费要快几倍；ETC 支付无需现金，避免了找零等带来的不便。为了推广了 ETC，很多省市高速公路都实行了 ETC 通行费的折扣优惠，这也吸引了不少车主选择 ETC。对交通部门而言，ETC 的使用能够缓解高速公路出入口收费站的拥堵问题，同时，资金结算和管理也更加高效和规范。

2019 年，全国取消高速公路省界收费站工作开展后，截至 2019 年 12 月，ETC 全国客户已达 1.92 亿，ETC 使用率已超七成，多省达八成以上。面对 ETC 用户的快速增加，如何利用这些数据更好地为民众出行提供便捷、全面的信息服务是目前还未解决的问题。

2. 公交、地铁的刷脸支付

随着金融科技的创新发展，二维码支付逐渐普及，刷脸支付进入大众视野，移动支付开始进入下一个阶段的争夺。在人脸识别的热潮下，除了普通消费领域，刷脸支付还延伸到了公共交通领域。然而，交通领域有着相对复杂的环境和历史因素，因此，目前刷脸支付乘车虽在多地试行，但体量都较小。

刷脸支付采用人脸识别技术。通过 App 预先采集和上传人脸信息，然后通过专用设备识别人脸信息进行在线比对，从而进行身份认证以完成扣款。实时在线人脸比对方式及预先采集方式的共同难点都是如何有效地提升比对速度，据悉部分情况能实现闸机"暂时离线"，但目前应用端无法被证实。上述情况都是在支持 IC 卡、二维码支付的基础上进行拓展，因此可以看出，运营方对于刷卡和扫码乘车是基础要求，刷脸乘车是进一步要求。

在解决了效率与安全的基础上，刷脸支付在交通领域的发展有以下几个趋势。

一是刷脸支付有必要兼容二维码。目前从消费者的接受度而言，二维码显然更受消费者欢迎，而交通领域的二维码支付也已经基本普及，刷脸支付要想入局也必须在支持二维码的基础上进行拓展，因此，兼容二维码有一定的必要。

二是刷脸支付需要解决离线问题。目前，二维码支付已经普遍实现了"双离线"模式，即消费者手机端及受理终端能实现同时在无网络下进行离线交易，而刷脸支付比较依赖于实时比对，尽管据悉地铁领域能够实现部分本地离线缓存，但不同于二维码较少的数据管理，人脸信息的缓存难度仍然相对更大。

三是刷脸支付需要解决"缩库"问题。当 1：N 足够大时，服务器显然会受到更高的并发冲击，因此，如何将 N 以适当的方式进行"缩库"，则是刷脸支付运营方需要考量的问题。据移动支付网了解，部分技术服务商和研究文章均表示会通过通道口摄像头"预筛"的方式进行先判断，或者通过常客库、客流分段等方式进行人脸库的分级分层。

四是刷脸支付未来需要与智能交通应用相结合。实际上交通领域的刷脸支付并不是刚性需求，而且加上二维码等移动支付的普及，刷脸能提供的效率提升非常有限，因此，未来交通领域的人脸识别一定不仅仅局限于支付，如何在智能交通方面进行拓展将会非常重要。

五是 5G 的商用和普及将为刷脸支付带来利好。众所周知，数据传输需要网络支撑，而公交车是移动的载体，不像商超便利店等可以利用有线网络传输刷脸数据等。之前无论是公交卡还是扫码付，所需要的数据应用都是提前在机具上设置好的，不需要有很强的网络支持。而人脸识别的技术传输则需要很强大的流量支撑，才能将人脸复杂的各类生物体特征数据传输到中控计算机里。5G 的超快速度正是解决了这一棘手的问题，将刷脸支付应用到公交车等移动载体上得以实现。

二、传统交通服务的痛点

在各种服务方式中，App 终端适合在出行中使用，其所提供的信息量大，并且可以满足个性化服务要求；车载终端播送的信息内容丰富，信息表现形式多样直观，但个性化服务的提供需要较高的成本；可变情报板的信息表现力强、播放时间自由、系统稳定性强，但互动性差、建设成本高；电子站牌投资小、适应性强，但不能满足个性化服务的需求，信息内容局限大，使用率也比较低；传统交通广播使用广泛普遍、信息量大，但信息单调、互动性差、不提供个性化服务、信息无法储存；移动电视主要在公交、地铁上使用，信息内容单调、更新不及时；停车位共享的信息更新不及时，用户很难获取到最及时的停车位信息；网约车的叫车方便、及时，但个性定制方面可以再有提升；共享单车便宜、方便，但停车问题很麻烦，快速增长的数量严重影响了城市的样貌；ETC支付很方便，但计费不准确。

从上述现象可以看出：

一是传统服务手段过于单一。总体而言，传统的服务手段单一，过于依赖管理主体，没有从用户角度考虑，用户黏性不够；社会熟知度不高，服务迅速性不够，很难满足当今社会现阶段的服务需求。

二是需要更丰富的服务手段。随着社会的发展、技术的提升，现有的传统信息服务虽然种类繁多，但大多已不能满足用户的需求，通过人工智能的应用，结合传统的服务方式，可以提升服务能力、丰富服务手段，将富媒体的形式更好地服务于交通中。

传统的信息服务大多是统一发送，很难针对不同需求的用户提供特别的服务。现在通用终端已十分普及，车载终端发展也很迅速，交通行业迫切需要找到更好的方式以便更好地服务用户。

第三节 人工智能让传统的服务更智能

人们在交通出行中的核心在于运用一系列交通方式完成人员、货物或信息的地域转换，也就是说，交通出行的重点并不在于交通工具本身，无论是选择自行车还是汽车，私家车还是公共汽车，都是为了选择一种出行服务。在将交通出行视作一种服务的前提下,用户在交通出行中通常会根据自身位置与目标位置,加上自身需求及便利性与安全性的考量,进行交通工具的选择和路径的规划。这一系列服务包括用户位置服务、交通工具与设施共享服务、语音服务及路径规划等。

一、用户位置服务

位置服务主要包括用户身份识别和位置定位,旨在明确"我是谁""我在哪""我要去哪"这3个交通出行的关键因素。

"我是谁"需要用户身份识别技术。主要以移动平台的身份识别和车辆身份识别为例,其中,移动平台的形式主要有智能手机、平板电脑、头戴式显示器及其他穿戴式设备。

一是移动平台的身份识别。在移动端的身份识别中,应用最广泛的认证方式是通过用户名和密码的认证、图形解锁。目前应用在移动端的身份识别主要可以分为基于生物学特征认证和基于设备认证;基于生物学特征认证技术是指利用人脸、指纹、虹膜等生理特征,以及步态、签名、声音等行为特征,来完成身份识别的认证技术;基于设备认证技术主要依靠设备的特有属性来进行验证,比较有代表性的有短信验证、网络属性(MAC、IP、UUID)、IMEI(国际移动装备辨识码)验证等。此外还有融合了生物认证和设备认证技术的移动端多重身份识别方案,集中了两种传统方案的优点并改良了各自的缺点,具体方案如表4-1所示。

表4-1 多重身份识别方案

等级	安全需求	识别方法
L1	极低	Ⅰ级、设备认证
L2	低	Ⅱ级、设备认证
L3	中	Ⅲ级、设备认证、生物学特征认证

续表

等级	安全需求	识别方法
L4	高	Ⅳ级、设备认证、生物学特征认证
L5	极高	Ⅴ级、设备认证、生物学特征认证、位置识别

基于设备认证需要进行设备绑定,通过短信认证、用户账号密码或图纹解锁等技术来完成身份识别。基于生物学特征认证依靠声纹识别、人脸识别等关键技术进行身份认证。

二是车辆身份识别。当前比较成熟且获得广泛应用的车辆身份识别方法主要有基于电子标签的射频识别(Radio Frenquency Identification,RFID)、基于专用短程通信(Dedicated Short Range Communication,DSRC)的识别、基于车牌图像的识别等。其中,RFID是一种非接触式的车辆自动识别技术,它通过射频信号和车辆嵌入的电子标签,可以同时对多辆高速行驶的车辆进行身份识别。基于RFID的车辆身份识别技术核心主要包括RFID身份识别技术和车辆身份信息的产品电子代码(Electronic Product Code,EPC)编码。RFID车辆身份识别技术的系统构成主要包括电子车牌、RFID读写器、管理中心和专用通信网络4个部分(图4-2)。

电子车牌采用无源RFID标签进行绑定,当车辆通过信号覆盖区域时,RFID读写器激活标签并完成车辆的身份信息读取,通过通信网络将车辆信息发送到交通运输管理中心;交通运输管理中心是整个系统的中枢,主要负责接收车辆的身份和位置信息并进行综合管理;RFID读写器与交通运输管理中心之间使用互联网或专用网络搭建通信网络。

RFID标签中包含了车辆身份信息的EPC编码,该编码用于标识车辆身份等信息。当前,EPC国际标准的RFID有64位、96位和256位3种编码方案。每一种编码由"头字段""数据字段"两部分组成。"头字段"用于标识版本号,"数据字段"用于标识实体信息的组成。"数据字段"有3个组成部分:EPC管理者、对象分类和序号。EPC Ⅲ型编码结构如图4-3所示。

第四章　人工智能助力交通运输实现以人为本的服务　　107

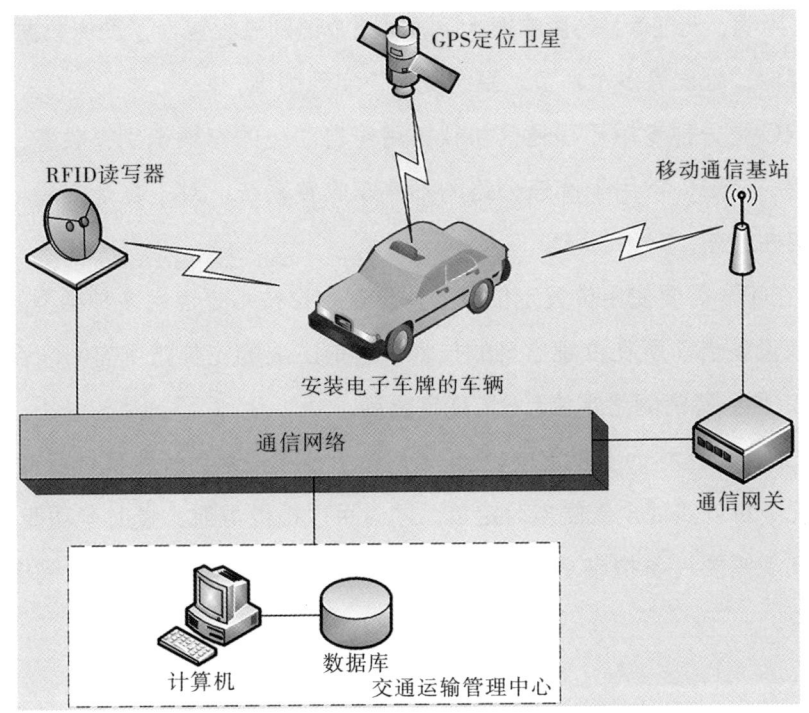

图 4-2　基于 RFID 技术的车辆识别网络拓扑

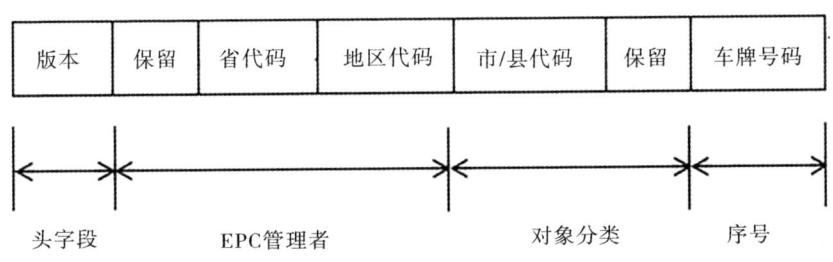

图 4-3　EPC Ⅲ型编码结构

其中，"头字段"的数字 11，标注编码方式为 EPC Ⅲ -64 Ⅲ型；"保留"字段全部置 0；"省代码""地区代码""市／县代码"的分配依据国家现有行政区域划分；"车牌号码"可以对超过 200 个的单体车辆进行唯一性编码。

基于车辆的图像识别主要用于在车辆图像序列中进行车辆信息的检索。近些年，基于车辆图像的车辆识别方法应用越来越广泛，但是这种识别方式受周围环境（照明、天气等）的影响很大，同时整个识别过程包含了图像数据的采集、传输、存储、处理等多个环节，系统复杂、实现困难。

DSRC 是一种专用短程通信协议，用于自动化的车辆识别、收费、交易信息记录等。DSRC 常用于高速公路的不停车收费系统，对于复杂交通环境下的识别适应性很差。

"我在哪"需要使用位置定位技术。位置定位技术是运用多种类型的定位手段来获取设备当前所在位置信息的技术。目前主要的定位技术有 GNSS 定位、WLAN 定位、蜂窝网络定位、RFID 定位等。

GNSS 定位又称为卫星定位（图 4-4），依靠卫星来对目标物体进行准确定位，多数情况下可以实现全天候实时定位，同时可以提供导航、授时等功能。GNSS 定位的实现需要设备携带 GNSS 信号接收机，同时要保证可以接收到多角度的定位信号。

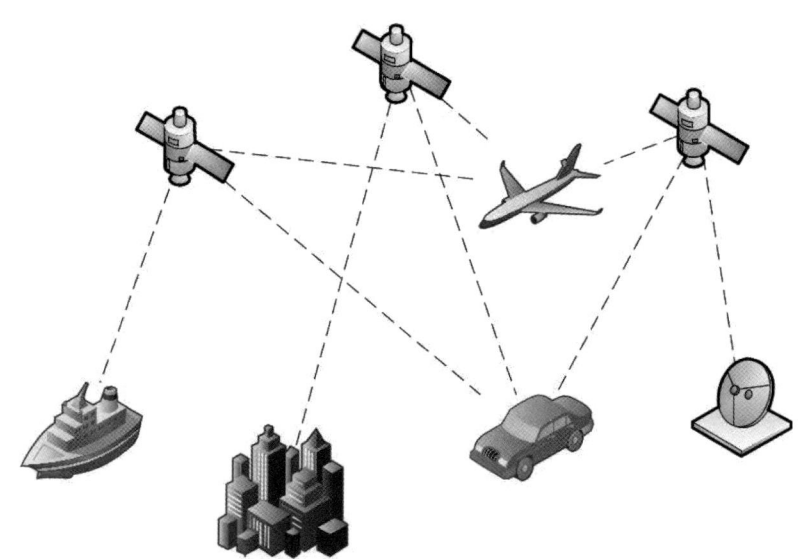

图 4-4　卫星定位示例

WLAN 定位依靠 WLAN 信号进行。当前主流的技术是基于接收信号强度指示（Received Signal Strength Indicator，RSSI）的指纹定位，定位的精度与校准点密度密切相关。

RFID 定位主要应用于自动控制领域，利用电感电磁耦合传输特性实现物体的自动识别。RFID 定位系统包括电子标签、射频识别读出装置和计算机数据库（图 4-5）。

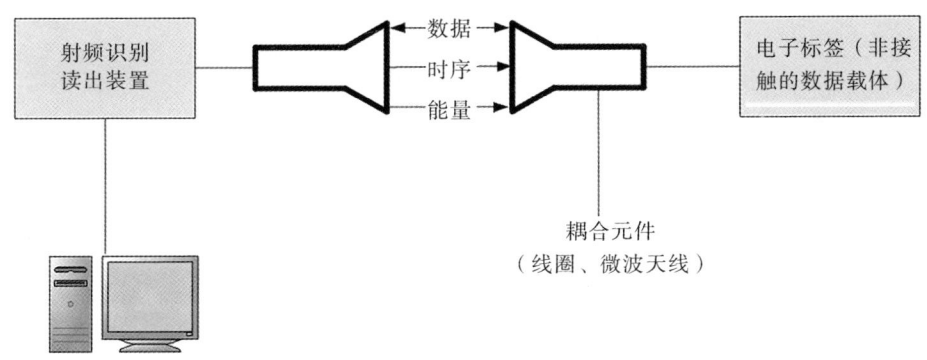

图 4-5 RFID 技术示意

蜂窝网络定位主要用于移动手机的定位服务，通过对同一平台与基站之间信号传播的传播时间、时间差和入射角等特征参数进行检测实现定位。

地磁定位依靠移动平台携带的磁力计（图 4-6），通过采集磁场信息建立数据库，利用地磁场特征的特异性获取目标位置信息完成定位，定位方法主要是指纹定位。

"我要去哪"则是建立在完成用户身份识别和位置定位后，对目标位置进行明确和锁定，进一步通过交通工具的选择和路径规划等，帮助用户完成出行规划，全方位提升用户出行的安全性、便捷性。

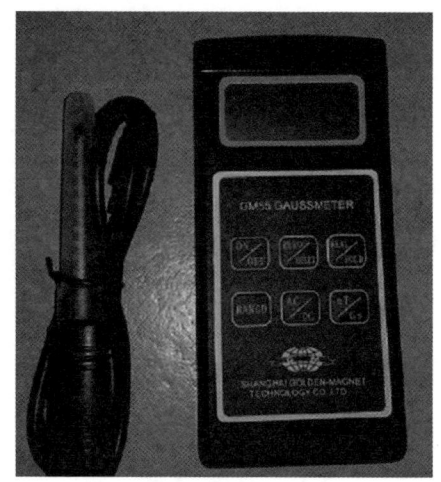

图 4-6　地磁定位使用的磁力计

(来源：https://www.chem17.com/st19186/sale_10757064.html)

二、交通工具与设施共享服务

共享服务的技术实质是"物联网＋互联网"，是通过对闲置资源整合形成的服务模式，根据共享主体的使用特性分为交通工具的共享和设施的共享。

（一）交通工具的共享服务

交通工具共享服务中比较有代表性的有共享单车、共享汽车等。在 MaaS 平台中，交通工具的共享为出行服务提供了更为多样的出行选择和更为便利的出行方式，其服务的实现有赖于"云端应用"的搭建，通过云端控制实现人与物的服务连接。

云端应用的构成主要包含云计算基础平台、数据资产、服务平台。

云计算基础平台可以视作共享服务的基础设施，可以满足共享交通工具实现大规模双向实时应用时所需要的技术支持。以共享单车为例，云计算既能满足共享单车应用快速部署和高扩展性的需求，又能有效应对大规模高并发场景，实现百万量级的服务连接。

数据资产主要包括共享交通工具数据和用户数据。共享交通工具的信息包括单车的使用记录、连接状态、健康状态等。共享交通工具数据来自各种传感器和通信模块卡等,这些数据可以通过电信运营商的网络或运营商的物联网平台,汇总到共享单车的服务平台。用户数据包括用户的基本信息、账户信息、消费记录、行为数据及用户的征信信息等。

共享单车的服务平台通过构建数据平台,承载高并发数据流,实现资源和能力的动态调配、功能的灵活开发,实现对共享交通工具相关海量数据及用户数据的管理和相关应用的及时开发和更新迭代。

如图4-7所示,用户通过蓝牙等设备完成身份识别及共享服务的登记,在使用过程中,基于伴随式的位置服务与云端交换位置信息等数据,在共享服务结束进行费用结算时,通过身份识别和资产账户的密钥完成支付。

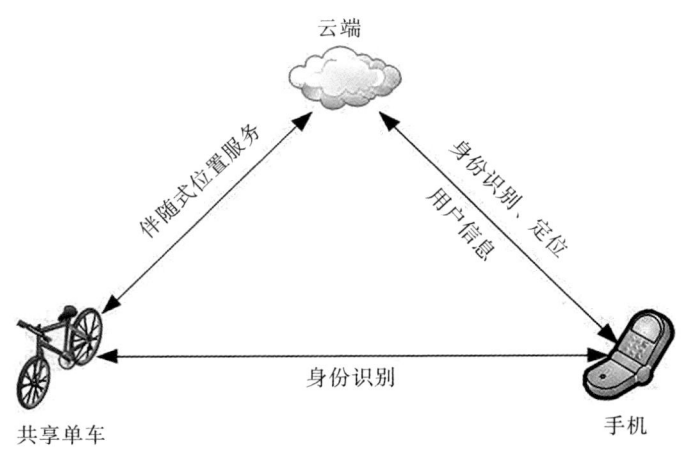

图4-7 共享单车服务模式

(二)设施的共享服务

共享设施主要指交通业务中的停车位、充电桩等位置固定的基础设施。这一类设施并不专属于某一用户,而是根据用户需求与设施使用状况进行合理配置,避免出现长时间空闲和集中拥堵等资源分配和使用不均衡的现象。

共享设施服务的关键技术是设施使用状况的数据采集、用户位置服务、数据交互等。数据采集主要采集设施的运行状态，即设施是否正常运行，是否正在使用及已经使用的时间长短等信息，通过数据采集，以便对设施进行维护或对后续用户的使用进行合理安排等；用户位置服务完成对用户身份的识别和位置定位，用户的身份识别用于完成共享服务的识别和安全支付等活动，位置定位用于根据用户的行驶路径、共享设施的分布及使用状况进行提前安排，避免集中使用造成拥堵或资源控制形成浪费；数据交互指的是设施数据、用户数据及云端数据三者之间的交互。云端服务通过对用户位置信息、行驶路径和共享设施相关数据的采集分析，既可以为用户提供合理的安排，又可以为设施供应商提供设施维护和设施密度配置等方面的参考。

三、语音服务

随着技术的发展，语音导航、语音控制愈发普遍。语音交互服务可以实现用户与设备的近距离对话，使用户在导航和交通设备控制时实现手指与键盘或触屏的分离，不用再进行打字等烦琐操作，只需要用语音的形式就可将操作指令传达给设备。同时也可以实现语音和文字的转换和语音的定制转换，在保障用户信息安全性的同时增强服务的便利性，实现定制化服务。语音服务技术主要分为语音识别和语音转换。

（一）语音识别

语音识别（Automatic Speech Recognition，ASR）致力于让计算机能够"听懂"人类的语言，进而将语音信息转化成文本信息。语音识别系统主要由前端处理、声学模型、语言模型及解码器 4 个模块组成，系统结构如图 4-8 所示。

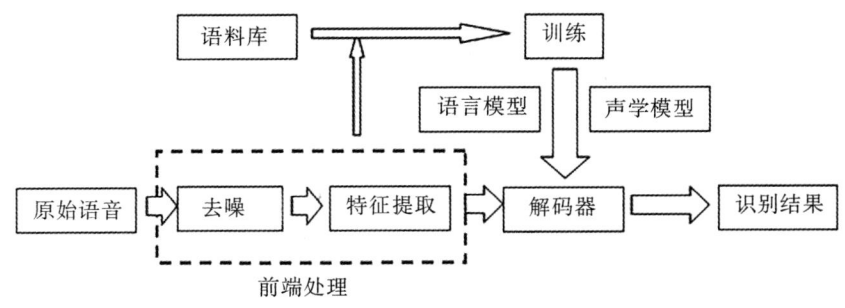

图 4-8 语音识别系统结构

前端处理可以从原始语音序列中提取出语音特征，将这些语音特征作为声学模型的输入。声学模型融合了声学和发声学的知识，可以将输入的特征序列生成声学模型的分数。语言模型的输入以文本为主，借助该模型可以学习文本信息中词与词之间的关系，进而计算词序列的概率，并在路径搜索过程中帮助声学模型做出对文本路径更准确的判断。对给定的特征向量序列和若干假设词序列，解码器计算声学模型分数和语言模型分数，并根据总体输出生成识别结果。

近几年在车载语音识别领域应用探索比较成功的有美国 Nuance 公司，国内的科大讯飞公司、北京云知声公司、苏州思必驰公司及出门问问公司等。

（二）语音转换

语音转换可以满足用户对于语音服务中的定制服务需求，可以实现用定制化语音与用户进行交流，增强服务体验。

语音转换技术通常是指改变语音中说话人个性特征的语音处理技术，一般可分为非特定人语音转换和特定人语音转换两大类。在实际研究和应用中，语音转换通常是指改变源说话人的语音个性特征，如频谱、韵律等，使之具有另外一个特定说话人（目标说话人）的个性特征。

语音转换通常由训练和转换两个阶段构成（图 4-9）。在训练阶段，首先需要针对源说话人和目标说话人进行语音分析和特征提取，通过对提取的特征做映射处理进行模型训练，最终获得转换模型；在转换阶段，仍然需要对待转换的源说话人语音进行语音分析和特征提取,通过映射处理获得映射特征,之后采用训练阶段获得的转换模型进行特征转换,最终通过语音合成得到转换语音。

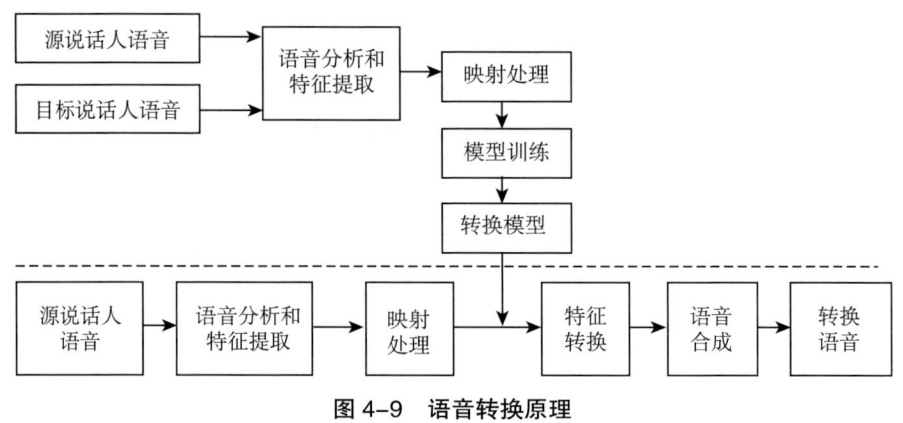

图 4-9　语音转换原理

四、路径规划

用户在使用交通服务过程中,使用智能手机等智能平台,通过语音服务等方式完成身份识别与自身及目的地定位之后,路径规划服务可以为用户提供伴随式服务。交通大脑汇聚了城市各个角落的实时交通信息,可以根据用户追求的便利性、舒适性、快速性等需求综合当前交通状况,随时为用户提供多种路径规划,其核心技术之一为多智能体路径规划。

多智能体路径规划问题是寻找多个智能体从起始位置到目标位置的无冲突最短路径集合问题。多智能体路径规划问题的状态空间,随着问题中智能体的数量呈指数型增长,同时该问题属于 NP-Hard 问题,即被认为是不存在最优精确算法的问题。但是在实际应用中,我们可以适当地牺牲多智能体路径规划算法的最优性,极大地提高运行效率,以这种思想为代表的算法称作有边界的次优多智能体路径规划算法。

有边界的次优多智能体路径规划算法指的是对于常量 O 来说，算法给出结果代价的上界是最优结果代价的 $1+\gamma$ 倍，一般称这类算法为次优的算法，理论上来说，当 γ 变大，算法的速度也会变快。代表性的算法有基于 A^* 的有边界次优算法、基于代价增长树搜索的有边界次优算法、基于冲突搜索的有边界次优算法、基于规约的有边界次优算法等。几种算法的优缺点对比如表 4-2 所示。

表 4-2 多种有边界次优算法比较

算法	基于 A^* 的有边界次优算法	基于代价增长树搜索的有边界次优算法	基于冲突搜索的有边界次优算法	基于规约的有边界次优算法
次优性的引入方式	修改启发式函数	没有特定的有边界算法	高层次和低层次搜索中都能修改启发式函数	规约后引入次优性
优缺点	求解慢，易于实现		依靠经验确定合并阈值	规约证明困难，优缺点由规约后具体情况决定
求解规模	60～120 个智能体问题		120～200 个智能体问题	取决于规约后算法

基于 A^* 的有边界次优算法的核心大都是对 A^* 搜索的启发式函数进行修改，代表算法有 Inflated M^* 算法等。

基于代价增长树搜索的有边界次优算法设计中高层次搜索采用宽度优先原则，而低层次搜索只是用于验证高层次搜索。针对基本的多智能体路径规划问题，这一类算法不存在有边界次优的算法。

基于冲突搜索的有边界次优算法的低层次搜索是最优的单智能体最短路径算法，这点与所有基于 A^* 的有边界次优算法类似。这类算法一般通过引入焦点搜索来选择最小代价的状态节点，实现在高层次搜索中引入次优性，从而对算法进行优化。

基于规约的算法规约证明困难，一般不常用。

目前，针对各种类型问题的算法中并不存在普遍领先的多智能体路径规划算法，不同的算法适用的问题类型是不同的。在实际运用中需要针对地图尺寸、智能体数量、智能体密度等直接影响求解难度的实际参数进行系统研究，从而做出选择。

路径规划旨在为用户提供伴随式的位置服务，通过交通大脑的数据统筹，进行多样的出行方式选择，全方位提升用户的使用体验。

第四节　人工智能在交通服务中的新应用

交通行业利用用户的差异性，在传统服务的基础下，对不同身份、不同需求的用户，如货车司机、小客车驾驶员、乘客、步行用户、骑行用户、网约车司机等，提供伴随式、差异化、推送式、定制化的信息服务，具体可分为通过算法实现的语音类出行服务及通过深度学习实现的基于数据的交通服务两大类。出行服务的本身是服务于用户，为了用户可以随时随地地获得信息，伴随式服务一定是未来交通信息服务的核心。

一、通过模型算法实现的语音类出行服务

（一）基于有线、无线广播及应急电话协同的隧道应急广播

现有机电系统隧道广播采用有线广播方式建设，利用语音信号进行传输，但存在以下问题：隧道内底噪大，有线广播采用喇叭广播方式效果并不理想；直接采用语音传输导致系统双向通信能力弱、可扩展性差；隧道内广播设施工作状态处于未知状态，无法实现自动化巡检；现有的调频信号未实行全频段等。

为了提高服务水平，为用户做定制化、有数据的广播，建设基于有线、无线广播及应急电话协同的隧道应急广播（图4-10），系统由紧急电话与调频广

播控制台、紧急电话与调频广播管理软件、紧急电话与调频广播系统隧道内一体化分机、紧急电话与调频广播系统隧道外一体化分机、调频广播天线组成，隧道一体化分机采用 EPON 网络与控制中心连接。

图 4-10　隧道应急广播场景

调频广播和有线广播统称为隧道广播，包括有线广播和调频无线广播两个功能。调频无线广播是隧道广播系统传播手段的一种扩展方式，增加了一条隧道管理单位到车乘人员的实时音频广播通道，提升了信息传递的实时性、可靠性、有效性，系统提供了多种业务组合模式以满足多种多样的场景需求。

（二）通过实时数据提供语音的导航 App

在智能交通领域，导航 App 主要面对的群体有用户、应用、汽车和交警。目前，高德地图、百度地图等常用用户数量已达到 10 亿左右。依靠目前的用户量和技术迭代，可以进一步构建交通大数据生态，建设城市的"互联网＋交通"，打造"城市交通大脑"。互联网地图如图 4-11 所示。

高德地图一直致力于将人工智能技术应用于交通场景中。高德地图全新一代的位置出行服务引擎——AI 引擎，以大数据和机器学习为基础，针对不同环

图 4-11 互联网地图示例

境和用户需求提供最优位置出行服务。AI 引擎的目标是实现在用户感受不到机器运算存在的情况下，得到自己想要的结果，追求更深层的用户体验。

百度地图不断进行功能创新，陆续推出了高度逼真的 4K 地图、全景路口放大图、路线雷达、智能比例尺、基于实时路况的"多路线导航"、秘书化贴身提醒的"行程助手"、挖掘用户高频场景诉求的"知心地图"智能检索等多个智能化功能，多方面满足用户的个性化需求，为用户带来愈加全面便捷的出行服务。目前，百度地图依靠全球领先的深度学习、图像识别等技术，大幅提升了地图数据生产的自动化比例和全景地图的自动化识别提取准确度，底层数据的自采也已经完全实现。此外，百度地图频繁地与各地交通主管部门展开合作，致力于打造智能交通。

未来，借助人工智能、大数据等技术的应用，依托通用终端，将交通行业数据和导航公司数据融合，可以将处理过的导航数据转化为实时语音，及时提示给正在行车的用户和即将出行的用户，提前规划行程，避免拥堵和事故，更好地缓解道路的拥堵问题，方便用户出行。

（三）通过深度学习基于语音图像的呼叫中心

传统的呼叫中心采用通过传真、短信、电子邮件等文字方式向用户发布交通信息，同时提供出行交通信息查询、交通信息咨询、相关投诉及汽车救援维修等综合交通信息服务。未来，基于人工智能的应用，能更好地丰富服务手段，用户通过固定电话或移动电话咨询呼叫中心相关交通信息服务时，呼叫中心可通过 AR/VR 等终端，将实时的路况通过语音和图像传给用户，不再是单一的文字，这样可以更好地服务用户。

二、通过深度学习实现基于数据类的交通服务

实时高效信息服务的核心有丰富的感知数据、位置服务及用户身份判断。数据是交通行业管理与服务的基础，社会用户数据已被很多互联网公司广泛使用并应用到交通行业，用户黏性很高。加强互联网公司数据与交通行业数据的合作，依托互联网的应用，这样，数据的全面性更强，加强收费数据、移动互联网数据等与传统交通运行监测数据的融合，提高基础数据的数据化水平和在线使用率。

数据的来源有多种，除了感知数据外，还有运营商信令数据、互联网价值服务数据、导航数据、政府数据、交通行业数据及公安等其他行业数据。依托这些数据，通过人工智能、边缘计算、大数据应用、云计算等新技术，实现交通行业基于位置及用户身份的伴随式服务。根据用户身处的位置和身份，提供精细化的定制伴随式服务，提升了信息服务的能力。

（一）基于实时数据的城市情报板追踪服务

可变信息板采用文字、色彩、图形等一种或多种方式向道路使用者提供动态交通信息。有些可变信息板除可以显示交通信息以外，还能作为可变标志显示某些交通标志图案，又称"可变情报板"。

目前，城市情报板、虚拟情报板提供的信息更新速度相对较慢，基于人工

智能、大数据等技术,在法律允许及信息安全保障的情况下,未来将会有实时的情报板交通信息,如拥堵情况、绕行建议、车辆违章提醒、发生拥堵事故地段实时图像等,方便大家提前绕行,更好地服务用户(图4-12)。

图 4-12 基于实时数据的城市情报板追踪服务

(二)基于自由流的 ETC 支付

现有 ETC 仍需要通过实体的收费站,还不能完全实现自由流的 ETC 收费。2019 年取消主线收费站后,高速公路建设了大量的门架系统,门架系统不但有 ETC 交易数据,还通过视频抓拍采集了大量车辆状态数据。在人工智能技术的应用下,依托 ETC 门架系统和入口称重系统,开展全样本 ETC 车辆数据的采集,并融合既有机电设施检测的交通流数据,充分发挥视频智能分析能力,实现示范路段平均速度、交通流量、拥堵里程、交通运行指数等动态信息的估计和预测。

利用深度学习模型,运用个体运行特征分析技术,分析挖掘收费系统通过 OBU(车载单元)获取的车辆行驶数据,包括车辆信息(车型、车重)、进出高速的时间地点、行驶路径、车牌号码、车型颜色等数据;探索收费数据的挖掘和数据清洗技术,运用交通信息提取方法,形成 OD 数据(交通量调查数据);基于高速公路本地交通流、气象、基础设施运行状态汇聚接入,融合第三方互联网数据,实现基于终端的个体位置、速度、传感状态的获取,进而对个体运行状态进行分析。

此外，基于多源数据的路网态势预判技术可以分析挖掘车辆位置等状态时间数据、联网收费数据、基础设施运行接入数据和互联网数据，对多源数据进行融合处理；在多源数据融合的基础上，采用数据驱动和模型驱动的方法，结合个体运行数据和路网数据，实现高速公路未来态势预判、应急处置决策及交通分析结果可视化呈现。

（三）基于数据融合的枢纽"一站式"服务

现阶段综合枢纽组织结构混乱、运营不合理、运输信息不畅通，导致运输资源浪费、运输效率低。随着用户出行服务需求的不断增大，运输组织结构有序化和运输快捷化愈加重要。通过构建综合枢纽的交通一体化，可以实现对集两种或多种运输方式于一体的综合交通枢纽进行统一管理和统一调配，进而改善和解决上述交通运输所面临的困境。在一体化综合信息服务指导下，出行者实现了轨道交通、公共交通、共享交通方式之间的无缝换乘，出门前公众已知道所乘公交到达站台的精确时间，并根据公交到达时间选择合适的出行时间，可采用共享单车或慢行系统到达公交站台，在站台无缝换乘公交车辆，因采用公交专用道和公交优先策略，公交畅通到达综合交通枢纽（图 4-13）。

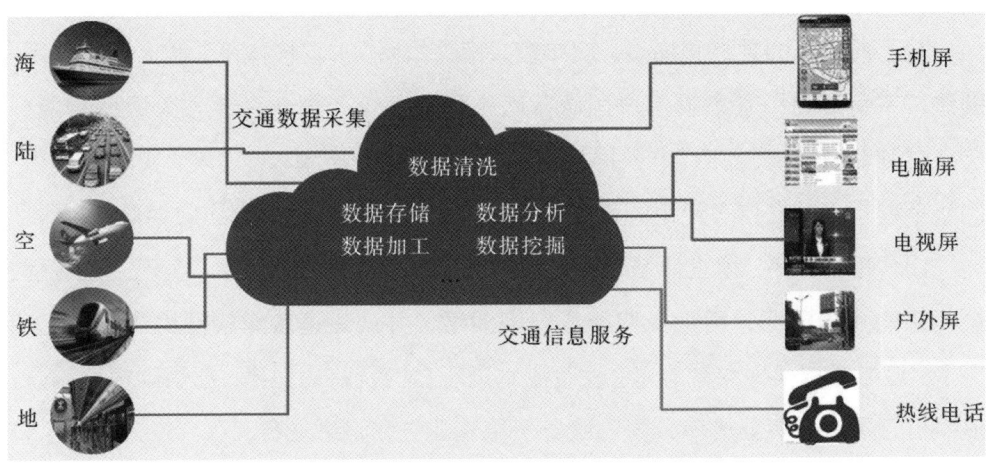

图 4-13　基于数据融合的枢纽"一站式"服务

选择城际轨道交通出行的公众可在立体枢纽无缝换乘、一次安检,多种交通出行方式可任意选用,可实时获得道路运行信息及相关服务信息;采用公共交通的用户在出行前已知路况信息,并选择最优的公共交通出行方式;出门前公众已知高铁到达站点的精确时间,可选择合适的出行时间;到达枢纽后,通过枢纽的快速诱导系统,无缝换乘轨道交通,整个换乘时间不大于 5 分钟;到达目的地后,通过站台直接换乘公交,因采用公交专用道和公交优先策略,公交车辆能比小汽车更快速通行,在公交站台可采用共享单车或其他慢行系统到达目的地。全程公共交通采用一票制的一次性支付方式,高铁等轨道交通采用一次安检的方式安检。

(四)基于大数据的收费稽查应用

高速公路取消主线收费站后,分段计费方式使得交易场景碎片化、频繁化,会诱发各种偷逃通行费情况。同时,漏收、错收异常可能也会随之增多。迫切需要在自由流收费的新场景下,完善收费稽查,从而更好地服务出行者。自由流收费将依托 ETC 门架系统计费和收费,门架系统的稳定性、可靠性是关键,但收费环境多、情况复杂,错漏风险变得难以把控。此外,收费主责权分散,并回归路段,主体增多后,收费情况将变得更复杂,如何帮助路段创造条件与省中心进行精准记账、对账校核管理变得更为迫切。

基于前述新的挑战和痛点,应丰富"稽查体系""校核体系"两大闭环体系。围绕"平行高速""车辆用户画像"两个核心理念,创新融合"大数据智能分析""路网模型路径还原""数据拟合分析"3 项关键技术,可实现"实时+事后"的双重稽查,并支持多元化的稽查方式和追缴渠道,确保全网应收尽收。

闭环稽查体系。稽查体系包括完整的稽查、追缴和征信体系,实现了全流程、全体系的业务闭环。稽查支持智能识别漏缴,并产生逃费车辆漏缴流水与逃费流水;追缴支持根据漏缴流水、逃费流水进行省内及跨省追缴;征信则根据稽查、追缴信息建立车辆征信库,同时服务于稽查业务和追缴业务。

闭环校核体系。校核体系通过发现差异、跟踪追讨、分析原因、效果记录4个环节，形成发现问题、定位问题、解决方法到跟踪落实的闭环管理。其中的数据校核基本思路是对比路段原始和稽查修正的应收收益，与省中心提供的实际收益偏差是否符合预期。数据校核也是实现路段精准记账对账的基础。

平行高速。平行高速轨迹刻画是依托信息化资源，统一数据标准、坐标体系，构建与现实路网"平行"的在线通行轨迹，可实现车辆行驶轨迹实时还原，也可掌握交易等各类关键信息。这样，管理者就能更好地了解异常点的漏收情况。

车辆用户画像。通过车辆用户基础数据、历史通行数据、稽查数据、信用数据等构建车辆用户画像，建立车辆用户逃费风险评价体系，实现逃费风险预知。

大数据智能分析。通过对全网收费数据的高效整合，辅以证据分析佐证，实现实时与事后稽查结合。大数据智能分析将实现后台分析智能、前端查验智能和稽查确认智能。通过后台分析智能筛选存在漏缴逃费的车辆通行记录，建立违规车辆信息档案，指导前端查验智能检查，根据对业务的理解，提供简洁的证据链信息，稽查人员快速确认异常。

路网模型路径还原。基于"一张网"的运管理念，建立高速公路路网模型，将原本较为松散和碎片化的运营、管理和服务通过一张有机的整体"图"来实现支撑。路网模型可以支持"路径快速还原""车辆行驶轨迹跟踪""异常逃费稽查""ETC门架监控""费额快速计算""流水校验"等多种业务。

数据拟合分析。建立中心路径拟合、站级数据拟合的多级数据拟合分析，以实现智能分析和智能稽查。将提取车辆全网交易流水、通行记录、车牌图像，结合收费站点出入口数据，进行数据拟合比对，生成漏收、错收稽查补缴流水。

多重稽查保障，确保应收尽收。实现了实时稽查和事后稽查的结合。实时稽查通过流水数据实时上传处理，实时分析，路段快速稽查确认，保证车辆出口时尽量完成缴费；事后稽查通过大数据分析和路网模型路径还原技术，事后精准筛选漏缴和逃费车辆，经过多级稽查确认，通过追缴体系保证通行费完整征缴。

再者，支持日常特情稽查、补缴流水稽查、逃费车辆稽查、入口查验、移动实时稽查、移动稽查车稽查、重点视频稽查等手段。在自由流收费模式下，多样化的稽查方式能够灵活应对各类新问题、新情况，能覆盖所有可能存在异常的角落。

此外，还支持多样化的追缴渠道。用户可以通过自助终端、客服网点、出入口收费站、门户网站等多个渠道，进行多方式的通行费追缴补缴，并在追缴补缴完成后，快速进入高速公路通行。采用分省责任制，负责发现车辆追缴，避免了多省通行用户的多省拦截和重复多次补缴追缴，并且在追缴补缴通行费后，可快速解除黑名单，避免拦截投诉问题。

（五）基于位置服务的停车场应用

服务区是高速公路重要的服务载体，也是保障驾乘人员行车安全的休息驿站，主要提供停车、餐饮、购物、加油等服务。车辆及驾乘人员进入服务区休息或消费时，驾乘人员需要快速、合理地选择合适的服务区和停车位。若服务区停车位已满，而主线上车辆仍源源不断进入，将加剧服务区停车拥堵。此外，由于服务区各种车位繁多，使用状况多变，缺乏合理的停车诱导会造成车辆盲目停车或滞留，影响车位使用效率。服务区停车位检测及发布系统能够实现对进出服务区车辆的动态检测、计数，并在服务区入口附近的显示屏进行发布，从而为用户提供实时的停车诱导信息。

服务区中多种类型的停车位并存，停车的个性化诱导需求强烈。服务区接待的车辆类型较多，包括特种车辆、大货车、大客车、小客车等，停车位种类多样复杂。一般服务区在土建空间布局上将不同类型的车位隔离，将整个停车场分为若干个独立开放的停车区。因此，停车诱导需针对不同车辆提供专门的诱导方案。

高峰时段停车时空特征明显，停车诱导需具有实时性和提前预判能力。服务区一半以上的停车位属小客车车位，在重大节假日、餐饮休息时段小客车容易排队；而夜间大货车聚集且停车时间长，停车规模暴发式增加。针对这一现象，需采用车位短时预测方法实现停车势态分析，改善诱导不及时的问题。

停车场交通状况复杂，需要协调停车动态诱导与交通组织方式。服务区人车混行、各种车辆混行，实际情况非常复杂。诱导系统在指引空余车位的同时，还需要组织交通流，提升交通安全性。动态诱导屏的图案、标志及行车指向等内容需要同停车场的规划布局、静态停车标志标牌等相协调。

针对车辆从主线进入服务区的不同阶段，需制定不同层次的停车诱导策略。车辆在高速主线选择服务区停靠时，驾驶员会倾向性地考虑服务区停车位饱和或空余状况；当车辆已进入服务区时，驾驶员则关心如何选择最方便的停车位。根据车辆从主线到达服务区入口、从服务区入口进入停车位的全过程，系统应提供不同层次的指示信息，以保障诱导的针对性与实效性。

（六）基于人工智能的网约车应用

网约车，指的是网络预约出租汽车经营服务，是一种以互联网技术为依托构建的服务平台。整个系统需要接入车辆和驾驶员等信息，通过信息整合，实现非巡游的预约出租汽车服务经营活动。网约车应用情况如图 4-14 所示。

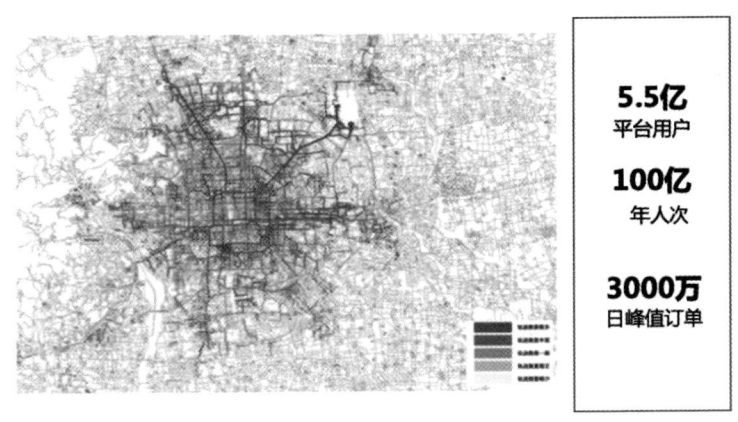

图 4-14　网约车的应用

2019 年 4 月，基于人工智能的产业智能化行业报告《产业智能化白皮书》（以下简称《白皮书》）发表。《白皮书》针对智能化的企业指出，在已有产业中发掘适合自己人工智能产品的应用场景，这是人工智能产业化的"锚点"。人工智能的应用应先从提升效率、降低成本方面起步，然后才会发掘出全新的应用场景，为用户创造全新的价值。

《白皮书》还指出，人工智能和大数据、云计算、物联网共同组成智能产业革命通用技术最关键的部分，人工智能厂商要密切关注大数据、云计算等新一代信息技术的发展，它们的协同发展和应用将推动产业智能化新范式的最终实现。拥有人工智能算法和大数据、云计算的大型科技企业在产业智能化中具备巨大的发展潜力。未来，网约车企业将携手互联网企业将人工智能、大数据、云计算等新技术应用到出行场景中，在提升安全保障、出行效率的同时，让乘客拥有了更好的体验。

三、伴随式服务是未来交通信息服务发展的核心

上述智能化交通服务的交通模式有着相互独立的运营商平台、预订平台、支付方式等。近年来，依托共享交通模式和智能信息技术，对不同的交通方式进行整合，形成了一种新时代的交通服务模式——MaaS。

MaaS 是通过结合智能技术对多种交通服务模式进行整合、汇总和管理，从而为用户提供更为满意的服务模式。在这个出行模式中，交通被视作一种工具，出行者不再追求专属的交通工具，只需要结合自身的出行需求选购出行类服务。MaaS 重新定义了交通运营的商业模式，通过出行服务运营环境的变革，实现对整个交通系统进行优化。

MaaS 拥有 8 个关键属性，分别是互联网和个性化出行、以生活方式为中心的定价、优化出行、增值服务一体化、产品与服务相协调、即插即用、开放数据及研究、一体化支付（图 4-15）。MaaS 系统的一体化主要由 6 项技术支撑，分别是共享交通技术、票务一体化技术、支付一体化技术、ICT 一体化技术、供应商一体化技术及定制的个性化服务。

第四章　人工智能助力交通运输实现以人为本的服务　　127

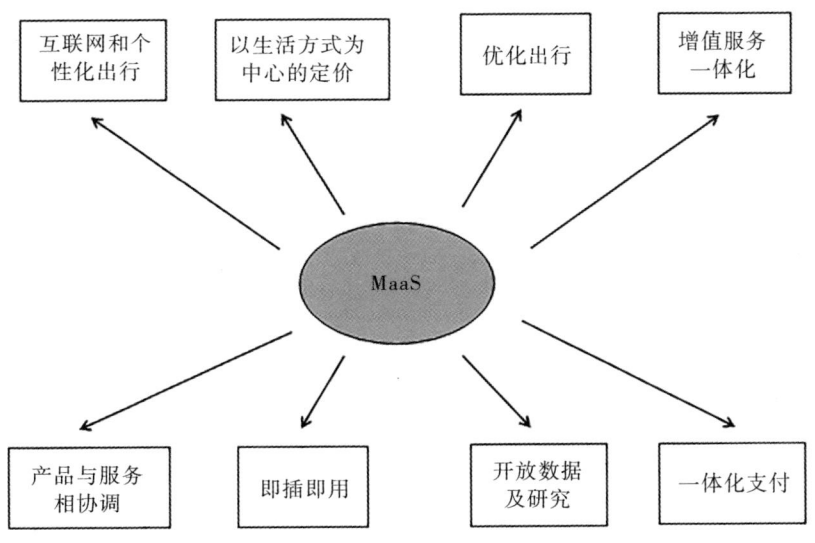

图 4-15　出行即服务示例

目前存在的 MaaS 平台能够支持多种交通联运模式，包括共享汽车、汽车租赁、共享单车、共享停车、公交、地铁、出租车等。MaaS 用户通过预订系统、支付软件，根据实时路况信息和自身需求进行出行服务的选购。

在 MaaS 架构下，无论是传统的服务模式，还是基于人工智能的新服务手段，为了用户可以随时随地地得到信息，发扬以人为本的服务核心，未来应建设基于用户位置的伴随式交通信息服务系统，系统可支持基于专网和公网的多种信息发布方式，包括路侧设施、车载终端、手持终端等。

伴随式服务可以在用户出行前、出行中提供信息。在出行前，能够提供未来短期的气象和路况预测信息；在出行中，能够根据车辆的位置和终端类型进行个性化的交通信息服务，如基于导航系统的交通诱导、基于隧道广播的应急事件信息发布等；出行后进行评估。日常状态下推送路况的实时信息及天气信息等个性化的内容，异常状态下及时推送事故等相关异常信息给用户，并上报指挥调度中心。

当发生突发事故时，指挥调度中心能快速获取事故信息，并根据事故发生类型、事故地点和事故规模判断事故影响的路域范围，对范围内的司乘人员开展基于位置的伴随式路况信息服务。针对事故发生地同一车道的前端车辆，发出刹车预警，提示车辆提前刹车；针对事故周边的车辆，发出减速预警，提示车辆减速慢行；对前一路口的司乘人员，发出绕道提示信息，提示司乘人员绕道行驶；同时向准备出行的人员推送事故信息，以便出行人员能选择合适的行驶道路。

本章小结

本章从传统交通服务入手，分析传统交通服务的共同点和不足，探索人工智能对交通服务的影响和应用。以人工智能等新技术依托的服务手段，在ETC、网约车、停车场、导航App、呼叫中心等交通领域均有应用，提升了交通效率，更好地服务于用户，最大限度地提高交通安全。利用伴随式服务可以随时随地给用户提供最好的服务，是未来交通信息服务发展的核心，也是落实建设交通强国重大战略部署中提出的打造一流设施、一流技术、一流管理、一流服务，建成人民满意、保障有力、世界前列交通强国的要求。

◦◦◦◦ 第五章

机器人与交通深度融合发展

　　机器人是人工智能技术的综合试验场。机器人系统可以在感知、思想、能动方面全面模拟人的方式，然而又不一定以人的形式呈现。机器人可以充分利用人工智能技术，包括语音识别、反馈、动作控制，进行感知、学习，最后解决问题，涉及语音处理、图像处理、动作控制等热点研究领域。机器人可以根据临时出现的随机状况进行判断并做出合理反馈，如机器人在遇到障碍物时能自行避开。因此，机器人是典型的人工智能应用。本章介绍内容如图5-1所示。

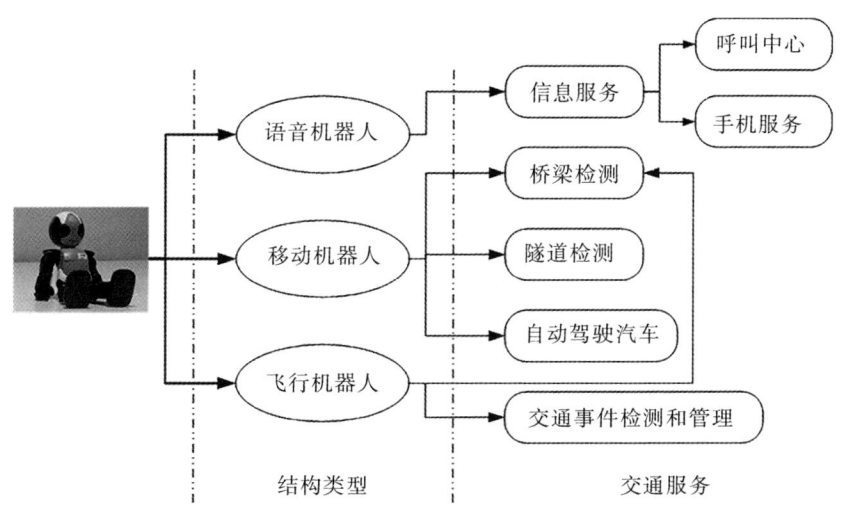

图 5-1　机器人在交通行业的应用

机器人在很多行业中都已经发挥了极大的作用，成为我们人类的得力助手。机器人在交通行业的应用正在迅速展开，以语音、移动、飞行等多种结构形式应用于交通。

第一节 概 述

机器人是指可模拟人类行为的机器，它通过计算机技术实现机器的智能化、自动化。按照国际标准化组织对机器人的定义，"机器人是一种自动的、位置可控的、具有编程能力的多功能机械手，这种机械手具有多个轴，能够借助可编程序操作处理各种材料、零件、工具和专用装置，以执行各种任务"。自20世纪60年代初尤尼梅特和沃莎特兰这两种机器人被研制出以来，机器人的研究已经经历了三代发展历程，从最初的程序控制机器人到第二代的自适应机器人，再到高级的智能机器人。

如今，机器人已经进入各行各业，并开始进入各个岗位，它们不仅能提高工作效率，而且节省人力，如机器人在快递行业可以进行快递的检分，机器人应用医疗器械进行自动操作等。依照不同的需求，将机器人做出不同的分类，以达到有效区分或辨识它们的目的。按照结构形式，交通行业机器人可以分为移动机器人、语音机器人及飞行机器人（图5-2）。

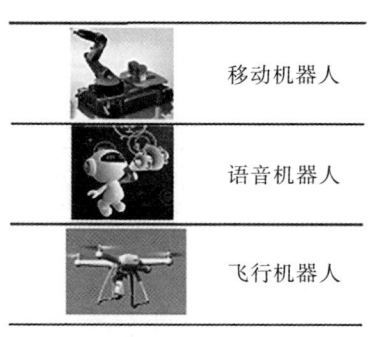

图 5-2 机器人的种类

移动机器人主要运用在路面上，协助或代替人类执行具有危险性、需求大量劳力、高重复性及要求极精密动作等类型的工作，需要具备较高的环境感知、测量和辨识能力，甚至需要具备能进一步自行判断及决定采取对应行动的能力。同时，自动驾驶汽车是智能汽车的一种，也称为轮式移动机器人，主要依靠车内以计算机系统为主的智能驾驶仪来实现自动驾驶。

语音机器人是具有自动拨打电话、接听电话、多轮语音交互、智能意向判断等多种功能的智能对话机器人，在交通行业的应用更多的是信息及服务，提供了呼叫中心的语音服务及手机上的智能语音服务。语音机器人可以快速挖掘潜在用户，及时解答用户提出的问题，进而提高服务质量和服务效率。机器人相对于人工座席，具有成本低、效率高、工作态度稳定、数据记录全面等优势。

飞行机器人，即可以超越地面的高空机器人。交通运输行业具有布设点多、距离长、覆盖范围广的特点。同时，交通基础设施种类多种多样，而且所处的地域环境复杂多变、行业管理方式繁多，这些原因均导致传统的交通管理手段管理难度大、效率低下，难以与新时代的行业发展相匹配。飞行机器人因其活动迅速、活动范围广、价格低廉、能适应多种场景，在交通运输、农林、电力热力、绿色环保及维护治安等诸多领域发挥了重要作用。

第二节 机器人的组成

前面提到的移动类、语音类、飞行类机器人，从整体来说，都可以概括成3个部分：感知、控制和决策。整个逻辑过程就是传感及数据采集、动作控制、反馈控制到反应动作执行，其过程如图5-3所示。

机器人的组成部分与人类极为类似，包含了可移动的身体结构、驱动装置、可感知环境的系统、提供动力及控制行为的"大脑"。从根本上来说，人类制造出类似于"动物"的机器人，它们可以模仿人类和动物的种种行为。

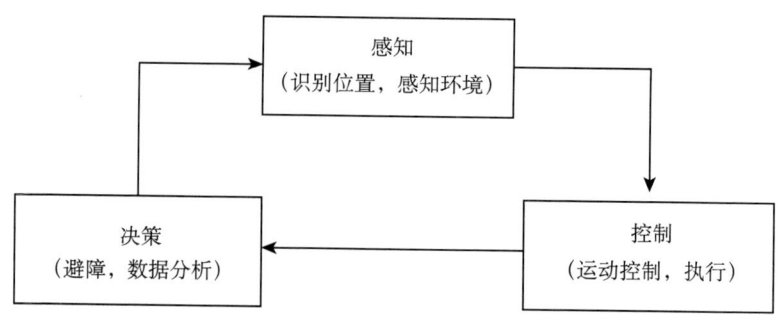

图 5-3　机器人执行过程

机器人具体的三大部分是指机械部分、传感部分及控制部分（图 5-4）。机械部分即框架，包括臂部、腕部和手部，能够执行相应的动作，有的机器人还有行走机构。大多数工业机器人有 3～6 个运动自由度，其中，腕部通常有 1～3 个运动自由度；传感部分包括动力装置和传动机构，用以使执行机构产生相应的动作；控制部分是按照输入的程序对驱动系统和执行机构发出指令信号，并进行控制。

机器人 6 个子系统包括驱动系统、机械系统、感知系统、环境交互系统、人机交互系统和控制系统。

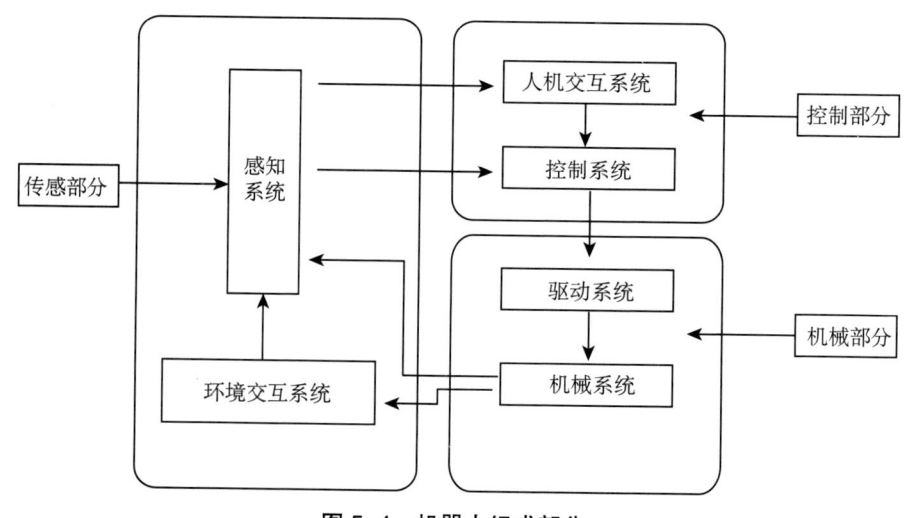

图 5-4　机器人组成部分

机械系统可以理解为操作和执行机构系统，它类似于人的手臂，由关节、连杆等可以运动的组织组成，通常能实现多方位的自由移动。

驱动系统主要指驱使机器人运动的部分，它通过电力、液压、气体等能源进行运转，也可以由多种能源混合供应驱动。驱动系统可以和机械系统相结合，通过传动机构促使机器人运动起来。

感知系统类似于耳目，它能使机器人感觉到所处的环境。这些感觉包括视觉、触觉、听觉、嗅觉及味觉等。传感系统由一些对图像、光线、声音、压力、气味、味道敏感的交换器即传感器组成（图5-5）。

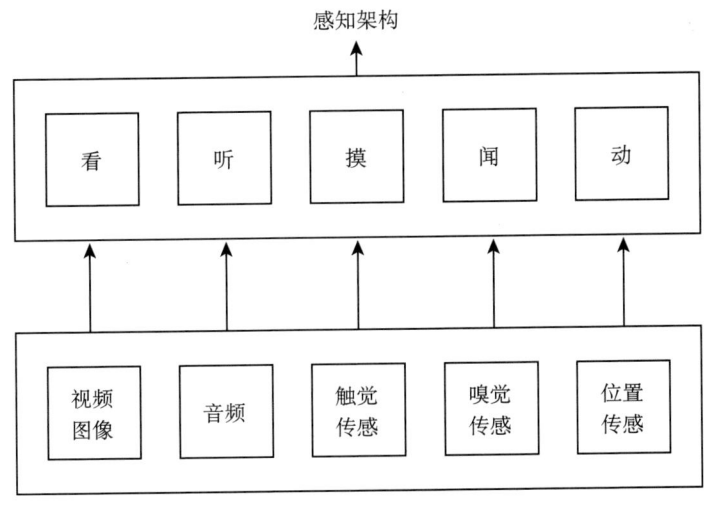

图 5-5 机器人感知架构

感知系统可以分为内部传感器和外部传感器两大模块。内部传感器用于感知检测机器人自身状态，如检测机器人机械执行机构的速度、姿态和空间位置等；外部传感器用于检测操作对象和作业环境（如机器人抓取物体的形状、物理性质），以及检测周围环境中是否存在障碍物等。机器人通过相应的传感器得知内外部场景环境信息及其组成部分的运行状态、速度、方向、位置等信息，使其机械系统能够按照预定好的程序有效地进行运动。智能的传感器使机器人更能适应复杂的环境，使其运动状态更加高效。人类虽然对外部的普通信号感知比较灵敏，但有一些特定的信号还是需要特殊信号传感器来感知。

控制系统类似于人的大脑，根据指令及传感器接收到的信号来支配整个机器人系统进行预订程序的运动。控制系统的控制方式多种多样，如程序控制、适应性控制、人工智能控制、开环控制系统、闭环控制系统等。开环控制系统是指该系统不能够接收信息反馈特征，反之则为闭环控制系统。控制运动的方式也是种类繁多的，如点状运动或直线曲线运动，这样就可以把控制方式分为点位控制和轨迹控制。控制系统分析接收信息的人工智能方法有机器学习、深度学习等。

环境交互系统，通俗来说就是协调机器人与外部环境的系统，使机器人可以与外部环境设备融合，集成为一个单元，实现相应的功能。实现的功能可以是加工制造单元、焊接单元、装配单元等。总之，环境交互系统将机器人与多种设备融合，实现更加复杂多样的功能。

人机交互系统是操作人员与机器人进行互动、相互联系的桥梁，使操作人员能参与到机器人的控制过程中，包括计算机终端、相应的指令控制器、信息的显示器及危险信号报警器等。人机交互系统主要分为两类：指令给定类和信息显示类。

第三节 人工智能助力机器人在交通运输中的应用

交通是一个城市发展的主要动力，它决定着生产要素的流动、城镇体系的完善及城市之间的互联，作为城市人流与物流运输的重要通道，保障道路安全畅通是发展交通的关键要素，随着社会的发展，交通问题也越加凸显。当前的交通问题不仅体现在服务、交通执法、交通管理上，还包含了交通安全、交通救援、道路养护等方面。人工智能正逐渐发展为新的通用技术，加快与交通、经济、社会各领域的渗透融合，用人工智能解决城市的交通问题也正在成为全世界的共识。机器人作为人工智能技术在交通应用的载体,集成了多项通用技术,给交通问题的解决带来了希望和曙光。

人工智能范围很大,在基础理论方面,涵盖了机器学习、深度学习和强化学习。机器学习是研究怎样使用计算机模拟或实现人类学习活动的科学,是人工智能中最具智能特征、最前沿的研究领域之一。机器学习的核心是"使用算法解析数据,从中学习,然后对某件事情做出决定或预测"。深度学习是机器学习的一个新研究方向,在新型机器人中占比比较多。深度学习是通过分析数据的相关规律及层次的表现,如对文字图像或声音等信息的采集分析,使得机器人能够像人一样能够识别信号,并进行相应的学习分析。有关深度学习的知识,本书第三章已介绍,读者可以到第三章详细了解。接下来重点谈谈机器人比较有特色的学习方法——强化学习。强化学习最早起源于巴甫洛夫的条件反射实验,再到后来的贝尔曼将其归纳为马尔科夫决策过程。

由图 5-6 可知,强化学习的过程为一个序列化的过程,在某时刻 t,学习者在状态 S_t 的动作 A_t,由环境给予回馈,产生了新的奖励 R_{t+1} 和新的状态 S_{t+1},S 和 R 成对出现,学习者在执行操作后,获得最大的累计奖励 G_t,则有

$$G_t = R_{t+1} + R_{t+2} + R_{t+3} + \cdots + R_T \eqno{(5-1)}$$

式中,T 表示最后交互环境结束的时间。当一个学习过程结束时,学习者的状态会被重置,从而开始一个新的交互过程。

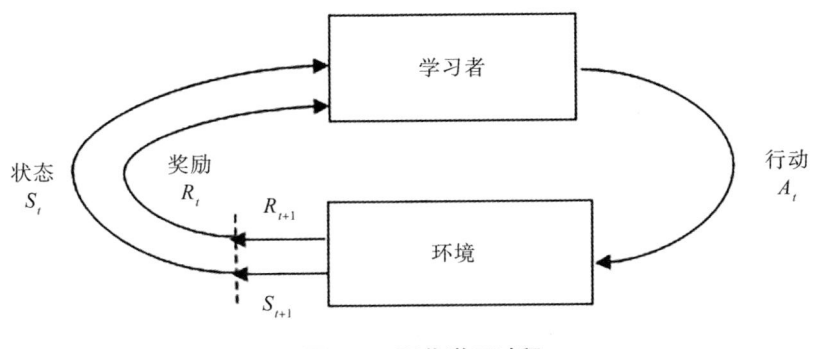

图 5-6 强化学习过程

强化学习是以环境的奖／惩信号反馈作为输入，以统计和动态规划技术为指导的一种学习方法。强化学习的本质是解决自动进行决策的问题，并且可以进行连续决策。强化学习主要包含4个元素：智能体、环境状态、行动及奖励。强化学习的目标就是获得最多的累计奖励。举个简单例子：小孩想要走路，但在这之前，他需要先站起来，站起来之后还要保持平衡，接下来还要先迈出一条腿，是左腿还是右腿，迈出一步后还要迈出下一步。小孩就是智能体，他试图通过采取行动（即行走）来操纵环境（行走的表面），并且从一个状态转变到另一个状态（即他走的每一步），当他完成任务的子任务（即走了几步）时，孩子得到奖励（给巧克力吃），并且当他不能走路时，就不会给巧克力。强化学习为机器人学习行为决策提供了"框架和一套工具"，用于处理难以设计的行为。由于强化学习可以在没有监督的情况下进行，可以使机器人学习能力倍速增长。

机器学习、深度学习及强化学习的应用遍及人工智能的各个分支，如计算机视觉、模式识别、自然语言理解等，而各个分支又成为通用技术在机器人身上得到广泛应用。例如，机器人依托于计算机图像处理技术可以解决交通流量监测问题，依托于语音处理技术可以解决交通智能服务问题，依托于深度学习的动作控制能够在地势严峻、复杂及危险的空间行走并且替代人类执行操作等。以下我们进行具体介绍。

一、视觉图像处理

数据是智能交通的核心，数据为王的大数据时代已经到来。人工智能不能直接对视频进行处理，这就需要利用抽帧技术将视频转成图像再做处理。如今，视频数据越来越普及，如何发掘视频中的信息和规律，并将其进行分析评估，获得其中有用的信息，然后广泛应用于交通信息场景，解决交通需求，为如今乃至未来的智慧交通系统提供帮助，这个问题日益突出。其中，交通决策支持信息是智能交通系统中最重要的环节，其作用是为交通管理、交通控制与预测、交通流信息引导、交通指挥及交通信息服务提供信息源和基础。

移动或飞行机器人可以利用多项人工智能技术，完成交通信息的采集，主要包含机器人视觉技术和航拍图像道路检测技术。

（一）机器人视觉技术

顾名思义，视觉技术就是类似于用眼睛观察事物，机器人视觉技术就是用相应的机器部件代替人眼的技术。理想的机器人需要具备很强的视觉能力，才能够在空间中对环境进行非常好的分析和定位，其中也涉及很多硬件设计，通过多种传感器的感知及各种各样算法的融合，产生新的感知数据。视觉传感器可以有一个也可以有多个，于是就有了单目视觉、双目视觉、多目视觉和全景视觉的系统。

单目视觉系统，就是只有一个视觉传感器。双目、多目视觉等也都是在单目视觉的基础上，通过相应的技术和措施发展实现的。

双目视觉系统，类似于人的两个眼睛，它是由两个摄像机组成，通过相应的角度，能够获得场景深度等信息，建立起立体三维的空间信息。

多目视觉系统，由3个及3个以上摄像机组成，能够更加准确地反映出空间的信息，提高匹配的精确度。

全景视觉系统，比多目视觉系统角度更加全面，更能多方位展示视觉信息，其突出优势是视觉角度可以达到360度，这是常规的视觉系统无法匹及的。全景视觉系统通常是通过两种途径实现的，一种是图像拼接；另一种是折反射光学元件。图像拼接法是指通过相机多角度进行采集，获取的连续图像通过行径的技术拼接起来，就好像是日常生活中的全景摄像一样。折反射光学元件通过反射的原理、多角度的观察，获得全方位的场景，呈现出全景的视觉，其成像速度快、应用前景广。全景视觉系统本质上也是一种单目视觉系统，无法得到场景的深度信息。混合视觉系统，充分吸收了各种系统的优势部分，将两种及两种以上的系统融合起来，得到更加全面、更加清楚的视觉效果。

有了传感器的数据感知，数据采集后还要用机器人的算法模型进行分析、控制、决策，如强化学习及深度学习算法。

（二）航拍图像道路检测技术

基于视觉的道路检测在交通监管、无人驾驶等领域扮演着重要角色。研究人员在无人车和无人机领域，提出了很多基于视觉的道路检测算法，可以应用于不同类型的道路，其中最常用的技术就是图像分割技术。图像分割技术应用的领域较多，虽然领域不同、图片各异，但大体的分割方法是相似的，其基本原理都是将图像分成不同的区域，分别提取其中有需要的区域。以下介绍几种图像分割的方法。

基于边缘检测算法的道路检测法是根据道路与场景在一些特征上的区别，通过检测筛选将道路从场景中区分出来并加以提取，相关检测筛选的算法有微分算子、Canny 算子和 LoG 算子等，其中，Sobd 算子、Roberts 算子和 Prewit 算子是比较常用的微分算子。根据不同算子之间的特征，应用不同算子通过滤波技术处理图像，检测出图像的边缘。

基于霍夫变换的道路检测算法是根据图像中的不同特征，应用一些投票算法检测出道路。基于霍夫变换的结果是在某一相应的空间中，计算累加局部最大值，筛选出某一特定形状的物体。基于霍夫变换的道路检测算法对高分辨率图像提取效果较好，但该方法容易受非道路因素影响，如天气、遮挡、阴影等。

k-means 道路检测算法是一种较为常用的聚类分割算法，该算法把图像中的 n 个点分为 k 个聚类，使得每个聚类中心点到该聚类中其他点的距离平方和取到最小。因其算法方便、效率高，在处理比较多数据的时候，实用性较强。

二、智能语音

智能语音交互技术是让机器像人一样"能听会说会思考"，实现人机智能化的交互。它可以判断语音，并到语音库中检索需求，然后通过机器模拟人工语言进行反馈；同时能够对多种语言方式进行语音语义处理。智能语音交互技术在高速公路领域的应用将会为用户带来更加便捷、更加随心、更加个性化的服务和出行体验。

由于交通的特殊性，驾车人员必须集中注意力，无暇操作过多的设备，因此，用语音取代手动不失为一种理想办法。语音在智能交通的应用可以分为汽车导航、路况信息查询、车辆调度等方向，通过语音机器人实现支持用户通过自然语音进行导航、服务等指令操作。

目前来讲，智能语音主要涉及语音识别、语音合成及语义的理解。IVR（互动式语音应答）智能交互系统运用的主要是语音识别和语义理解，语音合成往往在导航中大有所为（图5-7）。

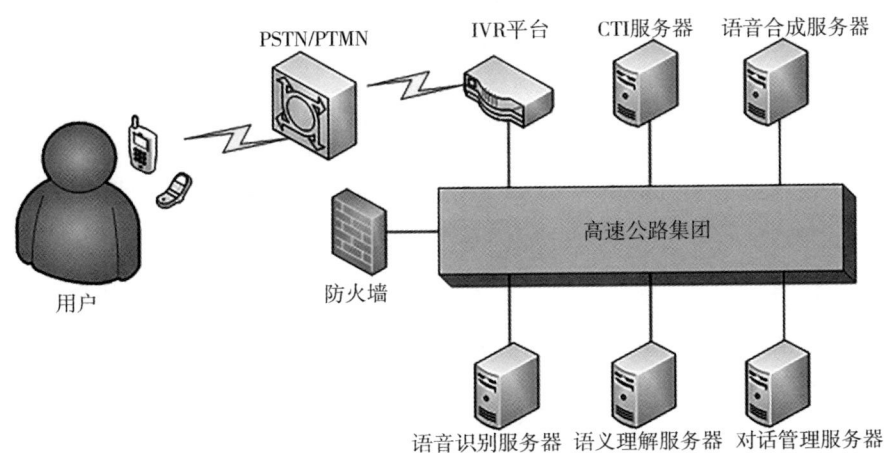

图 5-7　智能语音

第一，语音识别技术，它是人机交互过程中必不可少的技术，该技术就是让机器人能够听懂人们所说的话，其具体的工作原理第四章已有介绍。

第二，语义理解技术。前面有了语音识别，那么机器人是怎么识别语音语义的呢？主要就是通过机器人的语义理解。语义理解技术就是对所说的话，通过与计算机存储的某种知识表示方式知识库进行对比，然后分析理解出话中的意思，并给出相应的反馈。

语义理解服务是通过分析用户所说的话，得到用户的关键词。例如，用户说："我今天想出去玩，北京今天的天气怎么样？"经过语义理解，系统会分析出以下关键信息：游玩、北京、今天、天气。这样就有了相应的关键词，再将这些关键词在知识库中进行查找比对，得到用户所需要的服务，就能将北京今天的天气播报给用户。语义理解模型如图 5-8 所示。

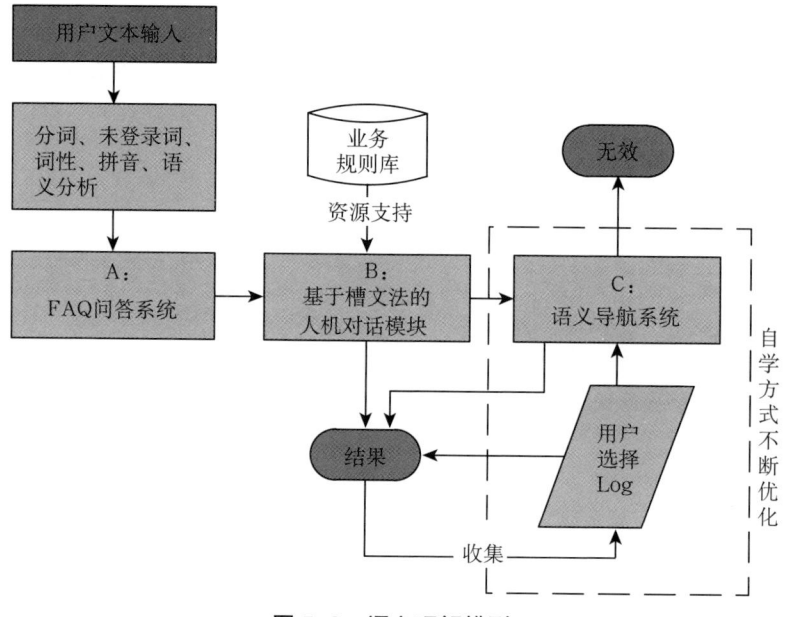

图 5-8　语义理解模型

实现人与机器人自然语言的沟通就需要机器人能够理解人们所说的话，同时需要机器人能通过自然语言表达出其理解的意图和思想，这就需要语言的理解和语言的形成。因此，自然语言处理需要由两部分组成：一部分是自然语言的理解；另一部分是自然语言的生成。以前人们多研究的是如何理解自然语言，对语言生成的探索较少，不过这种状况目前已经得到了改观，越来越多的人开始钻研语言生成。

句法分析在人机交互中占据重要的地位，能在机器人的翻译、问答等方面广泛应用。现在已有一种基于宾州树库（Penn Treebank）的句法解析器，它能很准确地进行句法分析，还有基于该方法改进的应用于中文的句法解析器。但由于中文意思多变、形式复杂，还需要继续深入研究才能得到更准确的句法解析。中文的语义分析一般可以通过语义网络来实现，语义网络就是指事物间复杂多变的关系通过相应的节点和弧组成的相应网络关系。语义关系有很多种，最常用的基本语义关系有类属关系、聚集关系、属性关系、推论关系、相近关系、方位关系、时间关系等。在中文语义分析中，可以通过语义网络约束词之间的相互关系，展现出语言所想要表达的意思。

第三，语音合成技术。在使用高德地图导航的时候，你能听到女明星用甜美的声音为我们播报实时路况。在导航 App 中，对如"向右前方行驶""前方测速路段"等固定语句可以通过真人来录制，但对于一些不确定的名词，如地名、状态、长度等，就不可能逐一地由真人来录制。这就涉及了语音合成技术，通过计算机参数合成或波形拼接的方式合成出高清晰、较自然的语音。其中比较著名的是 TTS 技术（又称文语转换技术），它将计算机产生的或外部输入的语言文字通过加工转换为人们所能接受的口语语言。

三、环境位置感知

机器人在路桥隧交通环境中，要执行移动和检测功能，需要及时获取周围环境信息并加以处理，如要实现隧道衬砌及路面是否有裂缝的检测功能。机器人可以通过环境感知和道路检测相关技术，实现隧道是否有裂缝的检测功能。环境位置感知涉及内容如图 5-9 所示。

环境位置感知包括感知传感器和环境感知技术。

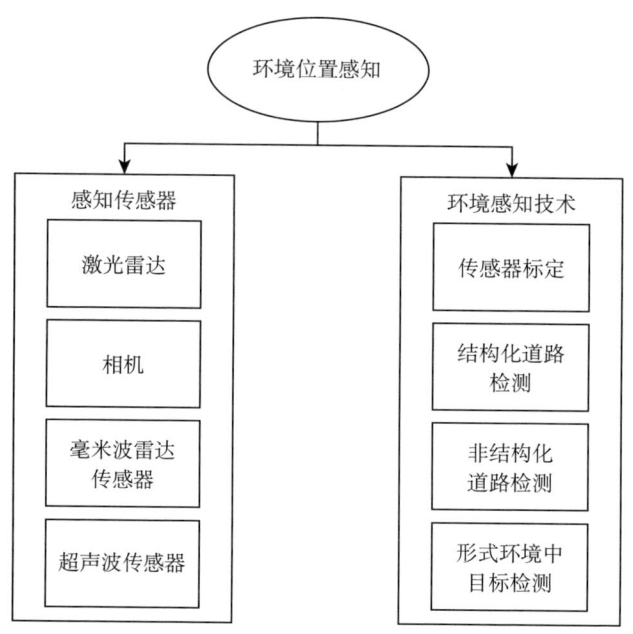

图 5-9 环境位置感知

（一）感知传感器

该传感器是将机器人和雷达相连接，以静止或运动状态保持其相对位置固定，然后将雷达坐标转换成机器的坐标系，将雷达的外部安装参数通过坐标系转换为相应的数据，再将数据进行转换。

目前，激光雷达的传感能力是最强的，紧随其后的是相机，之后是毫米波雷达、惯性导航和 GPS 定位，最不敏感的是红外线和超声波传感。

激光雷达包括单线和多线的激光雷达，通过远距测量测定其距离。单线指的是单一角度，多线指的是能够提升其俯仰角度，能够实现其空间高度测算的准确性。无人驾驶汽车中通常运用单线和多线相协作的方式实现其位置距离的测算。

除了激光雷达获取环境信息外，相机可以获取彩色景象信息。相机技术和前面视觉技术中提到的单目、多目及全景视觉技术类似。

毫米波雷达传感器，因其具有质轻量小、抗干扰强、角分辨率好、穿透力强和指向性好的特点，在众多传感器中占有一席之地，其波段的范围为 30～300 GHz，可以分为调频连续波和脉冲两种不同测量方式的传感器。

超声波传感器相对于其他传感器，可以探测的距离比较短，只能在很小的范围内检测障碍物；周围温度、噪音等环境因素，也会影响超声波传感器距离测量的精确度，因此，普遍应用于倒车雷达等精度要求不是很高的场景中。

（二）环境感知技术

环境感知技术可以分为传感器标定、结构化道路检测、非结构化道路检测及形式环境中目标检测。下面主要介绍结构化道路检测、非结构化道路检测及形式环境中目标检测。

结构化道路检测有 3 种检测方法。

直道检测。在行业标准下，结构化道路标准比较规范，道路和非道路之间有用于区分的车道线。曲率变化比较小的直道可以用直线来近似代替。

弯道检测。方向是弯道的重要因素，需要通过曲率半径来帮助判断其延伸的方向。弯道公路主要可以分成回旋线、圆曲线，因此，检测时常常通过俯视图来进行拟合。首先载入其图像，然后提取出相应的车道线像素点，拟合出车道的形状，最后构建出该弯道的模型。

复杂环境预处理。由于外部环境的复杂性，空气中光线折射及周围遮蔽物的遮挡造成了场景光线的不均匀，提取出来的图像可能会出现纯黑或纯白区域，有失其准确性。在应用场景中常常采用图像预处理来减小误差的出现，常用的方法有直方图调节、灰度映射调节及 Gamma 调节等。

非结构化道路检测。与结构化道路相反，非结构化道路没有明显的车道线来区分道路，常见的有乡村土路和野外公路等。非结构化道路检测一般通过知识库中模型查找对比，再结合环境检测的信息针对性地处理数据和图像，不断优化改进模型，最终得到相近的道路模型效果。非结构化道路检测过程如图 5-10 所示。

形式环境中目标检测就是对公路中各个因素的检测。首先，公路上的行人需要检测。通过各种雷达测得需要检测的区域，运用一定的检测算法对行人进行检测提取。其次是检测道路上行驶的车辆。通过对激光雷达和视觉雷达的有机结合，运用检测算法，对检测区域内的图像与激光雷达采集到的数据进行对比匹配，检测出道路中的汽车。最后是检测交通信号灯等交通标志。可以通过彩色视觉识别方法，对道路两旁的交通信号标志进行检测，这里可以采用直方图目标追踪算法，可以有效规避目标遮挡和变形现象。

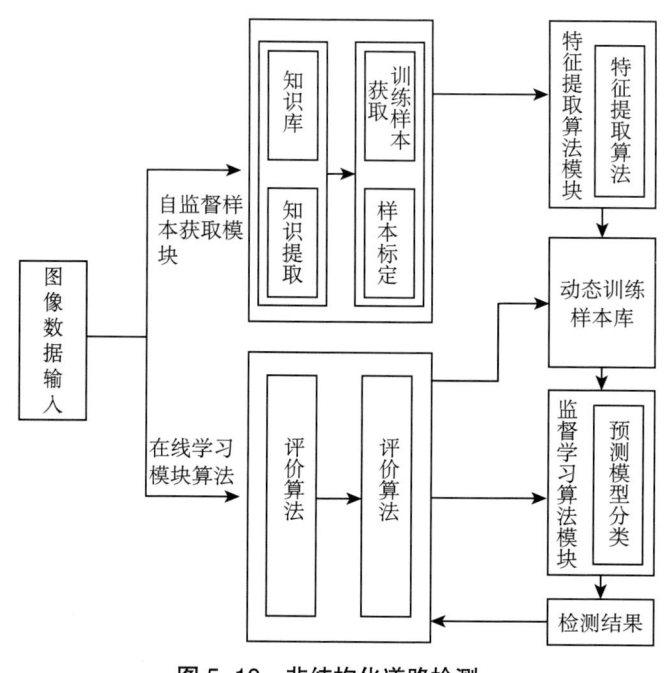

图 5-10 非结构化道路检测

四、动作控制

交通设施有很多，包含了路基、轨道、隧道、桥梁、车站、出入口、通道等，其结构不同、环境不同，要让交通机器人在复杂的交通设施上自如地执行操作，则需要反应灵敏的动作控制。有了前面的感知环境识别及图像视频的处理，机器人就能根据所采集到的信息进行动作控制，如爬壁机器人、缆索机器人、吸附机器人等移动机器人，通过一个动作控制的大脑，指导其在具有依附体的复杂环境中分别进行位置、速度等自动反馈控制。

机器人动作控制包含如下控制技术。

一是避障控制技术。机器人在运动过程中要类似于生物一样，能够规避障碍物，选择合适的路径前行，最终到达目的地，这就需要避障控制技术。通过传感器检测周围环境，分辨出障碍物，获取障碍物的状态、形状及大小，进行有效的规避。常见的传感器在前文介绍的感知技术中有所提及。

避障是检测机器人在执行命令的过程中必然执行的一种行为，而且能充分地体现人工智能技术。目前市面上常见的机器人避障基本都采用激光雷达，但如果仅使用激光雷达作为避障传感器，是无法胜任复杂场所避障工作的，通常情况下还需要其他传感器作为辅助，如超声波传感器，其价格低廉、穿透性强，能帮助机器人在近距离进行避障，因此，生活中一些比较复杂的场景，需要一些辅助传感器帮忙进行识别。

二是路径规划技术。路径规划在日常生活中应用比较广泛。例如，导航中选择一条最便捷的道路，这里就涉及了最短路径、最优路径，哪条道路速度最快、信号灯比较少、相对经济实惠，应用时常常给不同的道路赋予不同的权值，通过相应的算法进行计算规划。路径规划常用的算法包含 Floyd 算法、Bellman-Ford-Moore 算法、Dijkstra 算法及第四章介绍的基于 A^* 的有边界次优算法等，旨在为用户提供伴随式的位置服务。与此同时，路径规划技术也可应用于机器人，为机器人的行进提供了必要的支撑。例如，自动驾驶汽车依靠识别汽车的具体位置及周围的环境，通过路径规划算法来选择最佳路径，让行驶更加高效、安全。

无论是规划还是避障，感知周边环境信息都是重要的一步，总结为：移动机器人需要通过传感器实时获取自身周围的障碍物信息，包括尺寸、形状和位置等信息。

第四节 机器人在交通行业的应用

依靠人工智能的支撑，移动类、语音类、飞行类机器人在交通服务、检测及管理方面广泛应用，大大提高了工作效率、服务及管理水平。下文列举机器人在交通行业的一些应用场景。

一、检测机器人让桥梁检测变得更加精准、高效

桥梁是生活中常见的交通设施，桥梁牢不牢固，直接关系着人们的生命财产安全。桥梁检测是通过一些力学实验来对其外观和结构进行分析，评定出桥梁结构的性能。传统的检查主要依靠肉眼或辅助设备，如检测车、望远镜，查看桥梁的缝隙、裂痕、金属腐蚀程度，以及支座的牢固程度等。但是有一些比较复杂的地方，如高空、河底关系到桥梁的关键部位等，传统的检测工具难以到达，这就需要新的技术来帮助我们进行检测。

桥梁检测机器人包含爬壁机器人及缆索机器人等，其实际上就是一个可以在桥梁各结构间灵活移动的工作平台，集成了一系列传感器并搭载了视觉检测装置，其检测过程如图5-11所示，检测机器人攀爬到桥顶后，通过无线遥控器远端控制，回传检测图像至地面工作站，工作站工作人员接收到数据，再进一步进行信息检测、分析。

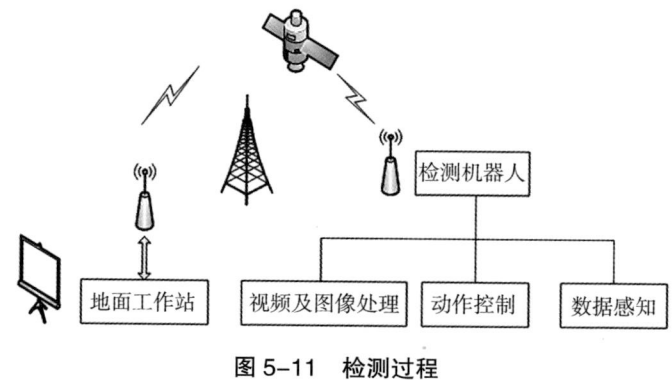

图 5-11 检测过程

桥梁检测机器人是移动机器人中比较常见的一种，在桥梁检测中具有举足轻重的作用，为桥梁危险异常情况排除、保障桥梁安全牢固带来了较大的帮助。桥梁检测机器人，一是高效，能更方便快速地到达一些桥梁检测人员不易到达的桥梁死角，如斜拉桥、悬索桥的缆索上部，桥墩与梁的间隙等；二是准确，人眼识别桥梁病害的准确度会受到桥梁检测人员精神状态的影响，机器人可不会累；三是安全，安全其实是最重要的，机器人的工作避免了检测过程中可能出现的意外事故，假如是人工来排查，可能不能及时规避风险，带来意外的生命财产损失，现在有了机器人，不仅人身安全得到了保障，而且方便快捷、省时省力，也不需要封闭交通，受益良多。

桥梁检测可以进行人工智能化管理，运用层次化结构，将桥梁分为多个模块，对每个模块的具体化信息进行检测，配合其他种类的机器人，如巡检无人机、检测机器人等，进行更加全方位的数据采集，将采集的数据进行分析及管理，然后通过对海量数据的对比分析解读，综合预估出桥梁的系统安全和运行状态，最终将桥梁系统可视化汇总报备给相关管理部门，实时了解桥梁最新的状况。图 5-12 为两种桥梁检测机器人。

a b

图 5-12 桥梁检测机器人

（来源：a. http://cs.njust.edu.cn/_t326/27/95/c1817a10133/page.htm
b. http://www.360doc.com/content/16/0806/15/7536781_581232951.shtml）

二、消防机器人解决隧道救援难题

隧道救援一直是全世界交通部门最为关注的问题之一。因空间的限制,隧道内发生交通事故时,救援相对困难。例如,在高速公路隧道中突发火灾,隧道内黑暗且封闭,气体流通性差,有毒有害气体聚集,这种情况下如果救助不及时,很容易引发二次事故,造成高速公路堵塞及人员伤亡。为了更好地解决高速公路隧道火灾难题,会应用一些新的技术和科技,消防机器人就是其中之一。

消防机器人是特种机器人的一个重要分支,其采用了传感器数据采集技术及多自由度机械运动控制设计、火源搜寻与灭火技术等。图5-13为隧道消防机器人。

图5-13 隧道消防机器人

(来源:https://www.gkzhan.com/st243286/product_10842499.html)

消防机器人作为代替消防人员进入危险复杂环境的特殊装备,它既能移动,又能探测,还能控制处理通信及防腐蚀、防爆、消防。

消防机器人的设计为高速公路隧道火灾提供了一种新的智能灭火方法,用于发生险情及安全隐患时的救援、破障、逃生、避难,可以广泛应用于高速公路隧道等恶劣、狭小、封闭的火灾空间。消防机器人能在无线遥控和自动控制下代替消防人员进入复杂危险事故现场，能够将传感器采集到的视频图像等数据传回控制中心，工作人员根据数据做出合理的救援决策并控制消防机器人实施救援工作；新一代消防机器人能够对当时的情况进行采集、反馈并自行进行决策判断，做出相应的处理，及时进行人员救助。消防机器人的应用能够减少人员的伤亡和资源财产的损失。

三、语音服务机器人登上交通服务热线的舞台

随着高速公路热线服务系统中服务项目的日趋增多，传统的高速公路热线服务系统固有的缺点和难点也日益凸显，最显著的是菜单层级过多、按键输入麻烦，这些都影响了客户对于语音服务的使用，甚至有些客户会因此直接放弃使用语音服务。伴随着高速公路热线（也称呼叫中心）客服业务的不断拓展，采用传统按键的方式，新增业务只能放置在深层的节点之下。因而大多数用户需要多次交互才能到达节点，当用户无法获取自己需要查询的业务时，便会直接转向人工服务，使人工服务压力大大增加。

于是，将智能语音交互技术与高速公路业务场景相结合，一种更为智能、更为便捷的语音服务机器人出现了，它能针对高速公路业务场景的问题，如背景噪音干扰多、高速公路用语相对独特，采用人工智能的智能语音技术解决这些问题。智能语音服务机器人使得人工智能在交通运输领域又迈出了坚实的一步，提升了服务质量。

智能语音服务机器人还能提供语音导航服务，导航服务包括标准普通话语音导航和方言式普通话语音导航，并为用户提供了个性化语音设计，在功能上更加注重人性化，从而提升了服务质量，强化了用户体验。

智能语音服务机器人还可以提供路况咨询类电话服务。它采用智能助理、IVR语音导航服务和人工受理相结合的模式向用户提供出行服务。当使用智能路况查询时，智能语音服务机器人可自动从后台路况信息库中精准获取某个路

段或某个收费站的数据,进行语音合成并播报给用户。

当用户说出需求后,机器人自动获取用户需求并进行语义分析,将查询结果以语音形式播报给用户,用户即可获得所需的信息与服务,充分享受自然语音交互带来的高效、便捷体验,用户需求得到更多的满足。图 5-14 为语音识别和语义理解技术应用于高速公路服务热线。

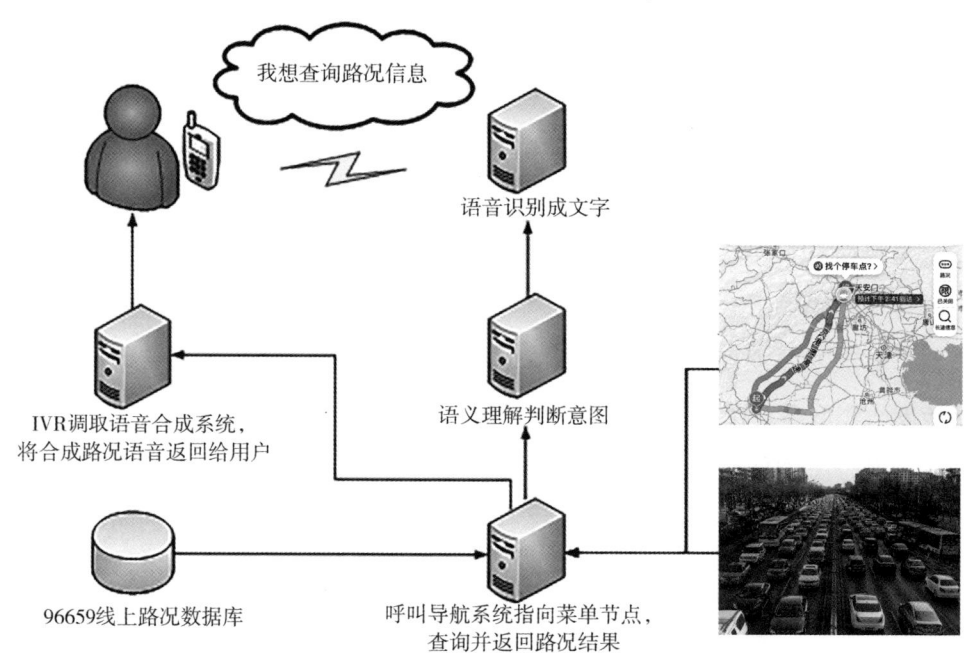

图 5-14 语音识别和语义理解技术应用于高速公路服务热线

四、无人机服务于交通管理

随着无人机技术的发展,其在交通领域的应用也取得了显著成果。无人机将检测设备固定于机身,帮助人们在高空领域服务交通,它可以解决很多设备的移动问题,但是该方法目前也受限于天气的影响。

无人机主要包括飞行装备、信息采集设备及地面控制系统(图 5-15)。飞行装备包括固定翼、螺旋翼等;信息采集设备包括光电吊舱、监控摄像机等;地面控制系统主要用于对无人机进行飞行控制,主要由遥控发射机、接收机、舵机、陀螺仪和自主飞行控制器组成。

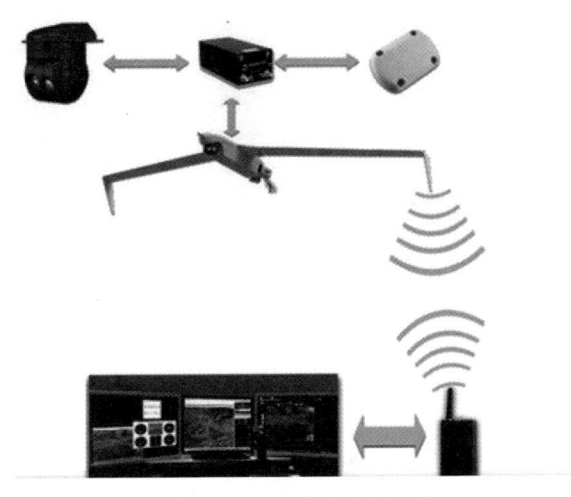

图 5-15　无人机应用系统

无人机在交通管理中多用于交通信息采集、抓拍交通违法行为、疏导交通、绘制现场勘测图,可以在城市拥堵的情况下,帮助相关部门解决城市交通问题。以下介绍 3 种常见的应用场景。

一是路面交通管理。无人机与其他交通监测、感知系统相比,有着特有的空间移动性和便利性。无人机飞行可以不受地形限制,且飞行速度快、控制距离远、视角空间大,可辅助交通执法人员在交通拥堵路段进行大范围的交通管制和人群车流疏导,因此,在高速公路、重点路段无人机可以作为"疏导交通"的重要手段。另外,利用无人机可对各大路口、重要路段、交通附属设施及交通工具进行高空视频及图像采集,采集的数据可长期保存,以供交通大数据分析使用。无人机可对某个地区进行适时航拍(图 5-16),通过一段时间的连续采集,从图像中分析车流的情况,就能知道该地区的交通状态,进而可以分析造成交通拥堵的因素,为交通部门提供了重要的现实依据。

图 5-16　交通信息采集

(来源：https://www.sohu.com/a/34449583_137896)

二是交通违法行为抓拍。受地面道路安装空间的限制，常规监控存在覆盖盲区，交通执法部门可利用无人机挂载高分辨率和高倍数变焦相机进行道路巡查，对交通违章行为进行实时监控、实时取证（图 5-17）。无人机能够在远距离外清晰识别车牌，对交通情况进行实时观察。深圳、珠海、南京、海口等多地交警相继引入无人机参与交通管理，用无人机抓拍压线、不系安全带、开车接打电话等交通违法行为。

图 5-17　交通行为的抓拍

(来源：https://www.meipian.cn/da2xgli)

三是事故取证。区别于传统交通事故中使用人工丈量、手工绘制和相机拍照的勘查取证方式，使用无人机搭载高分辨率摄像机，可以快速取得事故现场的多角度立体影像（图5-18），使用专门的事故处理专业软件，可以快速生成现场的平面图和立体三维模型图，并可在软件中直接测量相关物体的长度、体积等参数，从而大幅提高交通执法勘查取证的效率和准确性。加装空中喊话器模块，可以实现远距离交通指挥。

图 5-18　交通路况多角度记录

另外，无人机在桥梁监测、高架状况巡视等方面也发挥着自己的专长和优势，基于无人机的基础设施检测应用使交通安全管理效率有了进一步的提升。无人机通过信息采集设备对桥梁表面进行图像采集、分析，其数据通过互联网与地面检测中心及管理部门关联并进行深度分析（如裂缝变化、危险分析等）与数据管理，即形成"基于无人机＋互联网"的桥梁健康自主、智能化检测，实现基于无人机的桥梁健康（如裂缝、缆索PE护层破损、螺栓脱落等）检测信息化、智能化及高效精准的目标。

五、自动驾驶汽车让安全出行未来可期

道路上行驶的车辆面临着周围环境复杂快速的变化，驾驶员需要高度集中

精力,才能安全驾驶,但是,传统的驾驶方式在复杂道路环境中难以快速响应甚至会出现误判。在这种情况下,采用人工智能技术实现自动驾驶已经初露端倪。

自动驾驶汽车又可以称为无人驾驶汽车或轮式移动机器人,是由计算机代替人来操作、驾驶汽车,完成运输的过程。自动驾驶汽车涵盖了人工智能、视觉计算、自动控制等高科技,通过感知周围环境信息,进行合理的避障,同时规划出合理的行驶路线,保证汽车在公路上平稳的前进。

自动驾驶汽车可以把人类从驾驶的位置解放出来,用机器人来代替人驾驶,不仅可以显著改善驾驶体验,还能实现轻松、安全出行。由于自动驾驶有诸多的优越性,成为未来汽车行业的发展趋势。

自动驾驶车的控制框架可分为感知层、决策层、执行层,如图 5-19 所示。自动驾驶利用人工智能技术中的相关算法、高灵敏度传感器和相关信息采集设备进行信息采集,如果将感知层比作人的眼睛和耳朵,那么决策层就是自动驾驶的大脑。典型的决策层可以分为 3 个层次:①全局路径形成。通过结合行驶目的地完成地图信息的规划,形成全局路径。②行为决策形成。在获取相应车辆、行人等交通信息后,通过决策库的对比判断做出具体的行为决策。③行驶轨迹形成。结合初始全局路径和行为决策,重新形成一条行驶轨迹,最后形成的行驶轨迹满足避免碰撞、乘客舒适性等要求。有了这些模块对车辆行驶过程中的周边环境和驾驶场景进行数据采集并进行车辆定位,再通过平台对车辆行驶过程中采集到的数据进行分析,最终通过执行层完成车辆的行驶方向及倾斜控制、俯仰控制等其他相关控制,如图 5-20 所示。

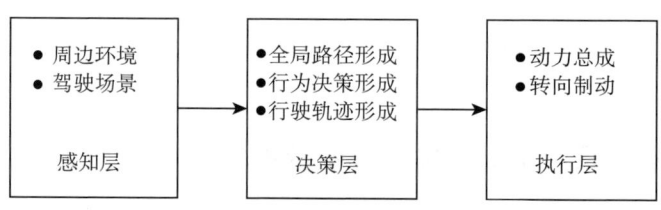

图 5-19 自动驾驶汽车控制框架

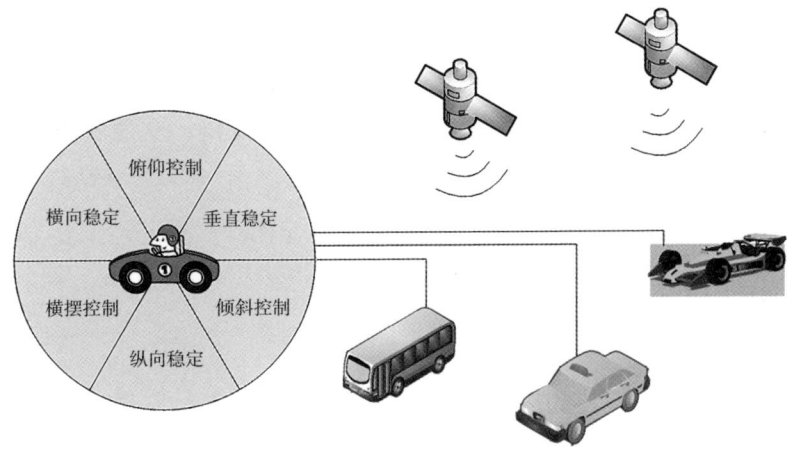

图 5-20　自动驾驶汽车运行姿态及定位

自动驾驶结合了感知、融合、决策、控制等多项人工智能技术。人工智能技术使得自动驾驶系统可以像人类一样具有学习能力，能够学习驾驶的技巧，同时对路况能够进行把控，自己调整状态以满足最优的驾驶方式，通过对交通条件的人工智能感知，可以形成最优选择和最佳控制，为自动驾驶提供了现实依据，这也是人工智能给自动驾驶带来的最大好处。图 5-21 为自动驾驶汽车根据交通阻塞情况重新规划路径。

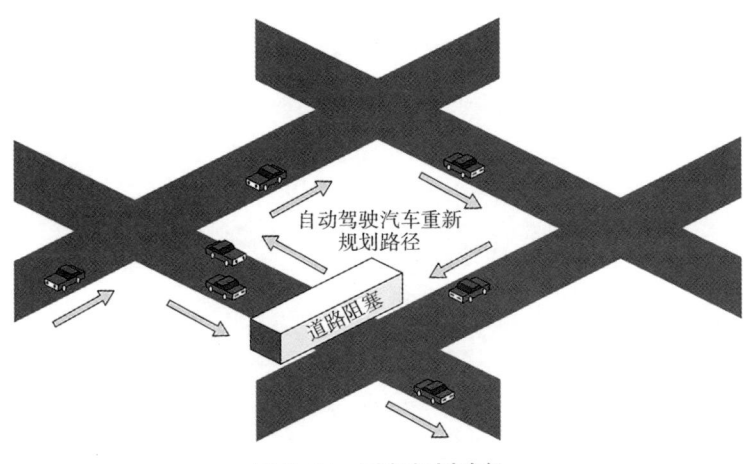

图 5-21　重新规划路径

总之，自动驾驶汽车被认为是汽车智能化发展的最高目标，可以有效提升交通服务的便利性，改善交通安全，提高交通系统效率，节省用户时间，实现节能减排，对推动汽车产品形态深度变革，拉动物联网、交通服务、社会管理等协同发展具有重大战略意义。

本章小结

机器人作为人工智能的应用载体，应用于越来越多的交通场景，在交通行业发挥着越来越重要的作用，其应用范围涵盖了检测、服务、救助、协助交通管理等，在交通领域的应用，不管是对人、对物还是对行业来说，都具有显著的价值。随着人工智能技术的发展和产业的快速成熟，以及机器人在功能和性能等方面的不断进步，未来将会在越来越多的交通场景中大显身手，成为智能交通发展的重要组成部分。

第六章

人工智能可成为交通机电设施的家庭医生

交通机电设施发挥着交通运输行业信息发布、数据交换、保障安全等重要作用，可靠完备的机电系统，是智能交通的支撑，是交通得以正常使用、安全运营的重要保障。国内外优秀的公路机电系统技术正在朝着全生命周期的方向发展，应用了最新的人工智能相关技术对交通机电设施的健康状况进行管理、诊断及分析，使人工智能真正成为交通机电设施的家庭医生。

交通机电设施更新换代快、种类繁多，做好公路机电系统的管理养护工作，是保障公路机电系统正常工作的必要手段。大量的交通机电设施在运行过程中，会存在正常、不正常和损坏3种状态，传统的管理方式主要依赖于台账型管理。台账型管理只能被动地记录和处理损坏的设备，并不能及时、准确地判断出设备的状态，甚至能够预见性地判断设备会在什么时候出现故障。随着新技术的发展，交通运输管理部门通过对交通机电设施采用人工智能技术进行"X光扫描"，深入到每一个设备的"每一根神经"，采集到多源多样的交通机电设施数据，对各种源数据进行汇聚并进行数据处理。数据被人工智能技术充分地融合、聚类，并被剖析，形成诊疗依据，从而利于管理者对交通机电设施进行有效的预防性养护工作、对电力系统管理进行优化、对电力系统发展进行长远规划。机电系统的预防性养护管理如图 6-1 所示。

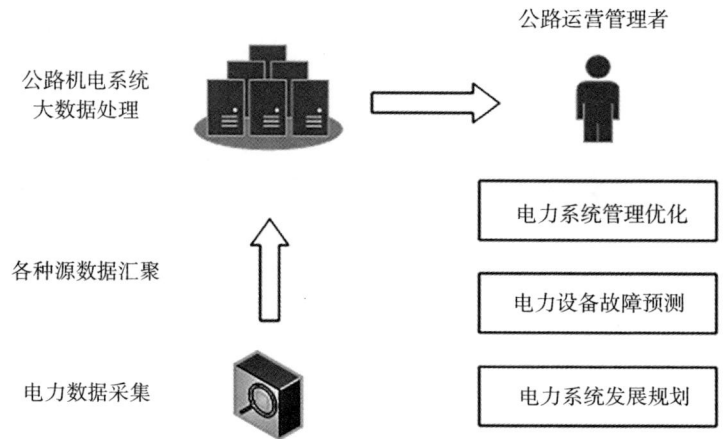

图 6-1　机电系统预防性养护管理

第一节　概　述

按照建设和使用功能的不同，高速公路一般分为主体工程和交通工程及沿线设施两大部分，而公路机电系统是交通工程及沿线设施的重要组成部分。高速公路机电系统包括监控系统、通信系统、收费系统、供配电系统、照明系统、通风系统、消防系统等，每一个系统又由多个设备要素或子系统构成，如高速公路监控系统由信息采集、信息处理与决策、信息发布与控制 3 个部分组成，信息采集系统又包括车辆检测器、气象检测器、紧急电话和巡逻车等。表 6-1 列举了高速公路机电系统的部分设施，可以看出，高速公路机电系统的设施种类繁多。

表 6-1　高速公路机电系统部分设施

序号	监控系统	供配电系统	收费系统
1	摄像机	变压器	RSU（路侧单元）

续表

序号	监控系统	供配电系统	收费系统
2	门架式可变情报板	补偿装置	高清摄像机
3	F型可变情报板	切换装置	车牌图像识别设备
4	微波车检器	智能仪表	车道控制器
5	气象检测器	配电设备	安全设备
6	控制系统	防雷装置	工业交换机设备
7	路面检测器	滤波装置	天线控制器

同时，高速公路机电设施数量巨大。以江苏境内某隧道为例，长度为10 km，设施等级达到A+等级，不仅包含监控、照明、通风设施，还包含紧急呼叫、火灾、消防等设施。如表6-2所示，隧道内仅通风、照明、监控、水泵设施数量就达到7689件，还未包含中间管廊内的设施。

表6-2　江苏境内某高速公路10 km隧道内设施

序号	设施设备	负载	主要设备数量/件
1	通风	射流风机	216
		轴流风机	22
2	照明	基本照明灯、加强照明灯、应急照明灯	6528
3	监控	可变情报板、摄像机、视频事件检测摄像机、双波长火灾探测器、红外热成像仪、亮度检测器、紧急电话、无线通信系统机箱、CO/VI检测器、能见度检测器、车辆检测器等	879
4	水泵	废水泵、雨水泵、消防泵	44

如何有效、合理地监控管理这些种类繁杂而又数量庞大的交通机电设施，如何保障这些设施安全可靠的稳定运行，已经成为交通机电设施管理的重要课题。

第二节　传统交通机电设施管理

传统的交通机电设施养护及质量检测方式概括起来有以下几种：第一种方式是对养护单位管理制度，管养人员配备、素质及管养测试仪器设备进行核查；第二种方式是对日常、经常、定期检修维护及专项改造工程资料进行核查；第三种方式是对交通机电设施参数状况进行检查并计算完好率，对设施使用现状及功能状况进行检查测试；第四种方式是抽测部分关键指标。

传统交通机电设施管理存在如下问题。

第一，传统的交通机电设施养护及质量检测方式主要以人工方式为主，需要工作人员的参与，交通机电设施维护管理的基本模式如图6-2所示。工作人员通过观察实际设备情况并进行主观初步判断后，对设备进行数据采集，之后在数据中心进行数据统计及分析。数据分析的过程一般需要借助计算机系统来实现，工作人员通过利用计算机的常规办公软件及专业知识，分析出系统的情况，获取监测结果。若该岗位平均用人成本达300元／天，辅助分析软硬件设备达上万元／年，全年此项费用成本将达几十万元，可见，这种管理方式比较费时费力。工作人员受到个体能力的影响也无法进行大规模的检测，而且还有可能由于检测不及时造成时效性不高、效率性不强等问题。

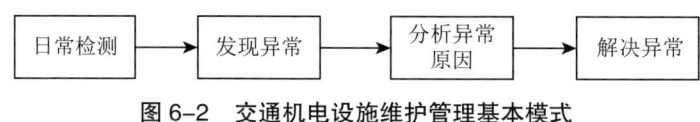

图6-2　交通机电设施维护管理基本模式

第二，在进行交通机电设施电力监测时，通过数据采集端进行数据采集，利用电子设备进行数据采集监测已逐步代替人工采集的方式，虽然电力监控系统能够完成对电力设备的监控，但是关注点只局限于状态数据的采集和存储，功能有限，而且数据未被有效分析和利用。

第三，交通机电设施实际安装调测后，既不能精确测量设备性能，又无法量化设备性能老化、衰变，更不可能实时监测性能变化。普通的检测设备得到的数据也比较单一，通常在工程中无法实现更大范围监测一些可以判断潜在故障的有意义的电力数据，如电力网三相不平衡会导致中性线上的电流超过保护定值，从而引起电路跳闸；谐波问题会导致电网电能质量差、设备过热、继电保护误动作、通信故障等。

第四，设施维修对于行车安全存在极大风险，上一章提到高速公路隧道发生事故救援难度会更大，造成的财产损失更严重，加大了维护车辆和社会车辆的危险性。隧道设施维修至少占用 1 个车道 3.75 m（按照养护规范的安全作业长度），多数情况下，公路的养护维修施工迫于通行问题不能完全封闭道路，随时随地会由于意想不到的原因出现安全问题。

传统的管理方式不能渗透到管理对象的每一个部位、每一个环节、每一处变化，正如外科式管理，其主要诊断表面病因，对于更加深入的血液疾病，则需要靠内科诊断来完成。外科式的设备管理不能准确地发现设备是否损坏、是否"带病"工作，也不能及时地捕捉到设备的变化，比较被动，维护起来也比较难，这种以修为主的管理思想已不能适应现代化企业的管理要求，同时对资金的安排也比较被动，设施故障对交通的影响也比较大。

总体来说，传统的管理方式是外科式的、台账式的、被动式的。

第三节　基于人工智能技术实现外科式管理向内科式管理的转变

相较于外科式管理，内科式管理能够深入神经、血液及组织细胞状态，是具有预防性养护功能的资产管理模式。鉴于当前传统的外科式管理模式已经无法满足交通机电设施日益增长的管理需求，需要解决传统设备管理的被动性和滞后性，交通机电设施管理方式需由外科式管理向内科式管理转变。

随着人工智能技术在交通机电设施智慧管理、智能诊断、自我修复、自动预警等业务场景的不断应用，交通机电设施管理方式正由外科式管理向内科式管理迈进。所谓内科式管理方式，是指建立起预防性养护机制，能够对交通机电设施进行故障诊断和处理，具有故障诊断的前瞻性和预判性，并通过提前干预的做法，把可能导致影响设施寿命的风险源排查和清除，最终达到提前针对减少设备或故障带来的安全隐患，降低交通事故发生的概率，保障公众生命财产安全的目的。以下从数据获取、诊断分析及处理角度进行阐述。

一、人工智能推动内科式管理下的数据感知和融合

管理的基础，首先是数据，人工智能推动着交通机电设施内科式管理模式下的数据采集、处理及融合。在交通机电设施中，电信号作为交通机电设施的主要运行状态数据，有着至关重要的作用。围绕交通机电设施的运行数据，常规的电流、电压、功率等电信号数据已不能满足管理者的需求，应该将谐波、浪涌、脉冲、振动频谱等数据和常规数据统一纳入设备管理、诊断分析的范围，同时融入多源数据，形成较为完善的数据体系。新一代人工智能技术为数据的采集、分析、诊断等提供了有力的支撑。

（一）人工智能物联网技术实现设备的数据融合

正如我们认识事物需要从不同的角度去观察，我们也应该从多维的数据来考察设备的健康状况，形成多元的诊疗依据。根据交通机电设施的运行环境，要充分结合电流、电压、功率、温度、气象等参数，数据采集的频率、精度及表达方式不同，可以通过人工智能物联网技术实现设备状态的数据融合。

内科式管理系统包含软件部分和硬件部分，系统层次框架如图6-3所示。软件系统包括应用数据库、数据采集程序、数据传输程序、数据处理程序及应用程序模块等。硬件系统是分布式系统，分布在各站点、公路监测点等高速公路设备对象端，主要包括以下几类：用电设施的实时状态数据采集、运行过程记录的数据采集，以及用电设施数据中心各个组成部分，如数据服务器、分析

服务器和显示设备。

其中，数据采集模块是数据采集的重要组成部分，可以为开放数据接口和传感器。数据采集模块在采集到连续、状态性的电信号数据之后，利用 CAN 总线、RS485、无线网络等与交通设备监控中心工控机进行数据交互，将所有采集到的数据发送到交通设备监控中心工控机。工控机根据数据传输的协议定义，建立统一的数据标准，统一接入多源数据，进行数据解析并在显示屏上进行必要的信息显示，按照统一的交通数据标准规范，将采集到的数据汇聚传输到交通设备监控云存储中心，云存储中心再对数据进行分类归纳。

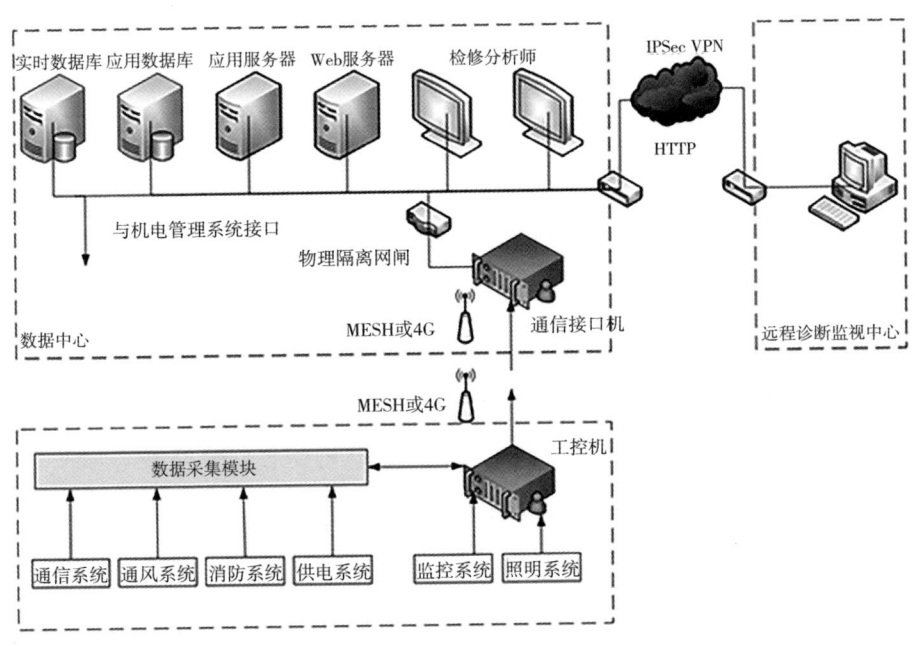

图 6-3　系统层次框架

（二）快速采集技术

电能质量的好坏影响着设备的正常运行，要完善对设备的健康状态全面感知机制，需要接入重点关键电力电能稳态与瞬态数据（图 6-4），并联合接入各交通机电设施的故障数据、设备状态数据，构建完善的基础数据采集手段，实现交通机电设施电力数据的感知，最终形成交通机电设施的带宽、频率数据信号，以及电压、电流、脉冲、运行温度等多种数据，通过直观和全方位的数据、图片影像为管理养护提供支撑。电力电能稳态与瞬态数据的采集离不开数字化芯片和算法的支撑。

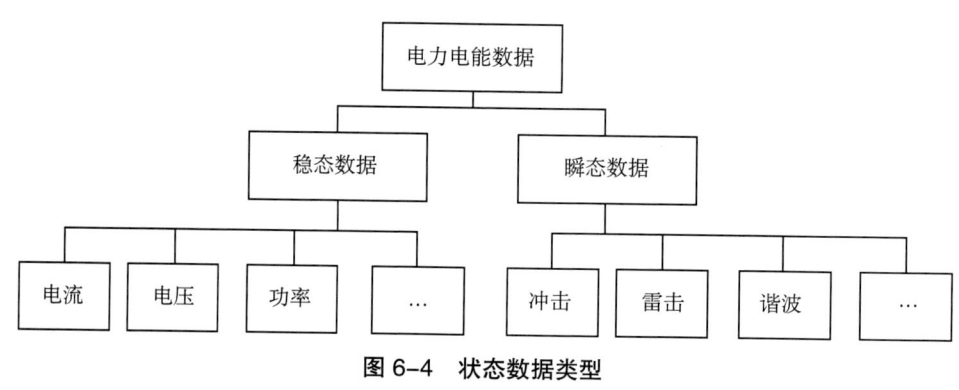

图 6-4　状态数据类型

其一，数据采集芯片。交通机电设施通常分布在马路的两侧，占地面积很小，数字化芯片的最大益处就是体积小，那么，芯片数字化怎么实现？这就需要融入人工智能技术。从宏观上看，自然界产生的信号都是模拟信号，如声音、图像、温度等。但是这些模拟信号都要最终放在数字领域进行处理、存储或传输，那如何把模拟信号转换成数字信号呢？这就需要芯片转换器来解决，芯片转换器先对模拟信号进行采样，再将采样的模拟信号量化成数字信号（图6-5）。然后利用数字机器学习块的人工智能算法处理该数字信号。随着机器学习应用的普及，将需要更节能的自适应混合信号模拟前端设备。

数据采集芯片作为智能交通末梢信息感知不可或缺的基础环节，在交通系统中有广阔的应用空间。未来，传统的 DSP（Digital Signal Processor，数据信号处理）、AD（Analog to Digital，模数转换）等技术搭建的数模混合采样系统将难以满足快速发展的人工智能的要求，但是基于传统架构的 GPU（Graphics Processing Unit，图形处理器）及 ASIC（Application Specific

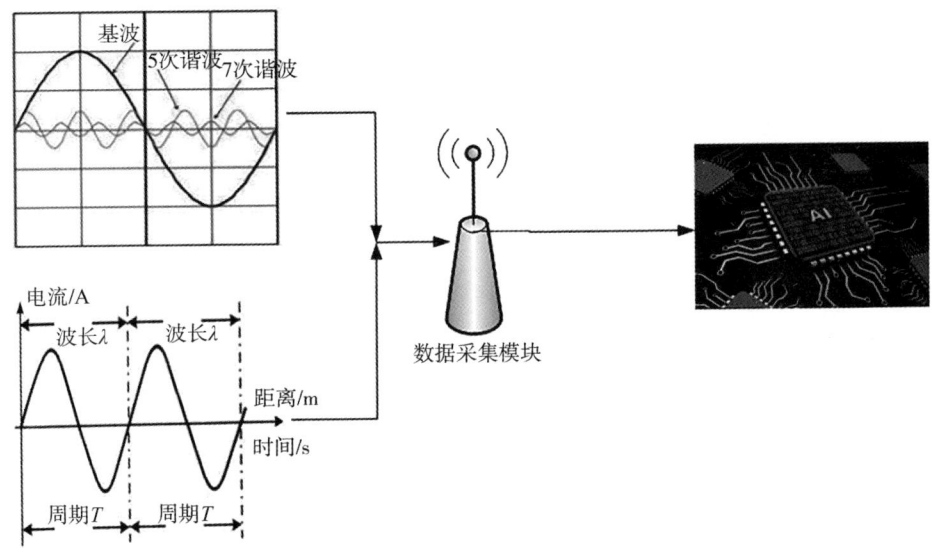

图 6-5 数据采集架构

Integrated Circuit,专用集成电路),甚至正在研究的类脑人工智能芯片等,正重构数据采集处理的方式。目前,各大国际半导体公司正逐步研发人工智能数据采集芯片,芯片中内含快速采集算法,建立快速采集数学模型,使得管理者能够轻松获取交通机电设施电压、电流、功率、谐波、浪涌、脉冲、温度等运行数据,本地及云端均含可配置的海量存储,为后续预防性养护的健康监测和风险分析提供数据,以供诊断分析,从而实现对交通机电设施全方位、全天候、实时的监控与评估。

其二,快速采集技术。配电网中常常出现谐波失真和瞬时数据,谐波量的检测本身就难度较大。然而,目前非线性负载的使用使得谐波量变得更加复杂,使得如今谐波的精确测量难上加难。这时候,人工智能技术应运而生,很好地解决了谐波测量和估算问题。

谐波检测时存在频谱泄漏、栅栏现象及由分析时运算量较大造成的识别定位速度慢、实时性不高等问题。目前,人工智能技术发展越来越迅速,在电力系统的谐波检测中加入汉宁窗的快速傅里叶变换(FFT)算法,结合线性人工神经元网络，信号进行汉宁窗傅里叶变换，用于神经元检测非整数次谐波，对非整数次谐波的谐波参数具有更高的检测精度，在实时性方面也得到了改进。

快速采集技术包括傅里叶变换算法、小波变换算法、基于快速傅里叶变换和小波包变换的综合谐波检测算法及自适应线性人工神经元算法等。

傅里叶变换算法。傅里叶变换算法的核心思想为任何一个连续周期信号可以由一组适当的正弦曲线组合而成。当输入端为正弦信号时，经过变换输出仍为正弦信号，可能相对的幅度相位会有变化，但是总体的趋势和形状是不变的，正弦曲线的保真度比较高，所以在日常应用中常常用正余弦来代替原有信号。傅里叶变换可以按照其输入信号类型不同，分为非周期性连续信号傅里叶变换、周期性连续信号傅里叶级数、非周期性离散信号离散时域傅里叶变换、周期性离散信号离散傅里叶变换4种类型。

小波变换算法。前面有了傅里叶将信号转换为不同频率的正弦波进行叠加，现在又有了小波变换。小波变换就是将原有的信号转化为一个个小波（是一种能量在时域非常集中的波），对时间和空间的频率局部化，高频处时间细分，低频处时间细分，满足不同需求对突出问题的分析，能更适应时频信号分析，使分析更加细节化，这也成为新时代的重要研究。

基于快速傅里叶变换和小波包变换的综合谐波检测算法。该方法利用傅里叶变换优秀的幅频特性，识别出所有的谐波分量，再利用小波包优秀的时频特性，快速、有选择地对所关注的暂态谐波分量发生和结束时刻进行准确定位，同时将该谐波分量提取出来，这样能有效地减少运算量，提高谐波检测的实时性。

自适应线性人工神经元算法。传统自适应线性人工神经元模型只能检测整数次谐波，受限于非整数次谐波，可能会有很大的误差。现如今新型的自适应神经元算法，将神经元激发函数不设为定函数，调整激发函数的参数和权值，从而检测非整数次谐波。这种自适应线性人工神经元算法能将近似频率的整数和非整数次谐波分离开来，分别参与检测，增加了检测的精准度，为电力系统稳定运行提供了保障。图6-6为自适应线性人工神经元模型。

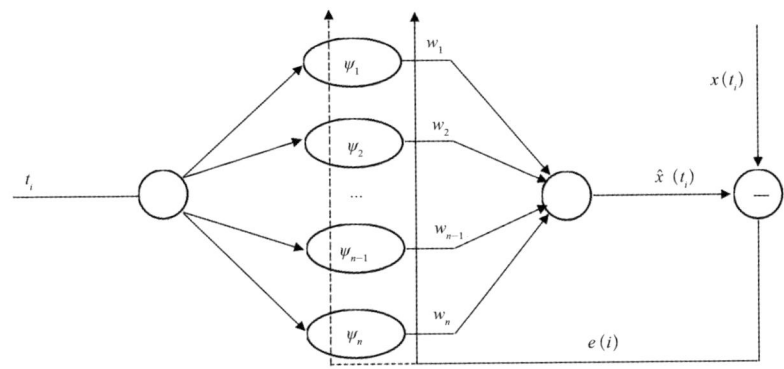

图 6-6 自适应线性人工神经元模型

二、基于预防性养护机制的健康监测和风险源排查及清除

获得了数据，接下来就需要充分地利用数据，提前发现设备的异常状况，从而预先采取措施避免或减少损失，实现预防性养护。

在上述外科式管理向内科式管理的转变后，基于系统运行技术状况较全面的"体检"数据，建立标准数据协议平台，并根据采集到的海量设备数据，结合人工智能引入内科式管理系统，涵盖机电设备预防性养护分析功能，实现交通机电设施及系统故障的突发性和设备寿命衰减的可预测性。从设备的不正常情况次数入手，如电压电流的消失，分析研判设备的损坏概率，对预计损坏的设备进行有效处理；通过人工智能分析实现交通机电设施的故障预警和诊断分析，如分析出高次谐波、脉冲和浪涌信号对设备健康性、稳定性及寿命的影响，对设备健康做出判断，提高交通机电设施状态检修管理水平，为管理者提供分析和判断设备故障的必要依据。结合基于预防性养护机制的内科式管理目标，具体介绍故障诊断方法、相似性模型预测分析方法、态势感知、设备监控及数据交互 5 项技术途径。

（一）故障诊断方法

设备故障是日常生活中常常遇到的问题，如何及时地检测出有问题的设备，并进一步检测出相应的问题，这个问题迫在眉睫。故障诊断方法一般可以分成以下几类：一是基于知识；二是基于解析模型；三是基于信号处理。这3种方法是故障诊断技术的基础，但随着研究的逐渐深入，一些优秀的算法不断涌现出来，对传统的分类也进行了更新，故障诊断方法如图6-7所示。

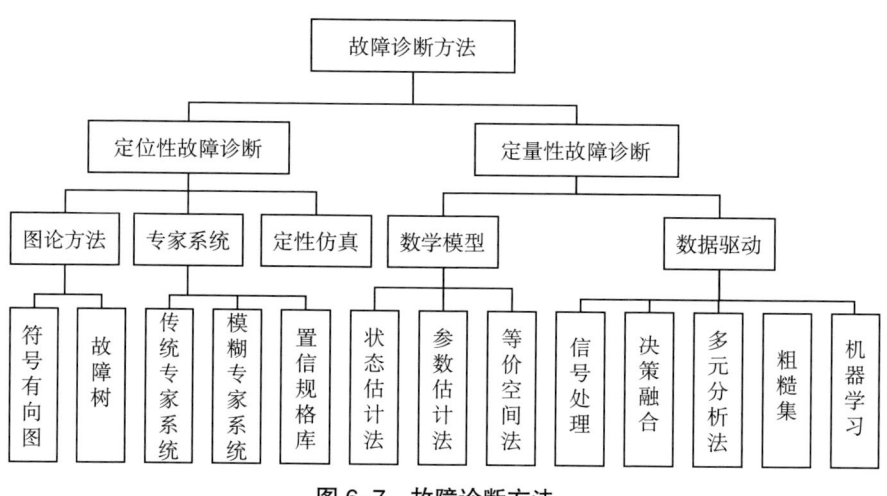

图6-7　故障诊断方法

目前，故障诊断主要分成定位性故障诊断和定量性故障诊断两种。定位性故障诊断又可以分为图论方法、专家系统和定性仿真。图论方法相对简单易理解，如符号有向图、故障树等方法。专家系统是利用专家的经验知识来帮助故障诊断，利用专家知识构建知识库，该方法实现系统故障诊断的准确率高、可靠性高，但是知识库的建立需要长期的经验积累。基于数学模型的故障诊断应用范围比较广泛，利用建立好的数学模型，给定相应的数据参数，得出对应的结果，判断出设备的状态，其输入与输出往往不是一一对应的，难以确定准确的故障类型与原因。基于数据驱动的故障诊断多采用机器学习的方法，挖掘出数据采集单元中的故障特征。该方法更依靠于特征提取的好坏及模型分类效果。因此，数据驱动型故障诊断机制更加适用于设备种类繁多、设备互相耦合的智能交通设备场合,如高速公路机电设施的判断机制(图6-8)。

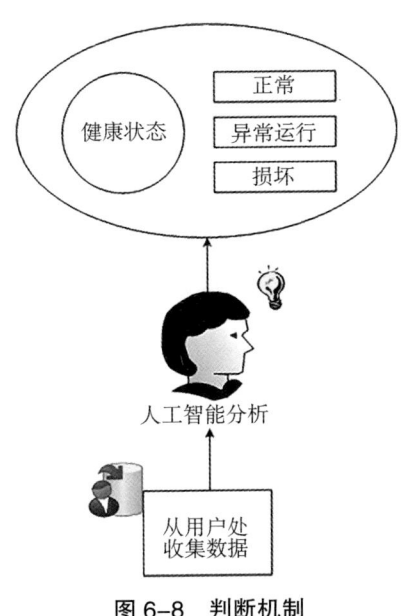

图 6-8　判断机制

随着交通基础设施的不断建设与完善,公路交通中的机电设施种类、数量越来越多,根据指标监测机制、理论分析,融合行业实践经验,基于数据驱动型故障诊断机制建立设备运行异常诊断模型,包括并不限于电压、电流、功率、效率、温度、红外信号、声波信号、振动信号、谐波、脉冲次数等异常诊断模型。设备诊断的本质是对设备进行全面的、实时的监控与评估,有效识别设备的运行健康状态、故障类型及通过人工智能技术实现自我修复、远程预警等。一般而言,交通机电设施的数据是低维数据,但是设备状态及故障种类的特征信息往往不是一一对应的,呈随机性、模糊性,再加上故障发生的延时性、传播性、放射性等因素的影响,对交通机电设施的健康状态评估存在一定的难度,因此,需要依采集到的数据建立正常情况下用电设备的运行数据知识库,通过与设备实时数据相比对,从而进行健康监测;建立高次谐波、脉冲和浪涌信号对设备健康性、稳定性的诊断模型；建立交通机电设施寿命周期性的诊断模型。

（二）相似性模型预测分析方法

相似性模型预测分析技术中，大数据设备被细分成各个小的逻辑模块，给定一些权值参数，可以实时分析海量的数据，预测出设备的运行状态，定位相应的故障。它能够根据设备的历史数据进行预测，对于一些异常的情况及时进行报警，避免财产的损失。

相似性建模（Similarity-based Modeling，SBM）是非参数回归的一种特殊形式。SBM作为一种预测建模解决方案，广泛用于复杂生产系统中的设备。SBM模型应用设备的历史数据快速构建，具有模仿自然工程设计的结构。SBM模型提供了自然系统的基本保真度。SBM专门设计用于现实设备中遇到的数据分析和诊断问题。即使其中1/4的传感器在运行过程中出现故障，SBM仍然可以对剩余的传感器产生准确的估计，从而使其成为非常稳健的预测方法。

SBM模型训练是一种非迭代单通道操作，涉及单个矩阵乘法和反演（图6-9）。模型矩阵 D 表示从历史数据中选择的参考行为的整个动态范围，每个设备都会有各自的参考数据。使用Smart Signal专有的向量选择算法构建 D。向量选择算法能够通过成千上万的观察向量快速分类来构建此状态矩阵 D（即模型）。与初始模型训练过程一样，模拟再训练是一个快速简单的过程，只需几分钟就能完成。对于新的操作条件的再训练，涉及通过用于创建初始模型的相同向量选择算法将新的训练向量从新的操作范围简单地包括到 D 矩阵中（图6-9）。

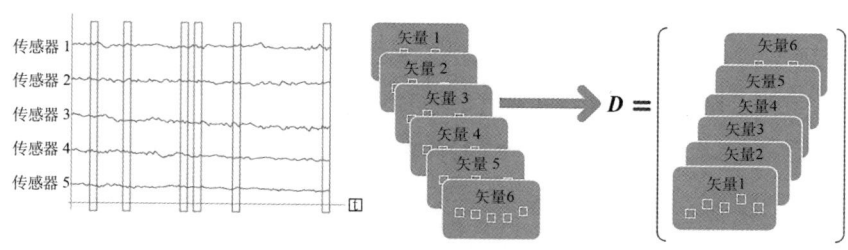

图6-9　相似性模型训练

第六章　人工智能可成为交通机电设施的家庭医生

无参数的相似性模型的准确性优于其他分析模型，实际应用中需要满足测试点收集数据的准确性、建模时提供各设备设计信息的准确性、模型训练期间遇到工况的全面程度，基于上述条件，才能更好地实施预测性的分析。随着数据的不断积累，通过模型的自学习能力，系统可以更准确地预测设备的故障。

结合上文中已阐述的交通机电设施具有数量大、种类多、被动维修、外科式管理的特点，可以采用相似性模型对交通机电设施进行海量瞬态综合数据分析和设备性能衰变规律分析，具体如下。

一是采用相似性模型进行海量瞬态综合数据分析。

基于用能设施状态及电能质量监测得到的海量瞬态数据，由于用能设施的不同及通信传输网络等问题，造成数据中存在着大量的不一致、不准确的重复数据、噪声数据、异常数据、空缺数据等。将通过数据清洗、集成、变换、填补等手段，补充遗漏数据、消除异常数据、平滑噪声数据，纠正不一致数据等，采用机器学习手段，完成对海量数据的预处理。

对已完成预处理的不同设备的不同种类数据，通过数据组合、数据整合和数据聚合3种手段，由低到高逐步实现数据之间的融合。下层数据组合是通过把基础数据平台的同类数据进行组合，能够展现设备特征全貌。经数据整合后的数据属性没有改变，如用能设备，有电压、电流、电能质量等电能监测数据，也有业务状态数据，数据通过规则进行拼装。中层数据整合有多方数据，共同存在并体现价值。例如，用能设备运行状态是通过该设备本身产生的业务数据、设备电能使用数据与设备前后关键节点电能变化数据，共同判断设备运行状态。顶层数据聚合是由多源数据共同孵化的新模式。

二是采用相似性模型进行设备性能衰变规律分析。

能源互联网中不同领域的机电设施节点、控制应用服务器及先进感知传感器等，包括快速电力采集器、风机控制器、照明控制器、排放气体传感器、湿度传感器等，在整个网络中产生源源不断的状态和生产数据，这些数据为机电设施的安全管理提供了数据基础。建立数据基础后，再通过故障统计、电能质量、能耗分析特征量，进行交叉分析统计。通过研究神经网络、随机森林等大数据挖掘技术，感知机电设施的工作状态和健康状态，推断设备损耗周期与性能衰变规律，提供决策数据支撑。例如，研判设备性能衰变，通过不同设备数据与关键节点数据的关联关系，结合设备运行状态分析，研判能耗情况及设备健康状态（图6-10）。

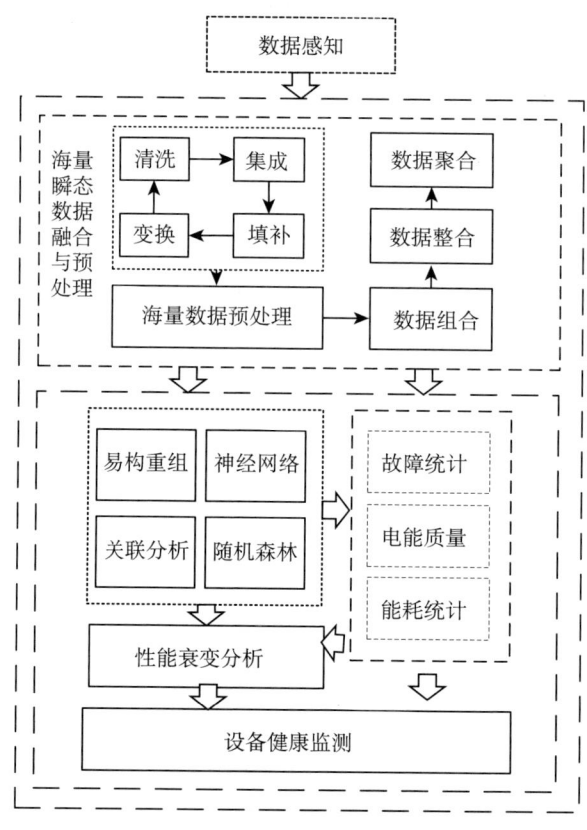

图 6-10 设备性能分析

针对历史分析，对冲击等电能质量问题引起的大规模设备故障，对电力电能进行针对性优化，对冲击线路加入双向滤波器，减少冲击对上下游设备的损害，减少设备故障率。研究养护标准规范，根据标准制定相应的维护策略和方案。根据历史故障率对养护预算进行数据支撑，并减少设备安装所造成的运营成本，降低由于封路造成交通事故发生的概率，保障公众生命财产安全。

（三）设备状态画像及态势感知

采集到海量设备数据后，全生命周期资产管理系统的使用能够为交通机电设施提供全面的医护保障。这里说的全生命周期的概念，是根据供能设备、用能设备等机器的工作原理，从感知、决策到控制全过程、全角度地进行管理，从而实现降本增效的最终目的。

利用大数据分析技术，将机电设备运行状态进行实时的对比分析，预测出未来设备的状态，从而能达到预警，同时还能对一些老旧设备及时进行提醒维护和更换。对设备进行故障诊断和预判时，会有相应的故障征兆参数，当参数与逻辑推理知识库相匹配时，可将其送入逻辑推理机中进行计算，得出结果；当参数不匹配时，将参数转换为数据分析的输入样本，送入直觉推理机中进行计算，得出结果。

态势感知是基于大数据的发展而产生的。它首要解决的问题就是安全，结合周围环境，全局地考究风险问题，能及时发现安全威胁，及时进行处理解决。一个高效的态势感知可以集全网（内部和外部）分析、检测、预警、响应于一体。

态势感知需要具备主动采集信息的能力，信息是以安全类的大数据为基础，态势感知不仅能够主动采集安全信息，而且还要有处理和分析安全大数据的能力，分析和处理安全信息不仅仅局限于外部情报数据，更要结合内部网络环境、内部潜在风险，才能给出最精准的安全风险信息。

态势感知不是书呆子，不能简单地利用规则库信息做出判断，态势感知更应该智能化、动态地对数据进行处理、分析、判断。

安全态势感知可以理解为客户的安全大脑，是集分析、检测、预警、响应于一体的大数据安全分析平台。通过对危险情报的分析鉴定，结合机器学习、数据挖掘、行为分析检测、可视化等技术，实现对数据安全的把控。它是一个动态、实时的分析系统。目前态势感知理论上主要分为以下 3 个部分：对环境元素的感知、对状态的理解、对未来状态的预测。获取环境中的态势要素，并通过相应技术进行理解，对未来状态进行预测，从而做出相应的防范。

安全可视化越来越成为用户对于态势感知的新要求。态势感知能够提供大屏显示，让用户对目前及未来的风险一目了然，让用户了解到目前的安全状态、潜在风险威胁、解决方法及处理意见等。

光知道威胁不能解决风险，显然不是合格的态势感知。态势感知，类似一种形而上学的词汇，具有快速响应的能力是态势感知落地的关键。

发现威胁风险后，态势感知能够协调安全设备节点进行快速响应和解决才是关键。态势感知能够在发现攻击前，协同安全设备一同阻断攻击；在潜在风险攻击前，做出响应和处理。高效、及时地响应并且解决安全威胁才是合格的态势感知。

智能化管理系统利用设备状态画像及态势感知技术，可以对高速公路的网络信息资产进行识别和统计，并对资产行为展开分析，从而找到资产上暴露出的脆弱性和安全风险，同时对服务器及计算机终端用户的操作系统、用户账户、终端变化等信息进行统计和分析，通过资产信息变化和资产行为感知到安全威胁的存在和危害（图6-11），并涵盖以下几个方面的功能。

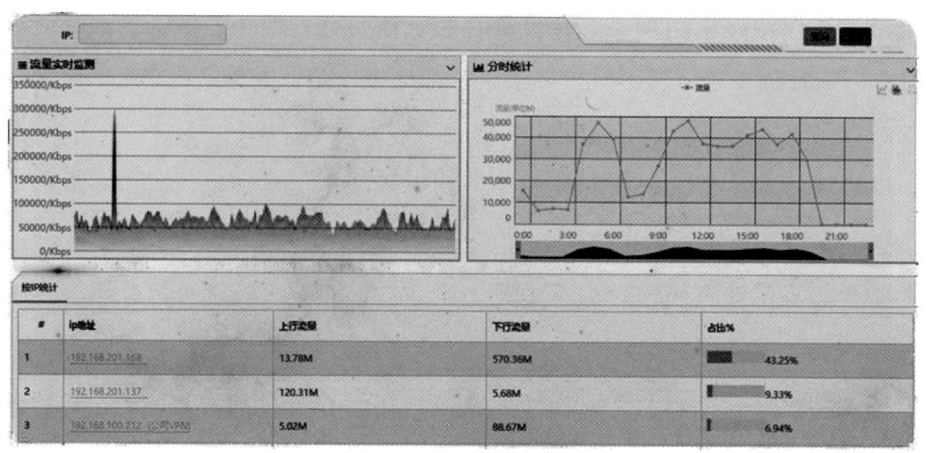

图6-11　智能化管理系统

第一，通过智能化管理系统可以列举比较详尽的高速公路信息，根据不同用户的需求，定制不同的养护报告；

第二，通过智能化管理系统可以检测高速公路的相关信息、已知威胁及养护信息，利用计算机的智能技术，让其自主进行评测判断，及时进行预警；

第三，智能化管理系统利用神经网络及线性拟合的相关预测技术，根据已知的养护成本，可以推算出未来所需要的养护资金，为养护预算提供了依据。

（四）设备监控知识图谱

知识图谱也可称为知识域可视化或知识域映射地图，是个新兴的概念，是Google于2012年提出的。它可以描述不同知识之间的联系和差异，并通过可视化的图谱形象展现出来。它可以把复杂的知识领域通过数据挖掘、信息处理、知识计量及图形绘制，让展示更加简单化，为其他领域提供借鉴。

知识图谱具有几个方面的重要特点：一是知识图谱离不开用户，用户越多，使用频率越高，它的效能也就越高；二是许多字串通过知识图谱有了新的意义；三是全面，知识图谱融合了所有的学科，用户在搜索过程中会更加顺畅，不会出现分界之类的现象；四是准确深刻，用户在搜索的过程中，总能准确地查找到所需要的信息，还能发掘到更深层的意义；五是用户能直观系统地看到与关键词相关的知识体系；六是互联性高，用户只需要登录其中一种在线服务，就能在其旗下所有服务中数据互通，非常便捷，能获取到更多的公共资源。

（五）数据交互实现方法

智能设备预防性养护分析系统部署在交通监控中心，在交通监控中心的服务器上安装分析软件，通过远程方式提供诊断服务。地面部署部分的架构如图6-12所示。

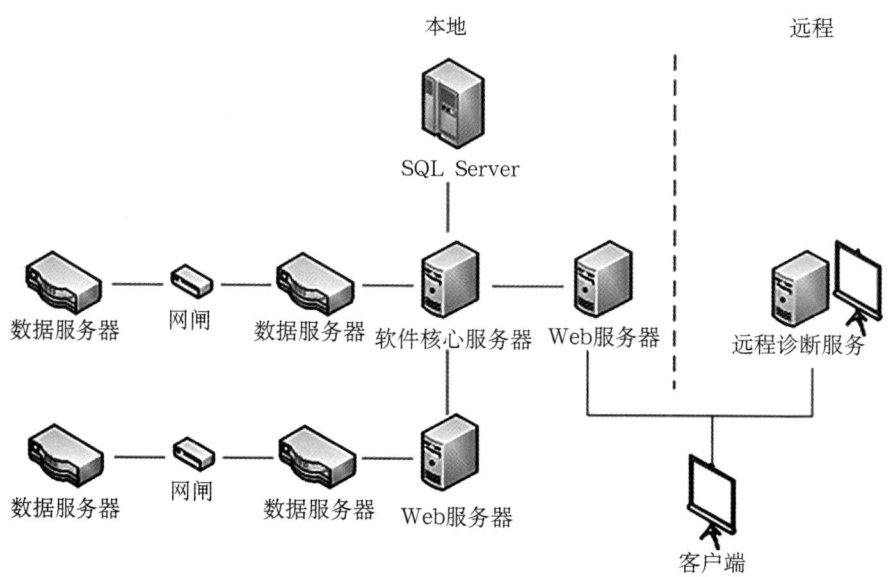

图 6-12　地面部署部分架构

在后台服务器数据交互方面,包括大数据分析系统的诊断结果、设备资产管理系统的工单及执行状态。首先介绍一下网闸。网闸也称为网络安全隔离设备,是一种专业硬件,架设在两个不连通的网络之间,按照需求在一定的限制条件下,安全地完成网络之间数据资源的传输。

数据服务器是以无线网络的方式接收实时感知数据的,然后将数据压缩存储在网闸中。相应的程序客户端又将文件通过物理隔离网闸发送到服务器中,写入数据库。

数据库部署在核心服务器上,通常部署 Historian 这样共享开放、效率高的实时数据库实时存储数据,它可以用于对数据源进行预测分析。

智能设备预防性养护分析系统通过部署 SmartSignal 核心服务器进行预测性分析。客户端通过安全 VPN 连接远程诊断服务,通过知识图谱进行诊断分析,最后在 Web 服务器传给客户端所需求的分析结果。数据保存在本地服务器中,通过高安全性的 VPN 访问数据,并对防火墙进行配置,仅允许认证过的计算机连接到客户的服务器。

第四节　具有预防性养护功能的资产管理系统

本书作者团队在现有供配电系统的基础上,充分利用上述人工智能技术开发出资产管理系统(图6-13)。系统由数据采集层、通信网络层、软件处理层和平台控制层构成,管理对象涵盖了照明系统、监控系统、通风系统、消防系统、供配电系统等高速公路交通机电设施。资产管理系统对设备的健康状况、事件、优先级做出分析和判断,并将分析结果输入设备资产管理系统,作为设备的维修依据。

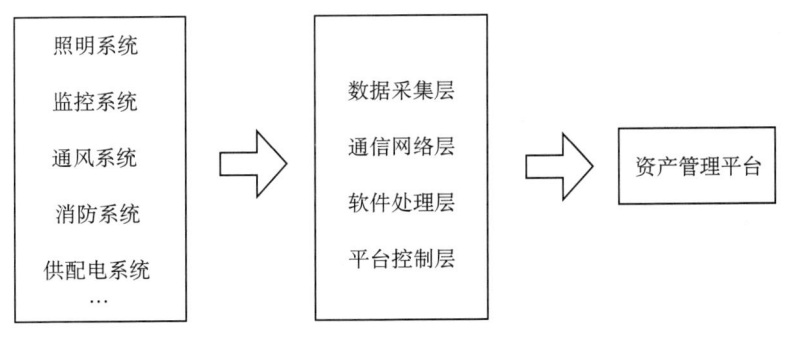

图 6-13　资产管理系统

在数据方面,可以建立静态或动态数据库。所谓的静态,是指数据或参数比较稳定,不会经常变动,如交通机电设施的额定电压、电流、功率等。动态数据库中的数据变化就会比较频繁,通常为需要实时采集的数据,如动态时刻某交通机电设施的电压、电流、谐波、运行状态等值,这些动态参数是进行故障诊断和预判不可或缺的数据。数据感知类型如图6-14所示。

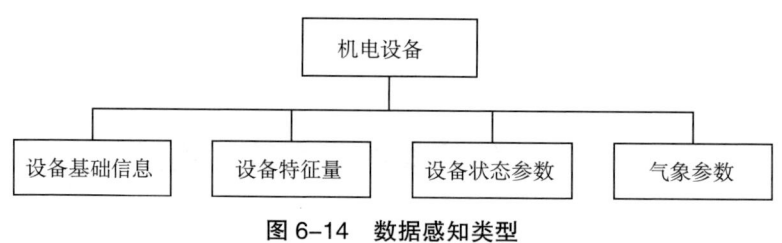

图 6-14　数据感知类型

设备基础信息,即设备在制造出厂的同时,就拥有了如名称、型号、出厂编号、制造厂家、出厂日期、技术指标、安装方式及相关技术规范等固有基础信息;设备特征量,对于机电设备而言,包括电压、电流、功率、运行时间等;设备状态参数,是设备特征量的额定值,通常情况下,设备在此参数下工作运行状况最稳定、寿命最长,是设备的最理想运行状态;气象参数,包含了温度、湿度、光照辐射、气压等环境参数,是影响设备运行的重要参数,甚至在某些情况下,环境因素会成为影响设备性能、寿命的关键因素。

在预防性机制方面,资产管理系统基于故障诊断及预判技术,建立专家系统和诊断机制,完成机电设备故障知识的获取、推理和诊断工作,其过程如图 6-15 所示。

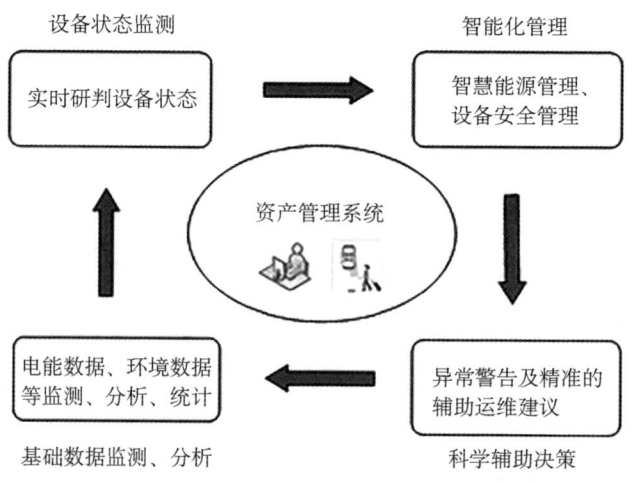

图 6-15　资产管理系统

第六章 人工智能可成为交通机电设施的家庭医生

在用户功能方面，资产管理系统能够实现机电设施基础数据及运行数据的采集、存储、处理、分析及可视化。根据用户需求，提供包括设备运行状态、状态评估、性能参数、性能评估、异常预警、故障诊断、指标预测、态势感知等各种数据服务，保障交通机电设施正常运行。详细来说，包括以下几个方面。

第一，通过故障诊断及预判系统对运行参数及周边环境参数进行收集、分析和处理后，可以精准地呈现出各电气设备及整个供电网络所处的运行状态，对已经发生的故障做出快速诊断和定位，并对今后一段时期内的运行趋势和即将发生的故障做出精准预判。

第二，系统还可以根据事先设定好的权限向运维人员发出故障预警、执行或下发多种指令，确保在事故发生前消除故障隐患，最大限度地避免设备在运行过程中发生故障，达到提前防范的目的。实现途径包括：通过采集电压、电流等实时数据，判断设备健康状态；建立概率诊断模型，建立比对数据库，对设备性能进行状态评估；建立整体的运行曲线，从正常运行的曲线上来分析设备是否损坏（图6-16）。

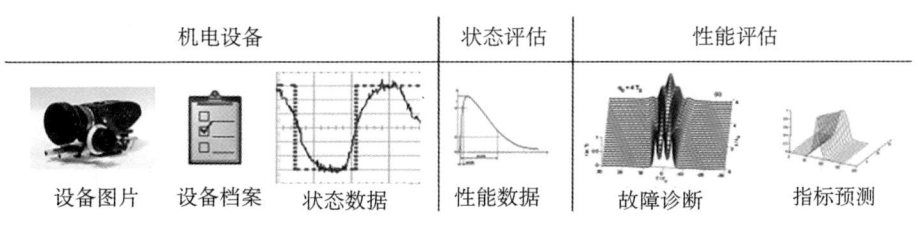

图 6-16 用户功能

第三，针对相关高速公路网络信息资产进行识别和统计，并对资产行为展开分析，从而找到资产上暴露出的脆弱性和安全风险，同时对服务器及计算机终端用户的操作系统、用户账户、终端变化等信息进行统计和分析，通过资产信息变化和资产行为感知到安全威胁的存在和危害。基于异常行为、终端行为、APT行为、资产变化、安全事件等不同维度的数据，统计和分析智慧高速网络中存在的安全威胁和风险,再以图形化的方式进行展现。同时围绕安全事件及事件关联的 IP 地址(目的地址和源地址)展开关联分析而获得安全态势。安全管理如图 6-17 所示。

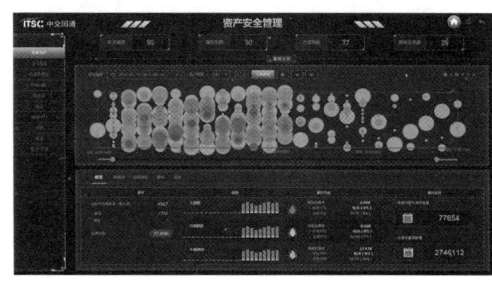
a 资产安全管理

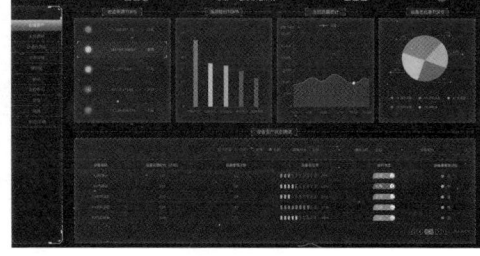
b 资产态势感知

图 6-17 安全管理

资产管理系统的目标是有效地对设备进行预防性养护,通过采集到更为精细的数据,并对采集的实时数据进行充分处理和分析,实现对故障的精准预判、定位、原因诊断和处理。对于故障率较高的设备可以有效安排维修资金,有针对性地增加防护设备,最终实现减少设备故障,降低对交通的干扰,整体提高交通安全,从而更好地为交通服务(图 6-18)。

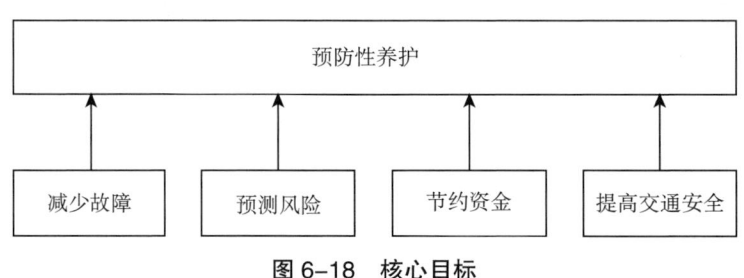

图 6-18 核心目标

本章小结

随着人工智能时代的来临，通过人工智能结合预防性养护的创新方式来解决交通设备管理及维护难点。资产管理系统正是充分利用人工智能技术，解决了交通行业设备管理体系运营成本高、管理粗放、智能化水平低、设备故障率高等问题，实现了对资产系统化、动态化的统筹管理，提升了资产管理的精细化水平。

第七章

人工智能提升交通能源供给新业态

习近平总书记在中央财经领导小组第六次会议上的重要讲话强调：能源安全是关系国家经济社会发展的全局性、战略性问题。对国家繁荣发展、人民生活改善、社会长治久安至关重要。面对能源供需格局新变化、国际能源发展新趋势，保障国家能源安全，必须推动能源生产和消费革命。交通行业是用能大户，能源供给变革更加迫切。现阶段，我国交通行业能源供给系统大部分延续着20世纪90年代的技术体系，虽在早期公路发展过程中发挥了重要的支撑作用，但也存在着一系列行业关键技术难题，如智能化水平低、建设与运营成本高、能源消耗大及利用率低、关键设备的能源事故对交通安全造成一定影响等。随着新一代人工智能、智能制造技术的蓬勃发展，推动大数据、互联网、人工智能、区块链、超级计算等新技术与交通行业深度融合，加强交通基础设施网、运输服务网、能源网与信息网"四网合一"发展，构建泛在先进的交通信息基础设施是支撑交通强国建设的重要举措，安全、经济、智能、节能的能源网建设势在必行。

第一节 概 述

一、能源是交通发展的基础保障

信息、能源及交通技术构成了人类科技发展的"三驾马车",从每一次工业革命的历程不难看出,三者相辅相成、不可分割(图7-1)。

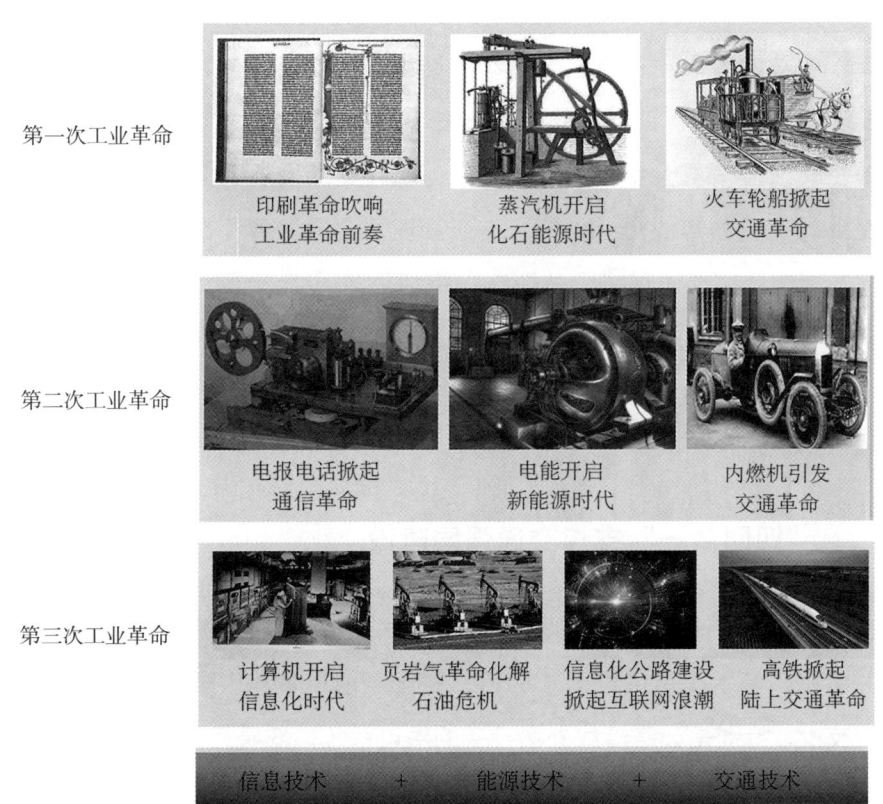

图 7-1 信息技术、能源与交通相辅相成的发展历程

第一次工业革命。机械化浪潮的开始,印刷术作为信息技术吹响了工业革命前奏,蒸汽机技术开启了化石能源时代,而能源的发展推动火车、轮船掀起

了交通革命。

第二次工业革命。电气化浪潮，电报电话掀起了通信技术革命，电能开启了新能源时代，而内燃机引发了交通质的革命。

第三次工业革命。信息化浪潮，计算机开启了信息化时代，能源结构的优化和调整化解了能源危机，信息化公路建设掀起了互联网浪潮，而高速公路、高速铁路的快速发展推动了陆上交通革命，能源成为保障高速公路、高速铁路发展的基本动力。

第四次工业革命已悄然而至，智能化浪潮将再次驱动"三驾马车"齐驱并进。世界新一轮技术革命正在重塑全球经济结构。在交通运输领域，互联网、大数据、云计算、新材料、新能源的重大突破，新技术、新模式、新业态不断涌现，正在催生交通运输重大变革。能源将作为现代交通发展的必要基础保障，前面章节提到的交通感知、交通大脑、交通管理及交通服务都离不开能源，没有稳定可靠的能源，交通管理将无从谈起，特别是2019年全国取消省界收费站后，ETC门架系统的供电系统成为能否实现正常收费功能的重要决定因素。因此，在未来能源将以全新的面貌源源不断地为交通发展提供动力，并保障交通安全稳定运行。

二、"四网合一"支撑交通强国建设

在20世纪80—90年代我国高速公路建设伊始，能源供给在公路行业建设要求并不高，基本满足供电需求即可，对于电能质量、供电效率、建设成本等考虑得较少，特别是公路沿线外场设备的供电系统，低质量、低效率、高能耗、故障性断电等现象成为常态。随着近年来交通向着智能化发展，智能设施爆发性增长，能源供给的主要矛盾不再是供给不足与需求增长的矛盾，而是安全、经济、节能、智能需求与发展不匹配的矛盾，这也使传统电力系统在交通行业已逐渐力不从心。近年来，无论从国家层面还是交通行业层面，对能源的重视程度越来越高，对能源供给的质量要求都经历了量变到质变的变化。

第七章　人工智能提升交通能源供给新业态

2006年，《国家中长期科学和技术发展规划纲要（2006—2020年）》把交通运输业中的"交通运输基础设施建设和养护技术及装备""智能交通管理系统""交通运输安全与应急保障"列为优先主题，并提出要重点研究开发"交通运输业等高耗能领域的节能技术与装备，机电产品节能技术，高效节能……"等。

2016年，发展改革委、国家能源局、工业和信息化部发布的《关于推进"互联网＋"智慧能源发展的指导意见》指出了"建设能源生产消费智能化基础设施、多能协同综合能源网络设施、与能源深度融合的信息通信基础设施"等未来能源发展的十大重点任务。

2017年，习近平总书记在中央财经领导小组第六次会议上的重要讲话指出：推动能源生产和消费革命是长期战略，必须从当前做起，加快实施重点任务和重大举措。

党的十九大做出了建设交通强国的战略决策，这是赋予中国交通运输业的崇高使命。2019年，《交通强国建设纲要》正式发布，掀开了新时代交通发展新篇章。在《交通强国建设纲要》"科技创新富有活力、智慧引领"中明确提出："大力发展智慧交通，推动大数据、互联网、人工智能、区块链、超级计算等新技术与交通行业深度融合。推进数据资源赋能交通发展，加快交通基础设施网、运输服务网、能源网与信息网络融合发展，构建泛在先进的交通信息基础设施。"

由此可知，智能交通是未来交通发展的方向，是支撑交通强国建设的有力保障，而能源网又是"四网合一"的先进交通信息基础设施的重要构成部分，因此，能源变革已迫在眉睫，能源供给将面临新的发展机遇与挑战。

对于公路行业来说，能源的直接消耗体现在施工期及运营期。由于施工期是一次性消耗，而运营期则是几十年的持续消耗，因此，运营期能源供给是公路全寿命周期中的重中之重环节，也是公路安全稳定运行的重要保障。本章重点对公路运营期的能源供给现状及未来发展进行阐述。

第二节　公路能源供给发展历程及发展趋势

一、公路用能场景及特点

根据公路建设功能需求及建设特点，公路沿线的管理、服务及附属设施主要有收费站、互通区、服务区、停车区、养护工区、桥梁及隧道。一般情况下，高速公路每 15～20 km 就设有一处收费站，服务区则是每 50～60 km 设有一处。在收费站、服务区、停车区及隧道的出入口，一般需要设置摄像机、情报板等监控设施；在收费广场、服务区广场及部分桥梁和超过 300 m 的隧道都需要设置照明设施；公路沿线外场一般配置有摄像机、检测器、情报板等。根据公路沿线构造物、结构物分布及用能负载特点，公路运营期的能源消耗可以划分为以下几种用能场景（图 7-2），不同场景所需能源类型如表 7-1 所示。

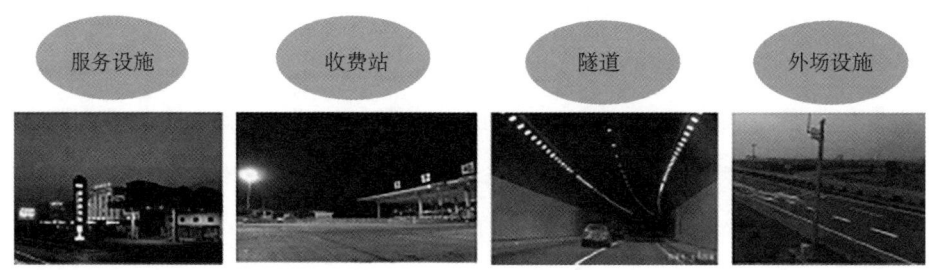

图 7-2　公路用能场景

表 7-1　不同场景所需能源类型

耗能设施		耗能项目	耗能设备	耗能种类
服务设施	服务区与停车区	服务区能耗	相关设备设施	电、水、柴油、燃气
		停车区能耗	相关设备设施	电、水、柴油、燃气
		办公用房	采暖	煤
		餐饮	餐饮设备	液化气

续表

耗能设施		耗能项目	耗能设备	耗能种类
服务设施	生活区	生活能耗	生活设备	电、水、其他
		用车能耗	交通车	石油
		办公用房	采暖	煤
收费站		收费车道	收费设备	电
		收费站监控系统	监控设备	电
		收费站照明系统	照明灯具	电
		收费站供配电系统	供配电设备	电
隧道		隧道照明系统	照明灯具	电
		隧道通风系统	风机	电
		隧道监控系统	监控设备	电
		隧道消防系统	消防设备	电
		隧道供电系统	供配电设备	电
外场设施		主线监控设施	监控设施	电
		主线通信设施	通信设施	电
		主线照明设施	照明灯具	电

服务设施用能。代表为服务区、停车区等场区用能，主要功能是满足道路使用者为车辆加油（加气或充电）、停车、休息、餐饮等需求。为了满足上述供能需求，服务设施主要用电负载可以归纳为建筑内照明、室外照明、监控设施、生活用电设施。一般情况下，服务区的用能设备相对比较集中、能源需求量大、能耗相对较高。以双向四车道高速公路、服务区建筑面积为 5000 m^2 为例，每年用电可达 739 600 kW·h。

收费站用能。主要是收费车道、收费广场等机电设施用能及收费站房的室内室外照明、通风、采暖及生活用能等。用电负载包括自动栏杆、费额显示器、车道控制器、车道摄像机、雨棚信号灯、空调、ETC 收费天线、计重设备、广场摄像机、收费广场照明、UPS 系统等，普通收费站一天用电为 1000～2000 kW·h，每年电耗 30 万～50 万 kW·h。

隧道用能。公路隧道各类设施的配置根据隧道长度、交通量的不同而有所区别。通常长隧道、特长隧道和部分中隧道用电负载主要以监控设施、通风设施、照明设施和消防设施为主，短隧道用电负载主要为照明设施。隧道的负载特点是数量多、能耗高，我国已建成通车的公路隧道里程已超过 9606 km，公路隧道每年耗电量为 294.51 亿 kW·h，电费为 264.53 亿元。

外场设施用能。公路外场沿线用电负载主要包括外场监控设施及具有照明需求的特殊路段照明设施。对于监控设施，一般沿道路延伸方向布设，呈带状分布，在互通间距或互通与服务区、停车区等间距较远的路段供电距离较长。对于有照明需求的路段，则照明设施是重要的用能单元，且其需要白天关闭、夜间开启，而一般采用的中压 10 kV 供电方案则无法随之关闭，使得线路中存在较大的线电容，造成较高的能耗。

由上可知，公路的用能需求主要具有以下几个主要特点。

一是在上述能源类型中，占据主要地位、支撑公路正常运营的能源是市电，即电力能源。公路各类用能设施 80% 以上的能源为电力能源。

二是负载呈带状分布、供电距离远，对于外场设施来说，最远供电距离可达 30～40 km。

三是负载种类多、能源消耗大。特别是隧道及全程照明的大桥、特大桥，每年消耗的电能数量惊人。采用传统低压供电方式，不仅建设成本高，而且电能在传输过程中损耗大；而采用高压供电方式虽然可以降低线损，但需要二次配电，建设成本高且供电系统复杂、能耗较高，甚至会出现供电系统自身能耗高于用电负载能耗的情况。

四是使用环境相对复杂。由于公路外场设施一般设置在野外，设备运行环境相对较为复杂，高寒、高温、冰冻、潮湿、盐雾等环境多见，无论是对用能设备还是对供能设备都提出了较高的要求。

二、行业面临的痛点问题

随着交通运输行业向数字化、智能化进一步发展，用电负载也朝着"五越"发展，即设备越来越多、设备越来越精密、供电距离越来越远、智能化水平要求越来越高、供电环境越来越复杂，这就要求供电系统至少要满足下列功能：一是满足稳定的供电需求；二是环境适应性高；三是建设成本经济、合理；四是全寿命周期内节能，降低能耗；五是后期运维的便利性。

面对上述对供配电系统越来越高的技术要求，传统的机械式供电方案已力不从心。从公路发展历程的角度来看，公路供能经历了怎样的变化呢？如图7-3所示，公路供能基本上分为5个阶段，其中，前3个阶段始终围绕如何实现"输、变、配、用"这4个环节，而第五个阶段是一个较为高级的命题，是需要将所有环节彻底打通，建立各环节、各角色之间更充分、更复杂的融合关系，使供能设备、用能设备和管理者更巧妙地成为一个有机整体。

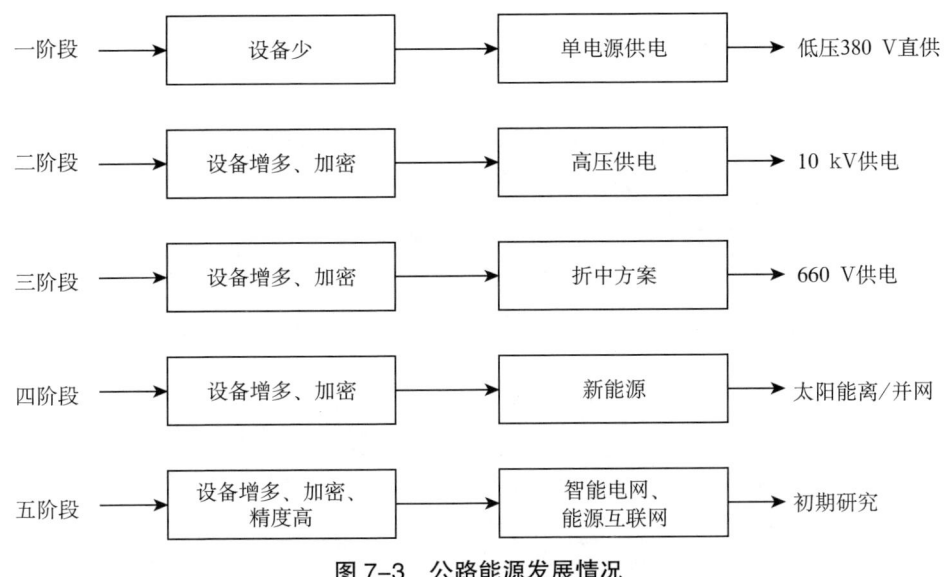

图7-3 公路能源发展情况

对于公路的供配电系统来说，目前大部分仍延续着20世纪90年代的技术体系，其在一定的历史时期肩负着重要使命，满足有限负载的电力供给需求，但随着技术的不断发展，传统的供电方案逐渐暴露出一系列行业关键技术难题。

一是投资和运营费用高。随着公路工程的大规模发展及全程监控的出现，在供电距离较长路段，为了满足末端负载的供电要求，设计者往往需要根据末端压降选择电缆截面，导致采用低压供电方案电缆线径较粗，建设成本高居不下。同时，长距离供电的低压配电电缆有功和无功损耗会给长期运营造成比较大的浪费。

二是电能质量低、设备故障率高、使用寿命短。公路机电系统中如果供电系统的电能质量较差，电源会存在电压的暂降、暂升、短时间中断、过电压、电压波动与闪变、电力谐波、电压不平衡、电压偏差、频率偏差等一系列问题，造成设备故障率高。

当前供电系统中，大多采用三相四线制，系统需要采取措施使得三相负载平衡以降低设备和线路损耗。由于高速公路用电设施基本为单相用电，接入三相系统时，需要保证三相负荷基本相同，但在实际工程中，由于多种条件限制，往往很难做到三相平衡（图7-4）。

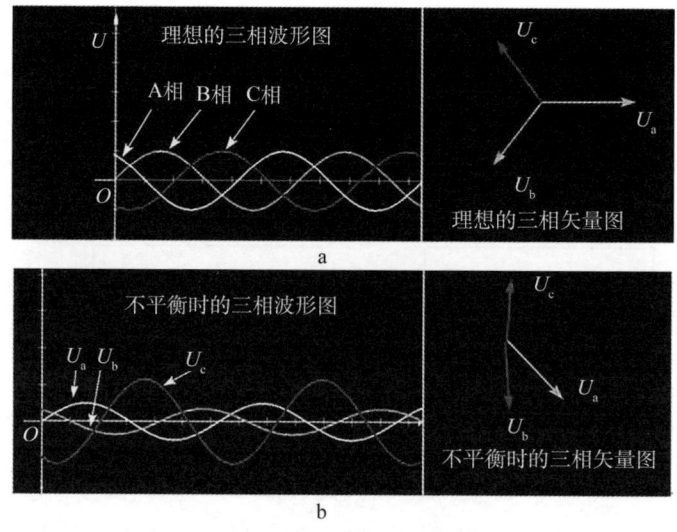

图7-4　三相不平衡

三是用能设备效率低、能耗大。变压器"大马拉小车"现象突出,大多数投入运营的隧道变压器负载率都在10%～30%,造成极大的资源浪费,也是造成隧道运营期间电费偏高的主要原因。

功率因数是衡量供电系统技术经济性的一项重要指标。用电设备在消耗有功功率的同时,还需要大量的无功功率,而功率因数反映的是用电设备在消耗一定的有功功率的同时所需要的无功功率。

公路外场机电设备大多为非线性负载,功率因数较低。外场设备若未配备无功补偿,则线路损耗较大;而配备了电容补偿柜后,若补偿效果不明显,仍会使设备的有功功率较低、无功功率较高,造成能源利用率较低。如表7-2所示,以实测外场情报板功率因数为例,该情报板的实际工作功率为939.1 W,视在功率为1420.0 VA,功率因数仅为0.660。

表7-2　外场情报板功率因数监测数据

	电压/V	电流/A	功率因数	有功功率/W	无功功率/Var	视在功率/VA
A相	219.7	1.974	0.633	274.5	334.9	432.7
B相	219.5	2.417	0.650	344.9	402.9	529.9
C相	217.9	2.102	0.698	319.7	328.0	458.2
总和	219.1	2.164	0.660	939.1	1065.0	1420.0

四是智能化水平较低。传统供配电系统由于是基于机电技术的供电网络,网络中传感器使用率低或没有使用传感器,使用户无法及时获取系统中各个环节的电力参数,供电系统也无法根据负载的变化做出响应。由于我国大多数已经投入使用的隧道并没有供电监控系统,无法实现对供配电系统的实时监控,在故障发生后,只能人工采取相应的措施。已经研制出的简单供配电监控系统,也只是对设备的各种电压、电流参数进行简单监测。

三、能源供给发展方向

随着交通机电设施规模和数量越来越大,自动化、智能化程度也越来越高,促使公路供配电系统的供能侧和用能侧架构出现了新变化。一方面,快速发展的信息技术和电力电子技术在公路能源供给系统中得以广泛应用,使得能源系统的可靠性达到新的高度;另一方面,支撑智慧公路、车路协同、自动驾驶等未来交通发展所需的设施设备对能源供给提出了更高的要求。智能化的能源供给及管理方式是未来能源发展的必由趋势。由此可见,未来交通行业能源网络发展或将出现以下趋势。

第一,"四网合一"支撑交通强国建设是交通能源网发展的终极目标。从我国交通发展趋势来说,推动大数据、互联网、人工智能等技术与交通行业深度融合,加速交通基础设施网、运输服务网、能源网与信息网络的有效融合是未来交通发展的总体趋势。

第二,集中式电网供电开始捉襟见肘,分布式能源供给成必然趋势。为了管理更加复杂的能源系统,使电网变得更智能化似乎成了不争的事实。通过应用数字技术,未来的智能电网或将可以连接单个发电端和用电侧,形成集成性的能源网络,从而确保可靠、稳定的电力供应。

第三,数据分析结果指导节能控制策略的制定。就能耗监测技术而言,很多重点能耗行业都进行了较为深入的研究,也取得了一定的成果。但能耗监测数据在节能工作中的应用却还有较长的路需要走,大量数据监而无用。所以,未来需要加大研究能耗监测数据在节能管理工作中的应用,发挥数据优势,用数据分析结果来指导控制策略的制定。

第四,管控更加细化。所有的设备均具有一定的使用寿命,传统的人工巡查及事后维护模式已经无法适应新科技、新技术的发展需求,因此,未来设施设备的运维管理将从传统的定期巡检逐步向实时状态监控、检修转变,而设施设备的智能管控实现了对设备的精准定位,大大提高了检修效率。

第五，托管运维大有可为。能耗监测系统的专业性较强，可以采用"平台+运维+技改"服务的模式，基于设备与能源管理服务平台，结合专业运维服务团队，为客户提供能源托管、机电运维托管、节能诊断与审计、节能技改与设备更新、分布式能源站建设等多种设备与能源管理服务，实现用户的安全可靠高效用能。

第三节　人工智能结合能源互联网推动交通能源转型

前面章节已经提及人工智能是能源电力转型发展的重要战略支撑，既有助于优化能源结构，还可以加速推进全产业链的网络建设，将各类供能设施、用能设施及电能传输介质关联在一起，进一步实现互联网化和智能化。人工智能推动能源行业转型发展，新的挑战和机遇也随之而来。

一、快速自愈动态响应的电能质量优化技术

三相不平衡、电压波动与闪变是降低公路机电系统电源质量的重要因素，为此，电源质量优化技术路线如图7-5所示。

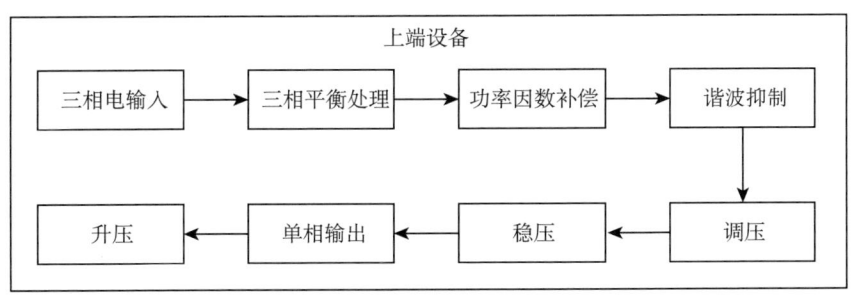

图 7-5　电源质量优化技术路线

公路机电系统以三相市电作为电源输入端。电源质量优化技术应从源头出发，将三相电进行三相平衡处理，输出平衡后的单相电作为交通机电设施的供

电电源，再进行稳压控制，降低电压波动与闪变对机电设施的影响。

（一）三相不平衡优化技术

三相平衡技术将电力输入端的三相电进行智能负载均衡，利用负荷分相补偿的电力电子技术，将三相电的不平衡度进行分相补偿，转化为单相电进行电力传输，解决了三相不平衡的问题。

三相平衡处理模块需要多个CPU进行协调控制，这些CPU共同组成控制网络，CPU之间采用CAN总线通信，从而实现监控、调制、显示及通信的模块化功能。通过多CPU之间的协调控制，智能均衡负载，平衡各相之间的负载关系，实时调整输出状态，满足实际的三相负载平衡的要求，实现无主均流的工作模式，从而实现单相输出的设计需求，满足负载的用能需求。

（二）电压波动与闪变优化技术

电压波动和闪变通常是由具有一定统计特征的波动性或冲击性负荷造成的。电压波动和闪变的程度，与供电系统短路容量的大小、供电网络的结构及负荷的用电特性等有关，因而，电压波动和闪变的抑制必然要从用电设备的改善、供电能力的提高及补偿设备的采用等几个方面来采取相应的措施。

在公路机电系统负荷中，无功功率变动量是导致电压幅值波动的主要因素，因此，安装无功补偿装置是最常用的技术措施。大部分用于改善和提高电源质量的补偿装置，都有抑制电压波动与闪变的功能。在公路供配电系统中合理进行无功补偿，可提高供电网运行电压的稳定性，减少电能的损耗，挖掘供电设备的能力。

随着电力电子技术的发展，静止无功补偿装置有了很好的发展。静止无功补偿装置通常是专指使用晶闸管的静止无功补偿装置，它包括晶闸管投切电容器（Thyristor Switched Reactor，TSR）和晶闸管控制电抗器（Thyristor Controlled Reactor，TCR，原理图及电压—电流特性曲线如图7-6所示）及两者的混合装置。它是一种静态无功发生器与无功吸收器的并联装置，与调相机这一传统无功补偿装置比较，静止无功补偿装置具有无旋转元件、可靠性高、可快速调节无功补偿功率大小等优点。静止无功补偿装置可控制母线电压在一定的水平上，减少迅速波动的负荷造成的电压波动和闪变。

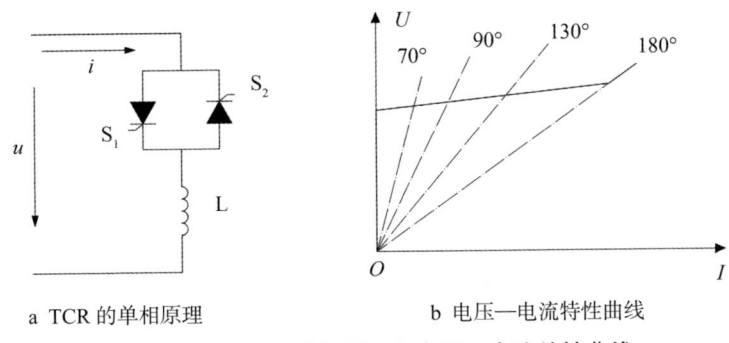

a TCR 的单相原理　　　　　b 电压—电流特性曲线

图 7-6　TCR 的单相原理和电压—电流特性曲线

TSR 补偿器可以很好地补偿系统所需的无功功率，如果级数分得足够细化，基本上可以实现无级调节（图 7-7）。但 TSR 对于抑制冲击负荷引起的电压闪变，单靠电容器投入电网的电容量变化进行调节是不够的，所以 TSR 装置一般与电感相并联，其典型设备是"TSR+TCR"补偿器。这种补偿器均采用三角形接线，以电容器作分级粗调，以电感作相控细调。

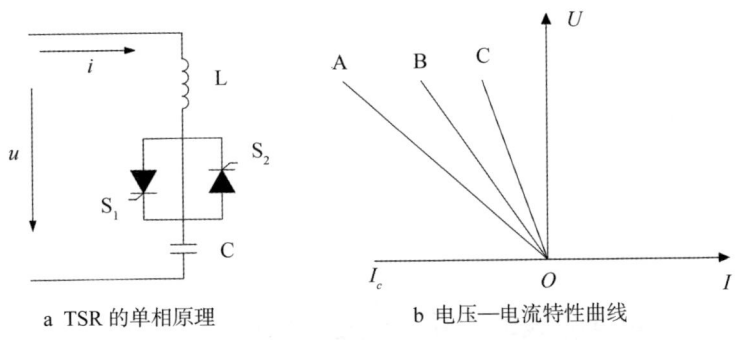

a TSR 的单相原理　　　　　b 电压—电流特性曲线

图 7-7　TSR 的单相原理和电压—电流特性曲线

(三) 快速滤波技术

快速滤波技术就是要解决公路机电系统中电力谐波所带来的一系列问题。公用电力系统的谐波治理方案通常是采用滤波器对谐波进行抑制。谐波滤波器的种类很多，主要有串联调谐滤波器、双带通滤波器、阻尼滤波器、解谐滤波器等，但仍存在一定的技术"瓶颈"，如滤波特性由电源阻抗来决定、低于最低调谐频率时阻抗特性变坏、不能完全滤除非特征谐波、滤波效率低等。

为了解决上述问题，使得公路供配电系统的谐波得到充分、快速抑制，有效降低其对交通机电设施的影响，可针对交通机电设施不同谐波源设计不同的谐波治理方案，有针对性地对谐波进行治理。

一是变压器谐波治理方案。由于变压器作为谐波源所产生的谐波是因为所使用的磁性材料通常在非线性区域运行，导致变压器电压或励磁电流是非正弦的，所以可以设计采用特殊的变压器联结方式来减少谐波。例如，三角形联结变压器阻隔了零序3倍数谐波的流通，保护电源侧的同时也可以保护负载侧的交通机电设施。因为三角形联结变压器的零序电流将只会在三角形中流通，不会出现在电力系统线路中，避免了谐波的干扰。

二是容性负载谐波治理方案。交通机电设施中容性负载谐波治理方案的工作原理是采用调谐电抗器，并使其在调谐频率下的感性电抗值等于电容器的容性电抗值，改变电源到容性负载之间的感性电抗，避免与电源之间的并联谐振。利用谐波抑制稳压控制器对电力谐波产生的类型进行实时监测，根据谐波状态智能地切换滤波方式，有针对性地对电力谐波进行分类抑制，提高滤波效率，实现快速滤波。

二、基于CAN总线的大功率无主均流技术

单体功率器件由于受功率、性能、安全性及成本的综合限制，无法适用于一些大容量电源应用场所，而将多个单体模块电源并联运行已成为解决大容量

电源应用的主要途径，因此，解决单体模块的并联运行均流控制就十分重要。基于 CAN 总线的电源模块并联是目前较优的一种技术方案，其使用无主均流法实现了模块之间的并联均流。

（一）冗余 CAN 总线方案

CAN 全称为控制器局部网，CAN 总线最初是由研发和生产汽车电子产品的德国 BOSCH 公司开发的，目的是解决汽车中众多的控制与测试仪器之间的数据交换。由于高性能和极高的可靠性，CAN 总线已被广泛应用于工业自动化的多个方面，成为业界最有前途的现场总线之一。

CAN 总线是一种串行数据通信协议，通信介质可以是双绞线、同轴电缆或光导纤维，通信速率可达 1 Mbit/s。CAN 总线通信接口中集成了 CAN 协议的物理层和数据链路层功能，可完成对通信数据的成帧处理，包括位填充、数据块编码、云环冗余检验、优先级判别等各项工作。CAN 协议的一个最大特点是废除了传统的站地址编码，而代之以通信数据块进行编码。采用这种方法的优点是可使网络内的节点个数在理论上不受限制，数据块的编制码可由 11 位或 29 位二进制数组成，因此可以定义 2^{11} 个或 2^{29} 个不同的数据块，这种按数据块编码的方式，可以非常灵活地控制节点的通信对象和通信来源，如使不同的节点同时接收相同的数据。数据段长度最多为 8 个字节，8 个字节不会占用总线时间过长，从而保证了通信的实时性。

上述的单体功率器件并联运行时，如逆变模块（图 7-8），采用的通信方式一般就是 CAN 总线，各模块无主从关系，通过 CAN 总线相互连接。

多个逆变模块运行过程中会产生强电磁干扰，这不仅需要在硬件上进行防护，还要在软件通信机制上采用双冗余可恢复 CAN 总线的通信机制，以保证系统运行稳定。系统的两条 CAN 总线采用冷备份的冗余机制，同一时刻只有一条总线处于工作状态，而另外一条处于冷备份状态。当处于工作状态的总线发生故障时，立即切换至备份总线进行通信。这种冷备份冗余机制相对于热备份（两

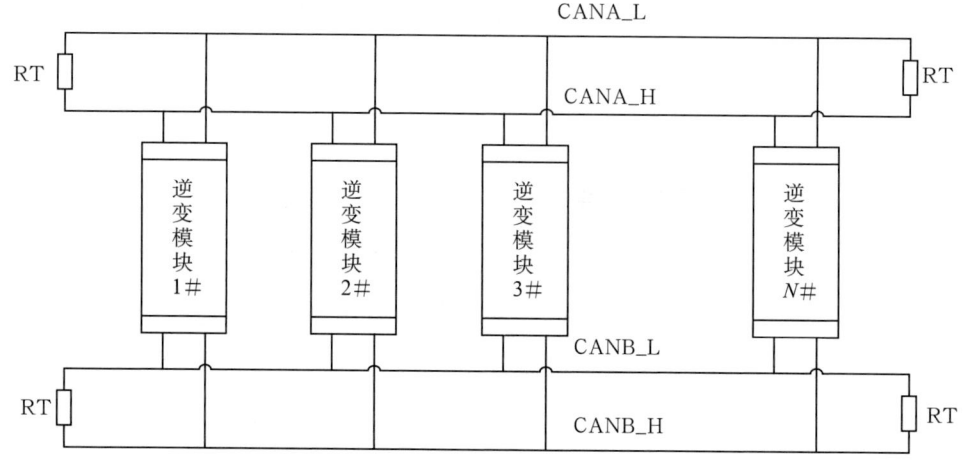

图 7-8 逆变模块各个控制器基于 CAN 总线的连接

条总线同时运行）机制，可以减少处理器接收发送数据的负担，同时，电磁干扰对处于冷备份的总线没有影响。当两条 CAN 总线均发生故障时，系统在两条总线间切换，直到干扰消失，CAN 总线恢复。

总线网络中是由通信控制模块发起总线的通信，因此，CAN 总线的切换也通过主模块来完成，而要实现总线的切换，CAN 总线的故障判断是前提条件。CAN 总线故障的原因主要分为两种：第一种是总线发生严重干扰、短路、断路等故障；第二种是 CAN 通信线终端及 CAN 节点损坏等硬件故障。针对第一种故障，CAN 控制器可以通过内部错误寄存器检测到并置位相应的寄存器；而第二种故障由于未发生总线错误，CAN 控制器不能检测到。由于通信采用主动发送和周期通信两种方式，每次通信能够接收和发送数据，可以通过是否有数据返回来判断第二种故障。

（二）逆变模块并联无主均流技术

所谓的无主均流系统，即整个系统中没有主模块和从模块之分，而是根据输出电流进行动态调整，电流最大的模块是均流目标，其他模块向其调整。图 7-9 是两个相同构造模块的无主均流法均流控制电路，它们有各自的电压反馈环节。

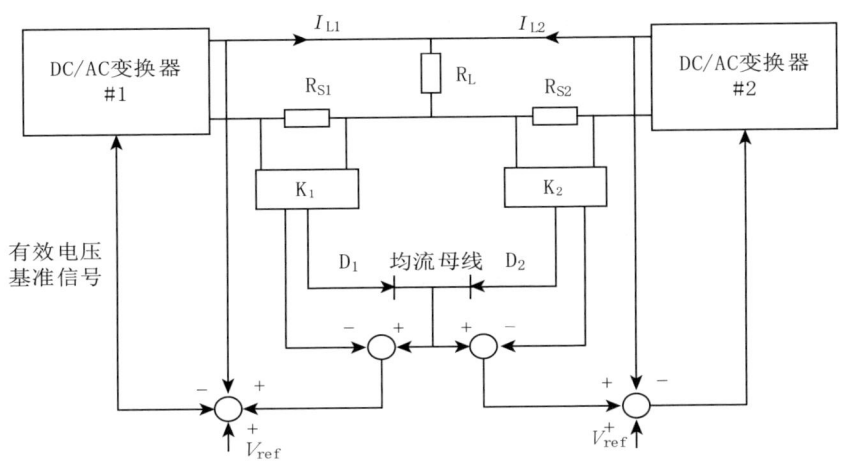

图 7-9　无主均流的并联 DC/DC 模块

根据最优控制理论，最优控制系统即可实现全状态反馈的系统，其响应的误差平方积分指标最小，因此，在调节系统中取输出电压和电感电流两种反馈信号实现双环控制是符合最优控制规律的。系统的母线输出电流可作为反馈量，设计电流内环控制器，对系统进行恒流输出；输出电压反馈可与恒压参考值、均流参考值、并联模块优化算法得出的参考值构成电压外环控制器，实现并联模块的协调控制。

均流电路嵌在电压环节的补偿电路中，通过有效电压基准信号迫使并联工作的变换器进行均流，而有效电压基准是芯片内部提供电压基准与来自均流电路的信号之和。不考虑系统启动的情况下，具有最低电压环路增益的变换器自动成为主机，其他模块则成为从机。此时，均流母线电压正比于主机输出电流。主机的有效电压基准并不受均流母线的影响。

第四节　人工智能条件下的新型供能技术

本书作者团队自 2010 年起开始研究交通行业信息化与实体制造的深度融合，致力于实现可靠、经济、高效、环境友好和使用安全、互动的电力供应和具备增值服务的公路能源供给目标。突出"人工智能、互联网＋交通运输能源供给"的技术应用，形成能源互联网。在能源互联网的理念指导下，对交通传统能源供给系统进行改进与优化，使其信息化与智能化水平等得到大幅提升，提高交通基础设施的智能化水平，实现支撑交通强国建设中"四网合一"的能源互联网。

一、分布式智慧节能供配电系统

分布式智慧节能供配电系统是脉冲宽度调制（PWM）和无主均流技术与交通能源供给深度融合的产物之一，为交通行业解决大功率单相供电提供了重要技术手段，成为集安全、智能、高效、绿色于一体的新型供配电体系。它将能源生产端、传输端、消费端数以亿计的设备、机器、系统连接起来，以大功率单相供电、模块精细化感知和高质量电能优化为突破点，解决了交通行业向"互联网＋"发展中面临的能源供给建设运营成本高、智能化水平低、能耗高、设备寿命短、供电质量差等一系列行业痛点问题，为高速公路管理者和决策者构建新型供电网络提供有力的数据支撑。

分布式智慧节能供配电系统结合了公路用能的特点及工程实际情况，其主要原理是将输入的三相电处理成单相电，将处理后的单相电能通过电缆进行传输，在用电点再通过下位机将传输电压转变为 380 V/220 V 向负载供电，并具备远程、智能电源管控系统，如图 7-10 所示。

一般情况下，分布式智慧节能供配电系统在收费站或服务区的配电房设置上端电源设备，在负载端设置下端电源设备，上下端设电源设备通过单相电缆相连，并设置数据采集及通信设备，从而在大功率远距离供电能力、智能通信和远程开关控制能力、电力监测和能耗监测能力、隔离防护能力及电能质量净化能力方面得到显著提升。

第七章　人工智能提升交通能源供给新业态　201

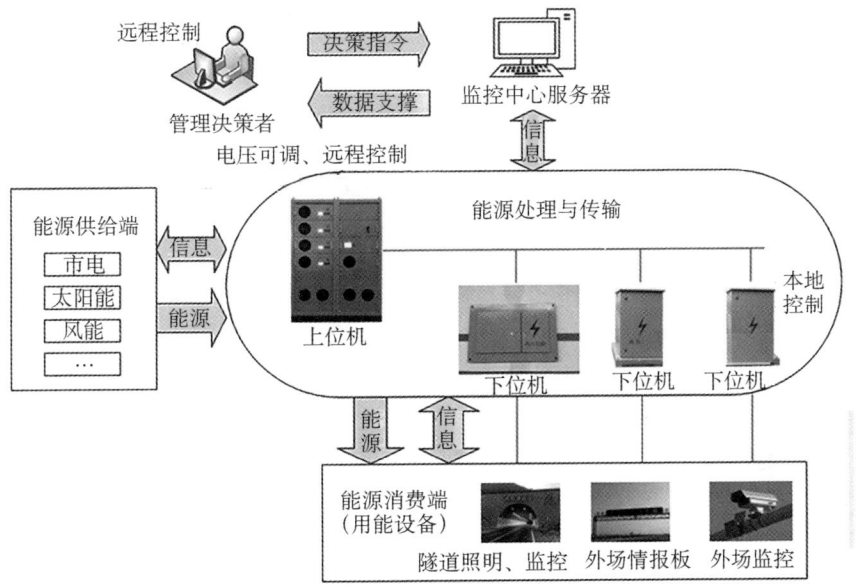

图 7-10　分布式智慧节能供配电系统

采用 PWM 及无主均流技术。国际领先的多电力模块无主均流并联工作技术可有效解决单相供电难以超过 100 kVA 的技术难题，实现 1 MVA 以上超大功率单相分布式智慧供电技术，满足行业对超大功率、远距离供电系统的迫切需求，助力提升供电能力。

采用通用芯片及底层算法。采用通用芯片的底层算法，实现能源设施与用能设备之间的精细化智能感知、网络互联，不但上、下位机输入输出端均带有电力参数采集模块，下位机可对任意单独输出回路进行电力参数采集，并可采集自身运行状态和运行环境（温度、湿度）参数，通过上下端智能通信回路将数据传输至监控中心服务器，实现电力监控和能耗监测功能，而且上位机可实现远程对下位机输出回路进行单独开关、调压控制，也可根据预先设定好的时间规则进行开关和调压。下端设备开关和调压操作均不会影响监控设备正常运行，助力提升能源感知能力。

高效电能质量优化技术。高效电能质量优化技术通过内部核心处理，可将供电线路与市电完全隔离，实现隔离变压器的功能；另外，可以防止市电的浪涌电流对高速公路监控、照明设施产生影响，还可以防止线路内的中高压电流对市电产生影响，从而延长了用电设备电源的使用寿命，降低了设备的维护费用，助力延长设备使用寿命。

目前，分布式智慧节能供配电技术已在我国多个省市推广应用。通过全国20多个省市的2000多条公路、高速公路，以及近百座隧道的工作应用案例表明，分布式智慧节能供配电技术能够较好地解决交通行业能源供给面临的客观技术难题，给实际工程带来了以下几个方面应用价值。

第一，降低工程建设与运营成本。分布式智慧节能供配电系统采用单相供电的方式，相较于传统的三相供电方式，可以大大减少电缆的重复敷设，降低电能损耗，节约有色金属，供电系统建设成本降幅可达10%。同时，系统智能化的调节供电策略能减少能源损耗、避免能源浪费，降低了运营成本。

第二，高质量供电，降低设备故障率。如图7-11所示，系统具备高效的电能质量优化技术，大幅抑制电力谐波、电网冲击与闪变，得到较为纯净的输出电源，优化整个高速公路供电系统的供电质量，且单相供电技术即可彻底避免供电系统产生三相不平衡状态，延长了用电设备的使用寿命，保障机电设备的稳定运行，减少设备故障带来的安全隐患，降低了设备的维护和更换费用。

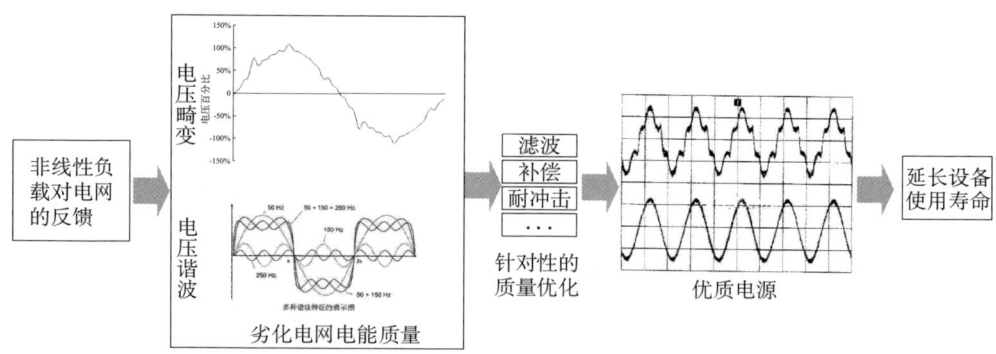

图7-11 电能质量优化

第三，节能效果显著。系统的节能主要体现在4个方面：一是系统自身功耗较小，整体效率可达95%以上；二是由于系统为单相供电设备，采用两芯电缆可降低电能传输过程中的线损；三是电能质量高、无功损耗小，具备高功率因数、低线损；四是可以根据设备的实际需要，控制输出回路的开关状态，或者调节输出电压值，实现按需供电，避免不必要的浪费。综上所述，分布式智慧节能供配电系统综合能耗降幅可达15%以上（图7-12）。

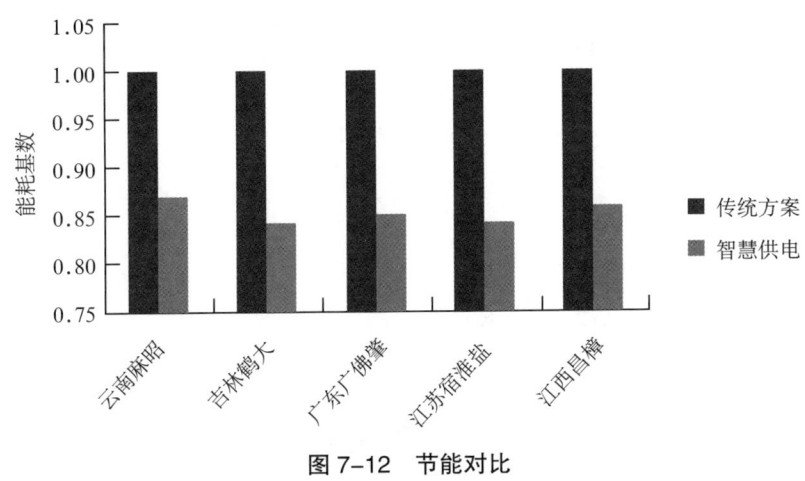

图7-12 节能对比

第四，精准电力监控，智能运维。如图7-13所示，系统不但可以实时监控设备运行状况，还可实现三级控制：一是本地控制；二是下位机控制；三是远程控制。上位机通过上下端CPU的智能通信，可实现对下位机的单个回路进行控制、开关、调压等；下位机可采集每个回路的供电信息，传输给上位机的监控管理模块进行监测、分析，实现电力监控功能；当设备出现异常状态时，可实现异常状态报警，并给出异常点范围，便于异常点定位和维护，减少故障点人工排查工作量。

图 7-13　智能运维管理

分布式智慧节能供配电系统（图 7-14）突破了供电底层共性关键技术，不仅可应用于高速公路，还可在轨道交通、机场、码头，甚至在 IDC（互联网数据中心）机房和移动基站等多个场景中应用，市场前景非常广阔。

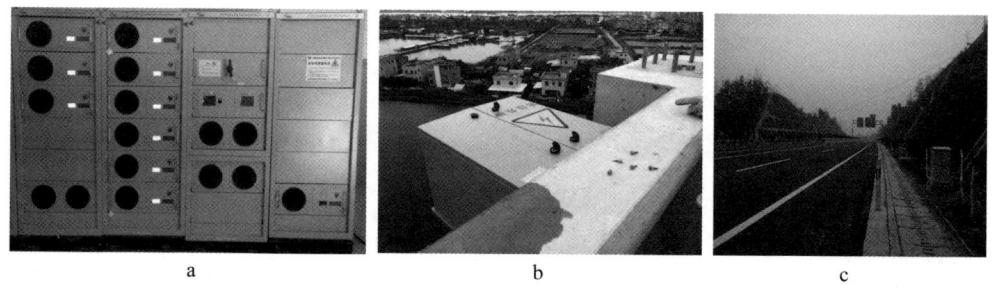

图 7-14　分布式智慧节能供配电系统工程应用

二、户外一体化智能机柜

2019 年 3 月中旬，为贯彻落实党中央、国务院的决策部署，交通运输部正式启动取消全国高速公路省界收费站工作。按照《取消高速公路省界收费站总体技术方案》规定,取消高速公路省界收费站后,将在省界及交通流发生变化(如入/出口、互通立交)前的路段区间设置ETC门架系统实现分段计费收费功能(图7-15)。为保证ETC门架系统能够安全、稳定运行,保障收费业务的实时性和有效性,降低通行费损失,需要为其提供不间断、高可靠性、高安全性且便于安装维护的电能供给条件,这使得后备电源成为ETC门架系统是否能够实现收费供能的重要基础条件。

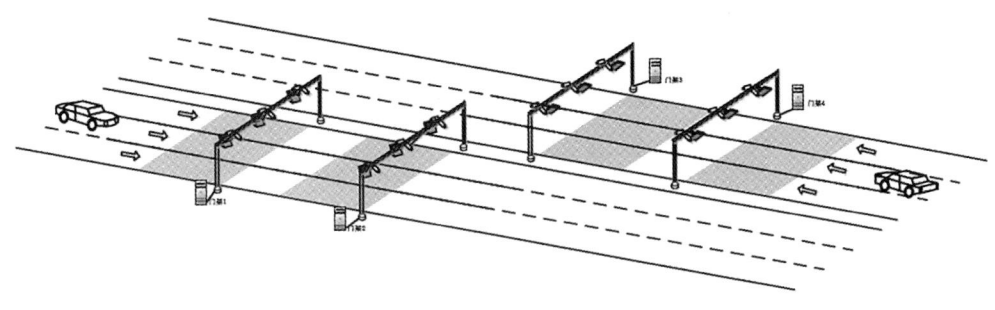

图 7-15 取消省界收费站技术方案

取消省界收费站后,由收费模式变化而带来的高速公路运营管理模式也将发生巨大变化,取代省界收费站的ETC门架系统将安装部署RSU天线、车道控制器、车牌识别设备等一系列收费设施。由于ETC门架系统布设于野外,且既不同于传统的收费站,又不同于传统的外场监控设备,它不但兼具了监控系统与收费系统的双重特性,而且还有其独特性能,具体表现为:负载类型多,特性多样化,且多为精密设备,对供电质量要求较高;设置工况环境复杂,布设距离远,需要多电压输出,用电量大,对供电能力要求较高;需要稳定可靠的24小时不间断供电电源;野外长期无人值守,易受到雷击干扰及人为破坏,防护和防盗需求较高。

那么如何既能保证ETC门架系统的多重供电需求,又能降低后期运维投入呢?新的供能模式迫在眉睫。在这种特定需求下,一体化智能机柜应运而生。

一体化智能机柜可以说是为 ETC 门架系统量身打造的，它是集供配电、通信、安全、动环监控及智能化管理于一体的多功能、模块化智能机柜（图 7-16）。一体化智能机柜在为 ETC 门架系统提供全天候（24 小时不断电）、高效（自身节能）、可靠（多重防护）、稳定（抗干扰）能源供给的同时，还可实现设备运行状态实时监测、动环监测、远程监控、智能报警、防盗等多种功能，解决 ETC 门架系统建设中面临的机柜种类多而杂、环境适应性弱、建设运营成本高、智能化水平低、能耗高、供电质量差等一系列行业关键技术难题。

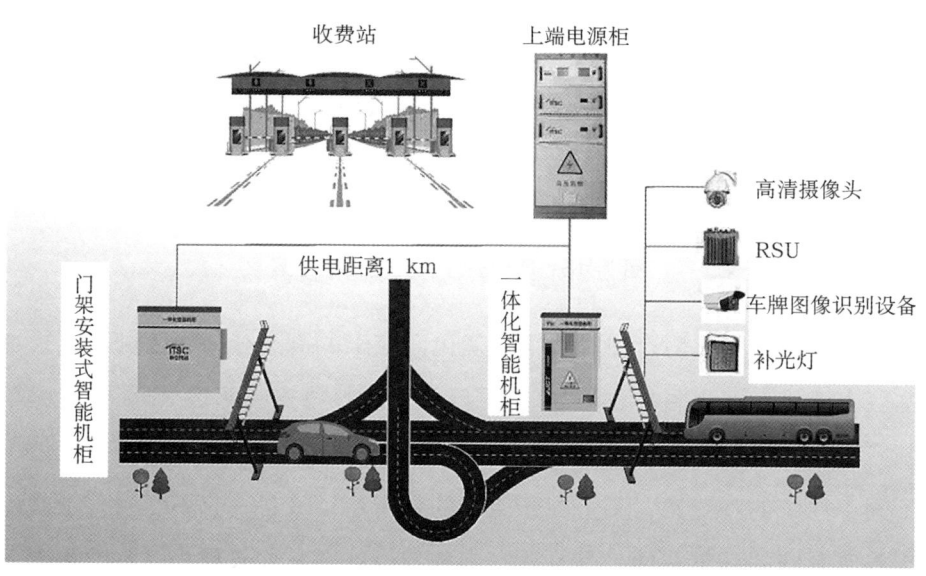

图 7-16　ETC 门架系统一体化智能机柜设置位置

一体化智能机柜是人工智能、大数据及云计算等信息技术推动交通能源转型发展的又一产物，实现了对传统供电技术的重大突破。

第一，基于人工智能技术的在线式追踪、分析与匹配技术，实现大功率电源模块的并联及在线热插拔，并在交通行业实际工程中得以运用。人工智能技术使得一体化机柜既可以满足各类负载的供电需求，又可在不关闭系统电源的情况下，将逆变、整流充放电等模块插入或拔出系统，而不影响一体化机柜的正常工作，提高了机柜的可靠性、快速维修性、冗余性和对灾难的及时恢复能力等。

第二，在线浮充式后备电源技术，实现真正的零切换。目前，市电与后备电源之间常用的电源切换方式多采用在线双变换切换和在线互动式切换，如图7-17所示。但这两种切换均有切换时间，也有瞬间的断电现象。在线浮充式后备电源技术，能够做到真正的零切换时间。

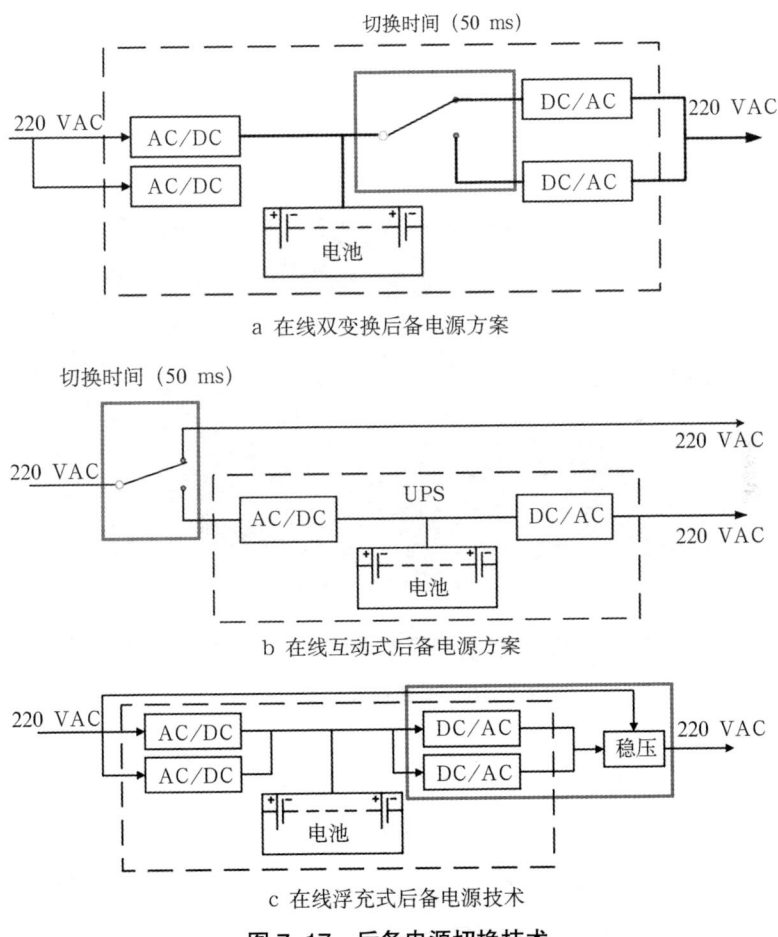

图 7-17　后备电源切换技术

为了满足复杂多变条件下 ETC 门架系统的供电需求,一体化智能机柜需充分利用智能电网、能源互联网及人工智能技术,满足 24 小时稳定供电及状态监测需求,而且需要在如下几个方面提升技术能力。

第一,多电源模块冗余备份技术提升供电可靠性和稳定性。如图 7-18 所示,基于人工智能技术,系统采用多电源模块冗余备份设计,即整流充放电管理模块、逆变模块、切换模块均为 $N+1$ 冗余备份且并联运行,保证整个电源系统在任何条件下均可正常工作。较之单模块备份,多电源模块冗余备份可大大提高电源的可靠性和稳定性,保障 ETC 门架系统 24 小时不间断供电,并对供电情况进行实时监测。

图 7-18 电源模块冗余备份

第二,后备电源零切换技术保障 24 小时不间断供电。采用在线浮充式后备电源,实现市电与后备电源、后备电源模块间的在线冗余备份。不但可降低充放电次数,提高后备电源的使用寿命,还可以确保市电与后备电源真正的零时间切换,避免收费设备因电源切换重启引起的漏收费问题。

第三,在线热插拔技术避免断电维护更换。为了确保 ETC 门架系统不因断电而产生漏收费问题，需借助在线热插拔技术为各电源模块进行技术储备，各备份模块并联运行，并支持热插拔，避免后期断电维护更换。

第四，高防护、高电能质量技术降低设备故障率。电源输入侧隔离防护、输出侧调压稳压功能，提高供电质量。采用与当前收费车道后备电源相同技术原理的工频电源模块，较之高频电源，不仅大大提高了系统的稳定可靠性，而且输入输出侧具有隔离防护、调压稳压功能。

第五，智能远程运维功能。精准感知设备运行状态，能够进行远程监控，并实现设备故障自动报警与监控联动，实现真正的智能运维管理（图 7-19）。

a　　　　　　　　　　　　　　b

图 7-19　ETC 门架系统一体化智能机柜应用

三、能耗监测系统

本章所说的能耗监测平台是基于上述精准的数据感知、采集技术，通过人工智能、大数据等技术对数据进行精准研判。

如图 7-20 所示，能耗监测技术主要是通过电力监测设备及其他采集设备对运营期生产、生活、管理、服务等设备设施的电力能耗情况进行精准感知、采集，利用人工智能、大数据等技术对系统能耗、设备故障及电能质量等进行精准统计和分析研判，建立高速公路能耗统计监测管理，实现远程在线统计各种能源消耗数据,并根据真实、有效的能耗数据反映设备性能及运行状态,为管理用户调整优化负载使用方案、养护经费预算及节能控制策略提供技术支撑,还可根据高速公路运营需求,接入运营车辆油耗分析,从而实现供需匹配协调、更安全、更经济的节能效果。

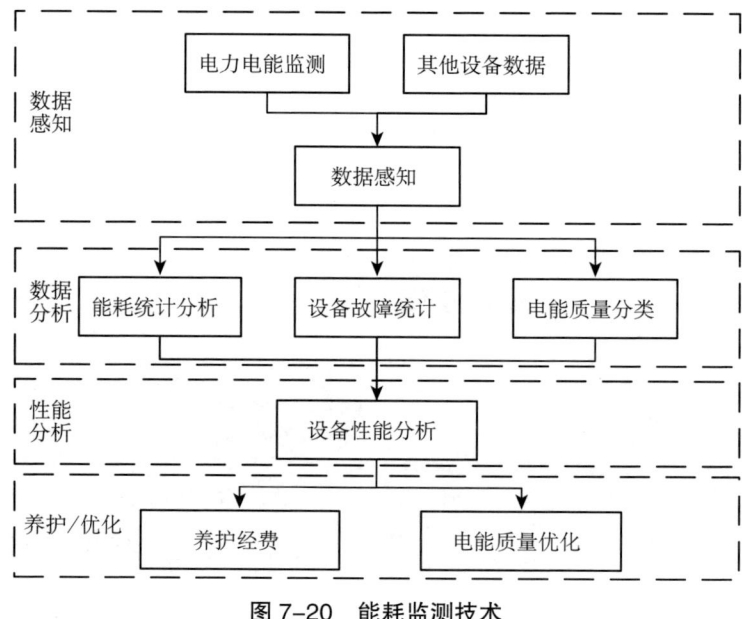

图 7-20　能耗监测技术

根据能源应用场景的不同,完整的能耗监测系统一般需具备四大部分,分别为电力能耗监测系统、太阳能监测系统、车辆油耗监测系统及排放监测系统。系统运行网络拓扑如图 7-21 所示。

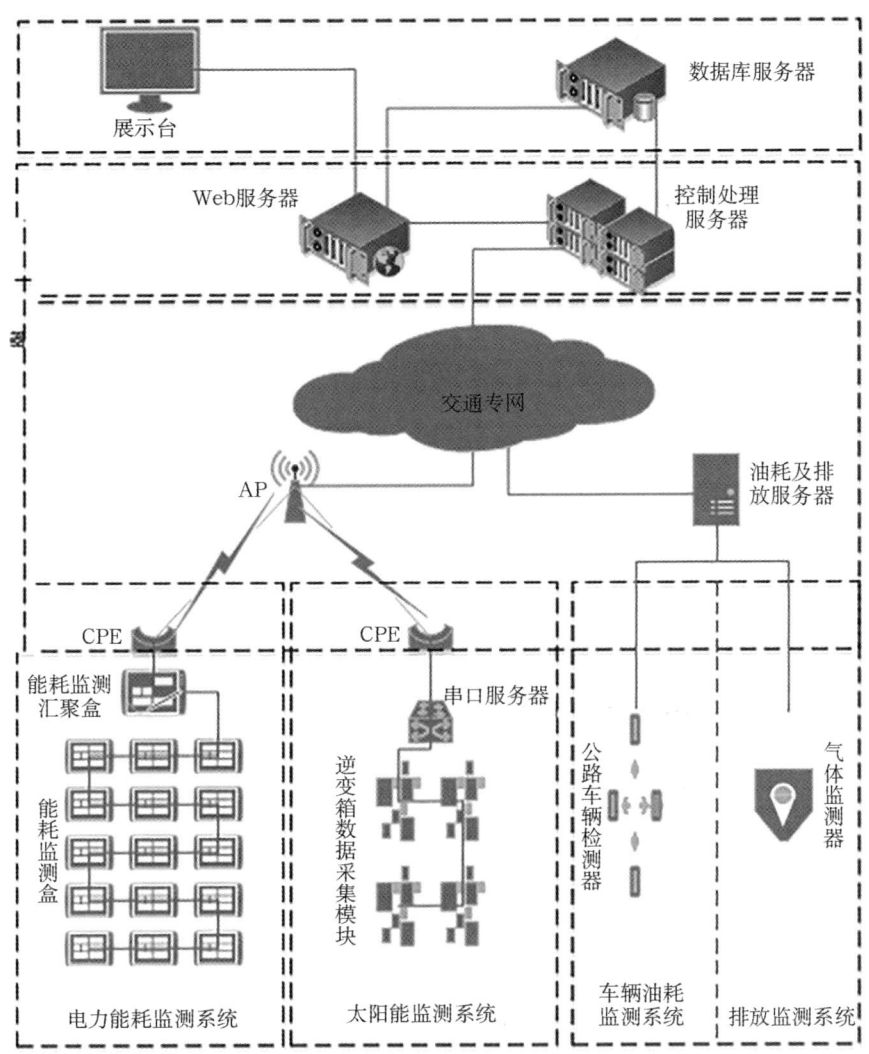

图 7-21 交通能耗监测系统网络拓扑

（一）状态数据采集

公路能耗监测系统主要是通过数据采集端采集相关数据，如照明、动力等供电回路的参数（电压、电流、功率、电度等），与通信管理机和后台软件组网，最后统一在计算机上用各种形式（报表、曲线、饼图、柱状图等；以分项和汇总、实时和周期等形式）展现出来，直接了解各种用电负荷的使用情况。

在电力能耗监测系统中，主要采集各相电压、电流、视在功率、有功功率、无功功率、有功电度、无功电度，以及环境温度和设备温度等；在太阳能监测系统中，采集数据为设备信息、当前发电电度、全天发电电度、工作时间等；在油耗及排放监测系统中，采集数据为数据采集的公路区间、车流量、平均车速、累计耗油量、一氧化碳、氮氧化合物、碳氢化合物、二氧化碳、PM 颗粒物等。

（二）数据统计分析

在电力能耗监测系统中，为了便于分析每个站点内各电耗设备或集群的各分项子系统用电情况，将每个站点的回路进行区分，显示每个回路的电能消耗情况，并记录时间（图7-22）。

在太阳能监测系统中，对上期和本期的太阳能发电量、发电时长、平均发电量、平均发电时长及贡献率进行显示，并同时显示其增量（图7-23）。

在车辆油耗监测系统中，对上行、下行、双向的上期及本期的车流量、平均车速、油耗量、单车平均油耗进行了统计显示，并显示其增量（图7-24）。

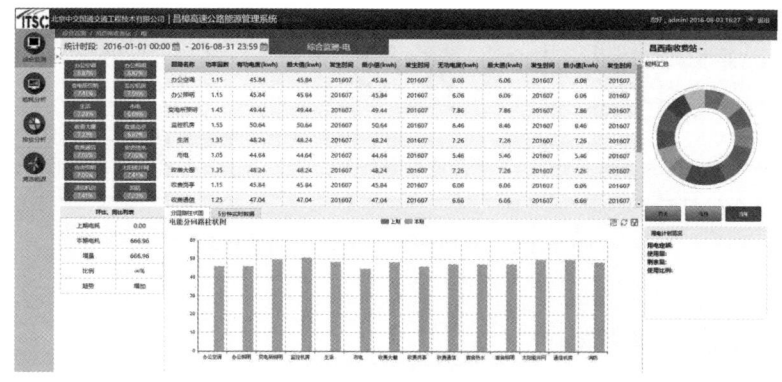

图7-22 电力能耗监测系统

第七章　人工智能提升交通能源供给新业态　213

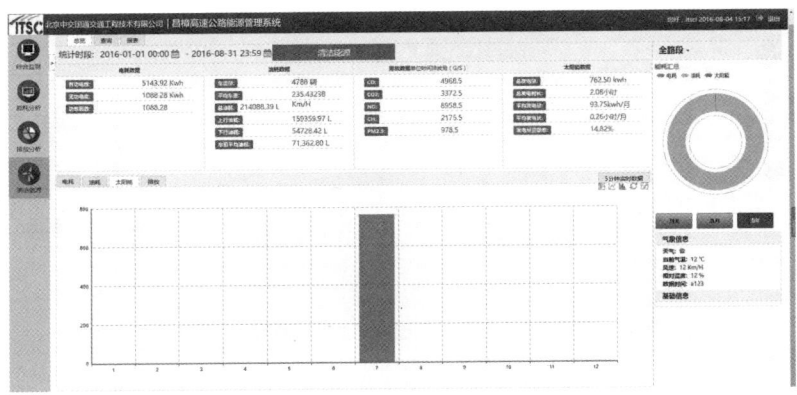

图 7-23　太阳能监测系统

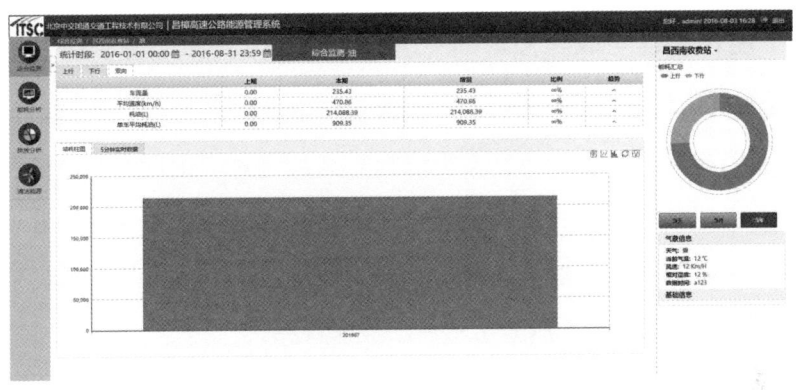

图 7-24　车辆油耗监测系统

在排放监测系统中，对二氧化碳等气体和颗粒物的上期与本期的排放量进行显示，并显示其增量（图 7-25）。在图 7-25 中，柱状图展示了所有采集排放气体总和随时间的变化关系，扇形图展示了所排放气体或颗粒物的比例关系。

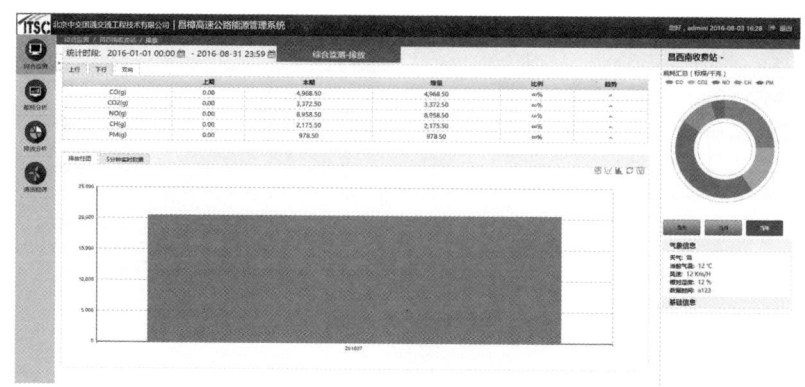

图 7-25　排放监测系统

（三）能耗管理与故障预诊断

通过以能耗监测系统为依托，以获取长期实时能耗数据为依据，可以对所获取数据进行客观分析，能明显看出能耗监测系统对于站点能耗分析和节能诊断的益处。系统长期、实时监测的各分系统数据可以为维护人员、管理者提供较为全面、真实的站点用能基本情况，并能够协助其进行能耗分析与异常能耗识别，从宏观和微观两方面服务于站点的节能管理。

（四）电能质量分类

针对采集到的电力电能数据，高速公路用能设施状态和电力监测数据主要保存了每一相的电压电流、有功无功视在功率、功率因素、15 次谐波等数据，还有采集到的电力冲击、雷击次数等数据。基于该数据源开展电能质量分析和研究，通过选择采用决策树、支持向量机、模式识别、K 最近邻等算法，分析机电设施供配电系统中的电力谐波、电压波动闪变、无功功率等能源使用数据，实现电能质量事件的自动识别和分类、电能质量劣化原因的分析，为机电设施健康监测提供分析支持（图 7-26）。

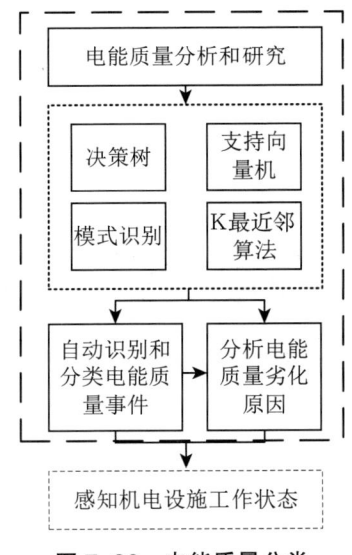

图 7-26　电能质量分类

本章小结

人工智能技术在公路能源产业中的应用，不单是某一项或几项技术的简单引用，而是两大技术领域的深度融合，这就需要紧扣交通行业特点和工程需求，寻求恰当的结合点，从能源生产、传输、供应各环节提供高效的解决方案，到利用人工智能的数据处理能力优化能源的供给过程，人工智能技术将逐步提升交通能源供给新业态。未来，人工智能在交通能源供给中的应用会越来越广泛，通过对大量能源消耗数据进行学习，了解设备用能特点，预测设备状态及能耗行为，更有效地制定设备管理及节能策略等，从而支撑交通强国的"四网合一"建设目标。

第八章

新一代宽带移动通信和定位技术赋能智能交通

随着人工智能技术在智能交通感知、云控中心、服务、机器人和能源供给等方面的深入应用，智能交通的各种子系统产生了大量信息。因交通的特殊性，大部分信息需要在移动的状况下进行交互，同时智能交通各种功能对位置的需求越来越高，因此，移动通信技术和定位技术对智能交通就显得格外重要。

第一节 概述

随着移动通信技术一代一代的发展，移动通信技术和智能交通行业产生了密不可分的关系，移动互联环境对交通运输的组织模式、运营服务模式、管理模式都产生了深刻影响，促进了智能交通的发展。在2G、3G时代，通过通信技术移动传输数据成为可能，通过GPRS传输数据，可以为交通提供简单的远程控制和诱导，同时出现了简单的移动终端应用。

在4G时代，移动通信对智能交通产生了革新换代的影响。4G能够快速且高质量地传输音频、视频和图像等数据，能够以100 Mbit/s以上的速度下载，几乎能满足所有智能交通应用场景对于无线通信的需求，同时随着智能终端的

第八章　新一代宽带移动通信和定位技术赋能智能交通

普及，各种与智能交通相关的手机 App 如地图、交通、公交、网约车等百花齐放，对人们的交通出行产生了深刻的影响。同时，移动通信结合高精定位也越来越多地应用于智能交通中，应用最广泛的是基于卫星定位导航系统的交通信息服务、广播式的交通信息服务和车路协同等。

随着 5G 时代的到来，5G 的高速率、低时延、广连接可为交通提供更快、更宽的传输通道，5G 结合高精度定位系统将产生更多的智能交通应用，如基于用户位置通过移动服务可实现伴随式信息服务和自动驾驶等（图 8-1）。

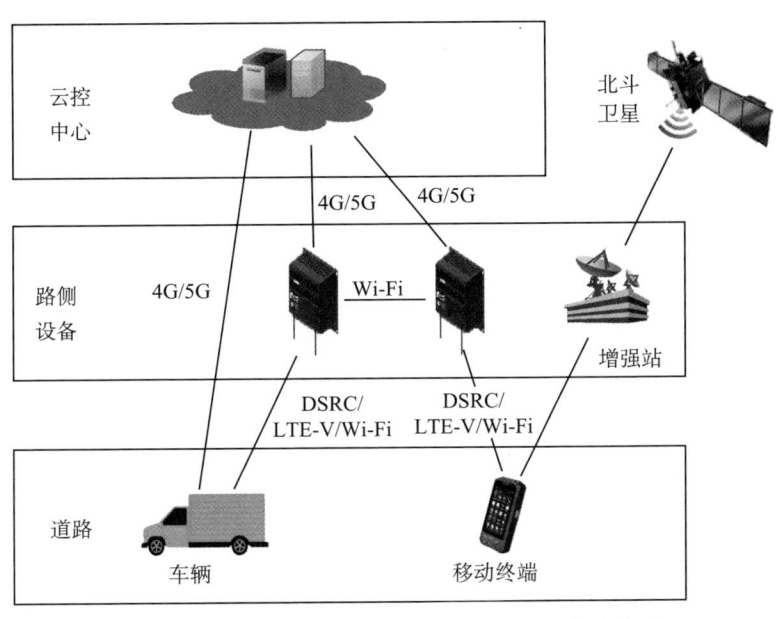

图 8-1　移动通信和定位技术与智能交通紧密结合

第二节　移动通信技术的发展推动了智能交通发展

伴随着移动通信技术的发展，数据传输的速度越来越快、传输带宽越来越宽、信号强度越来越高，移动通信技术也促进着智能交通的发展（表 8-1）。

表 8-1 移动通信技术的发展

通信技术	典型频段	传输速率	关键技术	技术标准	提供服务
1G	800/900 MHz	约 2.4 kbit/s	FDMA、模拟语音调制、蜂窝结构组网	NMT、MPS 等	模拟语音业务
2G	900 MHz 与 1800 MHz GSM900 890～900 MHz	约 64 kbit/s；GSM900 上行/下行速率为 2.7/9.6 kbit/s	CDMA、TDMA	GSM、CDMA	数字语音传输
3G	WCDMA 上行/下行：1940～1955 MHz 2130～2145 MHz	一般在几百 kbit/s 以上，125 kbit/s～2 Mbit/s	多址技术、Rake 接受技术、Turbo 编码及 RS 卷积联码等	CDMA2000（电信）、TD-CDMA（移动）、WCDMA（联通）	同时传输声音及数据信息
4G	TD-LTE 上行/下行：555～2575 MHz 2300～2320 MHz FDD-LTE 上行/下行：1755～1765 MHz 1850～1860 MHz	2 Mbit/s～1 Gbit/s	OFDM、SC-FDMA、MIMO	LTE、LTE-A、WiMax 等	快速传输数据、音频、视频、图像
5G	3300～3600 MHz 与 4800～5000 MHz（我国）	理论 10 Gbit/s	毫米波、大规模 MIMO、NOMA、OFDMA、SC-FDMA、FBMC、全双工技术	—	快速传输高清视频、智能家居应用等

一、2G、3G 使交通信息可以远距离移动传输

2G 以数字语音传输技术为核心，加入了更多的多址技术，包括 TDMA 和 CDMA，2G 时代的 GPRS 可提供 20 ~ 30 kbit/s 的传输速率。

3G 全称为第三代移动通信。3G 的数据传输速度在 GPRS 的基础上有了提升，下载速度可达 120 ~ 600 kbit/s，除了能够处理视频流、图像、音乐等多种媒体形式外，还可提供包括电话会议、电子商务、网页浏览等功能应用。与 1G 模拟移动通信和 2G 数字移动通信相比，3G 是覆盖全球的多媒体移动通信。3G 的特点之一是可实现全球漫游，可实现任意人、任意时间地点之间的交流。

随着 3G 网络的普及和网络覆盖面越来越广，可以使交通信息通过移动网络进行远距离移动传输，智能交通使用最新的通信技术来提升信息的获取和提供手段，通过移动网络可以为交通提供简单的远程控制和诱导，同时也为交通类的部分应用提供了网络支撑，人们可以通过手机终端得到各式各样的交通信息，更方便地管理自己的出行计划。

二、4G 使智能交通产生了质的飞跃

随着数据通信与多媒体业务需求的爆发式增长，为适应移动数据、移动计算及移动多媒体的运作需要，基于原有 2G、3G 的技术基础，4G 开始兴起。4G 相对于 3G，在网络带宽、传输速率等方面都有了很大的提升，将 WLAN 技术与 3G 通信技术进行了很好的结合，能够较快速率传输高质量的视频、音频及图像等数据流。4G 的下载速率可达到 100 Mbit/s 以上，比家用宽带 ADSL（4 Mbit/s）的连接方式快了近 25 倍，几乎能够满足所有用户对无线服务的网络需求。除此之外，4G 还可以在有线电视调制解调器及 DSL 没有覆盖的地方进行部署，进而扩展到整个地区。由此可见，4G 在多个指标及性能方面有着不可比拟的优越性。

随着 4G 网络的普及落地，地图、导航、公交类 App 等应用在交通的众多细分领域百花齐放。除高德地图、百度地图等免费导航的应用以外，还包括道

路交通信息，公交和地铁信息，飞机、火车班次动态信息，换乘信息及汽车服务有关信息等的实时推送。

在4G时代，第三方电子支付方式迅速出现且发展迅猛，主要包括微信支付、支付宝支付及银联闪付等支付方式。智能交通领域实现了移动支付，如网约车、出租车乘车支付，公路客运联网售票，高速公路、停车收费等领域，移动支付方式的出现大大方便了人们的出行。

4G还能将路口的交通控制信息、交通诱导信息和事件信息及时精准地推送给驾驶者，实现LBS（基于位置服务）的移动应用，包括：对红绿灯等通行状态实时推送显示，融合获取的交通状态，提供建议行车车速；对实时路况视频车内动态点播推送，全面感知前方路况；对交通管制／事件信息实时共享推送。一些车载终端还开始提供强大的车车网联（V2V）服务，包括刹车／靠近实时预警、路口交通冲突预警和优先通行提示服务。

第三节 智能交通离不开定位系统的支持

一、新一代交通对定位系统的需求

如果说移动通信技术推动了智能交通的发展，那么定位技术则支撑着智能交通的发展。北斗系统提供的精准定位、导航及授时功能，广泛应用于智能交通的无人机巡查、手机信令、"两客一危"车辆定位和养护巡查等。

目前，交通运输行业是北斗系统最大的民用行业之一，其自身点多、线长、面广的特点对位置服务提出了巨大需求。据统计，每年中国道路运输客运量达百亿人次，公路货物周转量达万亿吨。针对道路事故频发、道路拥堵等问题，北斗系统提供的导航定位服务可以为交通运输管理部门提供准确的车辆位置信息，结合网络传输等技术，将有效提升道路运输的监管水平，提高治理拥堵、降低事故、应急救援的能力,保障人民生命财产安全。

2011年,我国交通行业重点运输过程监控管理服务示范系统工程启动建设,面向道路运输领域开始大规模推广应用北斗系统,建设内容包括重点运营车辆日常运营规范性监管、道路货运公共安全监管与服务等应用系统,以及视频交换服务、车载移动信息服务、区域及线路报警等应用平台。通过交通运输部、示范省两级系统建设,实现部、省、企业三级管理模式,在天津、河北、江苏、安徽、山东、湖南、贵州、宁夏、陕西等9个省市完成79 000套北斗系统终端应用推广。

交通信息的有效处理和实时发布对畅通出行和缓解交通压力有着重要意义。目前常用的交通信息服务包括:基于卫星定位导航系统的交通信息服务、基于移动端的交通信息服务及广播式的交通信息服务。卫星定位导航系统常用的有GPS或利用GPS和其他惯性导航系统组合,从而达到有效的交通信息服务目的。随着我国自主研发的北斗系统的出现,高可靠、高精度的定位、测速及授时服务将大大促进交通的现代化,加快实现传统调度向智能交通管理的转型。

同时,北斗高精度定位作为人工智能系统的基础设施,将成为人工智能时代的重要入口。北斗产业的发展,首先,北斗作为传感器嵌入,主要为军品及应急机构提供定位功能;其次,以"端+通信+系统"的形式提供位置服务,典型案例是车载导航、车辆监控等位置服务;最后,以智能终端结合云平台的形式,建设智能平台,融合"北斗+互联网+云平台+大数据"形成人工智能平台系统。

随着个性化、定制化出行需求的逐渐提升,企业将通过构建"人工智能+大数据云平台",为用户提供智慧出行整体解决方案。用户的多元化需求将促使地图功能更加全面,3D街景地图和气候等信息可视化将会成为新的趋势,基于位置搜索的第三方互联网服务将不断成熟,企业将通过搭建"人工智能+云计算"平台,整合车主及交通大数据资源,为用户提供涵盖语音导航、实时路况、路线规划、实景体验、社交互联等个性化、定制化的移动出行整体解决方案。

二、交通信息高精度很重要

（一）导航精度

随着交通的发展，高精度应用需求加速释放，基于北斗系统的智能交通领域应用还处于不断探索和完善阶段。

卫星导航系统也在持续不断建设之中，中高纬度地区卫星数量不断增加，能够提高定位精度。按定位精度不同，导航在智能交通中的应用可以分为 3 类：普通精度导航、高精度导航定位、高精度测量级定位。

普通精度导航。首要针对行人、车辆及船舶等导航，对定位精度要求不高，一般是在城市道路或开阔海域环境使用。在复杂的城市道路交通环境中，由于隧道、桥区、楼宇遮挡等原因，信号接收功率受到影响，就需要采取高灵敏接收技术，同时需要采取有效措施对抗多径干扰。

高精度导航定位。对于机载导航系统定位精度一般要求在米级，此时，普通精度导航由于电离层延迟等因素的影响，已经不能提供米级定位，需要借助差分定位技术，消除基准站和移动站的共有误差影响，以进一步达到高精度导航定位的目的。对于交通中一些涉及区分车道、停车收费等的应用，也需要分米级或米级的定位精度。

高精度测量级定位。在测量交通设施和自动监测应用方面，需要厘米级或毫米级的定位精度，如监测桥梁的形变、边坡位移等情况。

除了定位导航外，在一些交通信息系统中需解决终端、后台系统、大型复杂系统间的时钟同步问题时，就需要卫星精确定时和授时技术，这也属于高精度研究方向。

（二）高精度地图

高精度地图是指精度高、精细化定义的地图，其精度能够达到分米级，能够区分各个车道。随着定位技术的发展，高精度定位已经广泛应用。

高精度地图与现在常见的车载导航地图相比有很大不同，主要体现在使用用途、所属系统、要素和属性等的不同。导航地图主要用于导航、搜索，而高精度地图主要用于高精度定位、辅助环境感知、规划与决策（图8-2）。

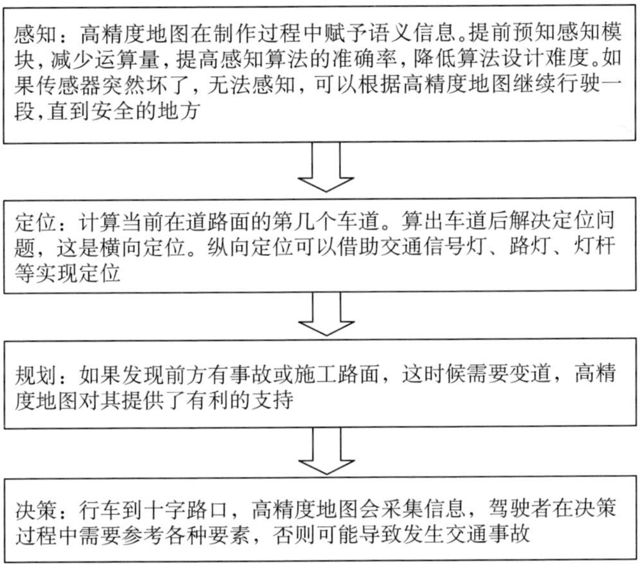

感知：高精度地图在制作过程中赋予语义信息。提前预知感知模块，减少运算量，提高感知算法的准确率，降低算法设计难度。如果传感器突然坏了，无法感知，可以根据高精度地图继续行驶一段，直到安全的地方

定位：计算当前在道路面的第几个车道。算出车道后解决定位问题，这是横向定位。纵向定位可以借助交通信号灯、路灯、灯杆等实现定位

规划：如果发现前方有事故或施工路面，这时候需要变道，高精度地图对其提供了有利的支持

决策：行车到十字路口，高精度地图会采集信息，驾驶者在决策过程中需要参考各种要素，否则可能导致发生交通事故

图8-2 高精度地图

与一般电子地图相比，高精度地图不同之处在于以下几个方面。

一是精度：一般电子地图精度是米级别，商用GPS精度为 $3\sim 5\,\mathrm{m}$，而高精度地图的精度是厘米级别。

二是数据维度：传统电子地图只记录道路级别的数据，高精度地图不仅增加了车道线数据，还包括桥梁、防护栏、路沿、地标等大量数据。高精度地图能够明确区分车道线类型、路边地标等细节。

三是作用与功能：传统电子地图起到辅助驾驶的导航功能，本质上与传统纸质地图是类似的，而高精度地图通过"高精度、高动态、多维度"数据，起到为自动驾驶提供自变量和目标函数的功能。因此，高精度地图相比传统电子地图在实际应用中显得更加重要。

四是使用对象：普通的电子地图供驾驶员使用地图数据，而高精度地图供自动驾驶汽车使用地图数据。

五是数据实时性：高精度地图对数据的实时性要求更高。无人驾驶时代所需的局部动态地图，根据更新频率可将所有数据划分为4类，即永久静态数据、半永久静态数据、半动态数据、动态数据。传统导航电子地图可能只需要前两者，而高精度地图为了应对各类突发状况，保证自动驾驶的安全实现，需要更多的半动态数据及动态数据，这极大地提升了对数据实时性的要求。

高精度地图意味着高精度，无论是动态化，还是高精度和丰富度，最终目的都是为了保证自动驾驶的安全与高效。动态化保证了自动驾驶能够及时地应对突发状况，选择最优的路径行驶；高精度确保了机器自动行驶的可行性，保证了自动驾驶的顺利实现。高精度与机器的更多逻辑规则相结合，进一步提升了自动驾驶的安全性。导航地图与高精度地图的区别如表8-2所示。

表8-2 导航地图与高精度地图区别

名称	导航地图	高精度地图
要素和属性	道路； 信息点：涉密禁止； 背景：国界、省界必须表达	详细车道模型：曲率、坡度、横坡、航向、高程、限高、限重、限宽、定位地物与特征图层
所属系统	信息娱乐系统	车载安全系统
用途	导航、搜索、目视	环境感知、定位、路径规划、车辆控制
使用者	人，有显示	计算机，无显示
服务性要求	相对低，人可以良好应对	高，机器较难良好应对

第四节 5G赋能智能交通

5G具有高速率、低时延、广连接的特点（图8-3），带来了万物互联，催生了智能交通各种场景的实现。

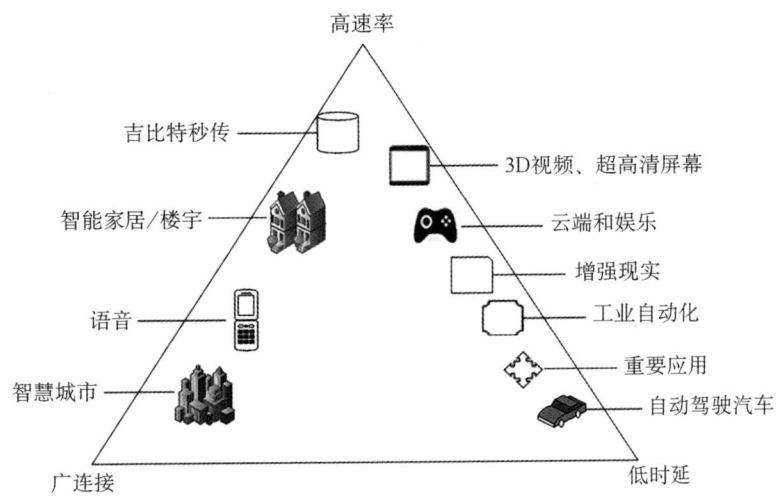

图 8-3　5G 主要特点及应用领域

高速率。高达 10 Gbit/s 的下行速度，相当于下载一部高清电影只需几秒钟；

低时延。可提供 0.5 ms 的传输时延，使自动驾驶在控制领域的反应时延比人的大脑反应时延更低；

广连接。就是不仅仅局限于人与人之间，而是为更多的智能设备联机，如每平方公里 100 万个设备接入，进行智能化的交互管理。

随着 5G 的发展，依托其高可靠、高速率的传输特性，可与交通运输行业多个领域进行技术结合，包括雷达、计算机视觉等技术，让出行变得更安全、更流畅。5G 高速率、低时延、广连接的天然属性能很好地满足智能交通高速信息传输的需求，可以说 5G 将为智能交通全面赋能，它使得交通大脑的算法运行得更快，为人工智能在智能交通的大面积应用做好了充足的准备。

一、高速率使智能交通海量数据可以交互

相比于 4G，5G 的数据吞吐量更高，5G 的理论速率可达 1 Gbit/s 甚至 10 Gbit/s。现阶段全球 4G 网速平均值为 16.9 Mbit/s，4G 网速最快达到 45 Mbit/s 左右的平均速率。5G 使得自动驾驶汽车内置的数百个传感器数据采

集更快、更智能,这些传感器采集了前所未有的海量数据,5G 也给处理和分析这些数据提供了更高的网络带宽。

二、低时延能满足自动驾驶的时延要求

远程驾驶、自动驾驶要求端到端的时延不超过 5 ms,可靠性要求 99.999%,按照移动通信标准化组织 3GPP 对 eV2X(增强型蜂巢式车联网)的要求,对自动驾驶和传感器共享的要求,时延不能高于 3 ms,传感器共享要求带宽 1 GB。我们可以看到在 4G 时代,LTE 的时延可能要到 100 ms,如果加上边缘计算,可以减少到 10 ms,但是仍然超出了自动驾驶的要求,车联网迫切需要 5G,只有 5G 才能达到其时延要求。

三、广连接可以使车辆形成全域协同、全场景感知

通过广连接,5G 能把自动驾驶汽车与汽车、汽车与道路、汽车与高速公路基础设施联系起来。传统化的自动驾驶主要是以自身主动侦测为主,更像是通过"眼睛"来进行观察,但在实际自动驾驶中,会有一些盲区根本无法看到,这时候就要借助 V2X(Vihicle to Everything,车与任何事物的联系)模式通过与周边的通信,实现"耳听"的目的。5G 同时会让自动驾驶具备共享感知更多传感器数据和现实世界模型的能力。

第五节　5G+北斗在智能交通中的应用场景

5G 的优势在于高速率、低时延和广连接,北斗则可以提供精准的定位、导航及授时功能。交通运输行业移动化的场景需要 5G 的移动连接和传输需求,同时交通运输行业又是基于位置服务(LBS)的场景,需要北斗提供精准的定位服务和导航服务,因此,5G 与北斗遥相呼应、深度融合、相辅相成、相互赋能,

给智能交通带来前所未有的深刻改变。

一、5G 使边缘计算扩展到路侧端

通过 5G 网络连接到交通大脑，采用边缘计算技术，5G 核心网络的分布式架构将应用完美地扩展到智能交通边缘，如交通路侧端（图 8-4）。通过"边缘计算＋人工智能"的计算架构，如卷积神经网络（CNN）、循环神经网络（RNN）、生成对抗网络（GAN）和深度强化学习（DRL）等。边缘网关可以将信息直接转发到边缘应用程序，帮助交通大脑将应用程序扩展到边缘。5G 的接入改变了原来监控视频通过本地缓存分析再上传照片的模式，不仅能够实时监测违章车辆轨迹，还可以在后台实时监测事故现场处理进度，有效地提升了交通管理效率，可实现对交通态势的实时感知，进而达到辅助城市交通治理管控的目的。

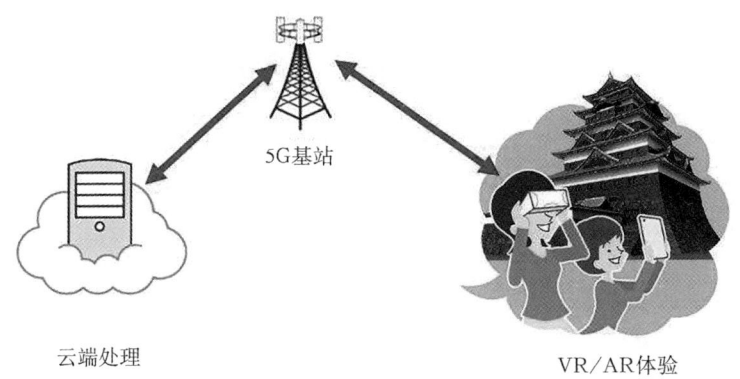

图 8-4　5G 使边缘计算扩展到路侧端

二、5G 为交通大脑提供了桥梁

可拓展性作为智能交通的本质属性，围绕其基本内涵，交通行业的功能及相关拓展应用将会变得日趋多样化、复杂化。后期随着 VR、5G 等技术的迅速发展，人车之间的信息交互影响已经开始逐渐改变人们的日常交通习惯，同时扩展了智能交通生态体系。从交通行业的发展历史不难看出，在未彻底改变传统交通模式之前，技术的发展趋势是将信息电子等成熟技术集成运用在交通运输环境中，通过加强路网通道的协同性，达到安全高效的优化目标。智能交通总体发展趋势为载运工具智能化、基于移动互联的综合交通智能化。构成综合交通体系的智能交通是应用人工智能与新一代通信技术在广域范围的无缝连接，是创新交通运输模式的重要途径，如卷积神经网络、遗传算法、局部避障算法等是智能交通的"大脑"，那么大容量无线宽带传输网则是智能交通的神经网络，这些工具方式的进步是实现智能交通的必要条件。智能交通构架融合了万物互联的新型组态，是一种高阶全感知的交互模式，能最大限度地满足不同时段的功能请求、方位监测等各类型应用场景。5G 无线传输网络能规避更多的地理条件限制，是构建智能交通体系的关键核心技术。

随着交通行业信息化的快速发展，智能交通将信息技术、系统工程及电子等技术进行发展整合，可为交通运输行业的应用发展提供有力的技术支撑。

依托交通信息采集系统，利用指挥行车信息服务平台 App，将实时的车流量、拥堵状况等交通状态信息发送至用户移动手机终端，依托 5G 网络的低时延、高带宽传输特点，用户可以实时掌握目前的交通状态信息，提升出行体验；通过结合车辆识别等无线通信技术手段，建立基于物联网的电子不停车收费系统，为车路协调的服务系统提供有力的支撑，为出行者提供相关的交通信息；利用车辆识别、高清监视等多源采集技术，对道路拥堵、火灾事故等道路交通异常事件进行动态监控，对车辆进行有效的引导提醒，或者将信息发送给当地出租车指挥系统，使出租车出行效率更高。此外，通过车辆识别设备，实时监测车辆驾驶人员的驾驶状态，定时对驾驶员进行禁止疲劳驾驶的提醒；通过搭载的各种类型传感器，对范围内的停车位进行扫描，再由云端将相关信息推送给汽车；搭载智能摄像头的车辆在行驶中可采集车道线等关键信息生成高清地图，自动驾驶汽车实时获得外部路况信息，实现自定位。因此，5G 网络与智能交通发展相互促进，5G 网络发展推进智能交通的不断完善，智能交通在发展中不断扩大运营规模，最终实现 5G 网络与智能交通的融合发展。

三、5G 和收费系统结合

2019 年，高速公路开展了取消高速公路省界收费站工作，截至 2019 年年底，全国共布设 ETC 门架共 2.39 万个，在 ETC 门架系统上布设了大量的车牌抓拍视频监控设备和车辆收费设备，门架系统产生了大量精确的路网感知数据。现有门架系统传输采用交通专网的方式，5G 的高速率和低时延完全满足门架收费系统对网络传输的要求，采用 5G 公网和交通专网相结合的传输方式，可以大大减少专网的传输压力，减少成本。在 5G 和交通的结合下，针对收费系统异构多方记账的账单一致性问题，可以利用区块链分布式账本技术得到解决。基于区块链分布式账本的 ETC 收费结算网络，拥有更加安全、开放和灵活的结算账务处理能力，可以在不需要国家级结算中心的前提下，实现跨省通行结算。

四、5G 和高精度定位支撑车路协同

构建基于 V2X 的车路协同平台是提升交通效率的必要条件。同时，基于车路协同自动驾驶技术的 3 个基本问题：我在哪里？我要去哪里？我怎么去？这 3 个问题包含了 3 个核心技术：高精度定位、高精度地图和移动通信，其中，高精度地图也需要高精度定位来进行测绘制作而成。

在实际应用中，高精度定位将汽车的环境感知数据与高精度地图进行对比，从而判断车辆在高精度地图中的精确位置。所以，高精度定位是实现智能网联汽车路径规划的前提条件。北斗高精度位置服务是智能网联汽车运营的基础和保障，提供北斗高精度定位服务，可以实现高精度地图的采集、制作及更新，以北斗高精度位置为基础集成惯性导航、机器视觉、激光雷达及航空航天遥感数据以进行融合更新高精度地图数据的位置服务平台；并给智能汽车提供基础定位服务，形成稳定的高可靠性的高精度定位服务，提供高精度地图服务平台，

协助智能汽车定位的高可靠性及可运营维护，协助汽车高精度信息（包括高精度地图数据）的采集制作及更新的闭环；为智能汽车交通及道路包括政府基础设施建设、车联网运营服务提供基础服务，并为自动驾驶及车联网运营系统提供基础精准时空位置服务。这些服务的前提离不开 5G 的支撑，定位位置信息的传输、高精度地图的下发和控制平台控制信息的发布都需要 5G 低时延、高速率的传输。5G 支撑车路协同服务如图 8-5 所示。

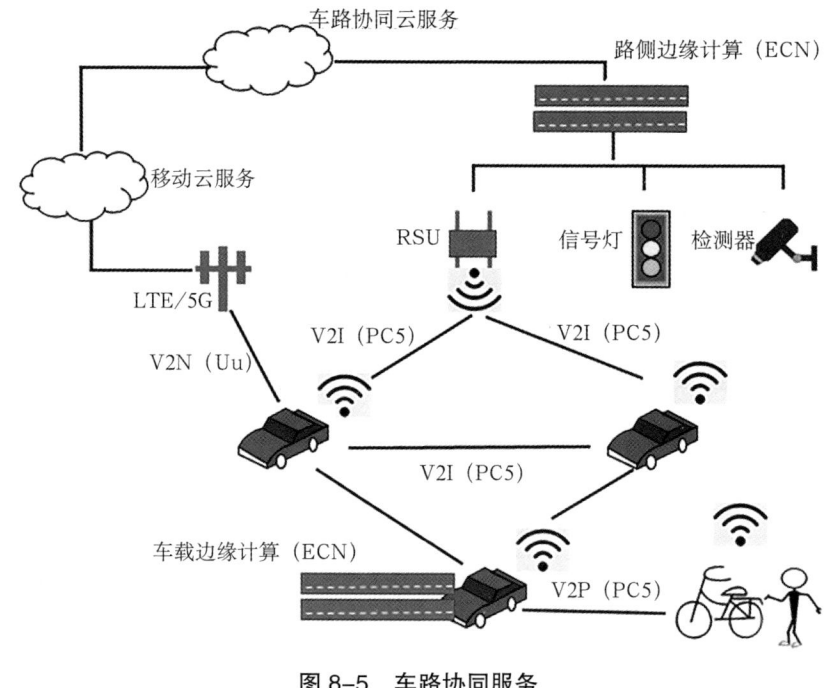

图 8-5　车路协同服务

五、"北斗 + 智能网联"汽车，颠覆汽车产业

智能网联汽车是我国建设世界汽车强国三大主攻方向之一。工业和信息化部印发的《车联网（智能网联汽车）产业发展行动计划》指出，智能网联汽车是汽车、电子等行业深度融合的新型产业形态，要求突破关键技术，推动智能

网联汽车产业发展。高精度定位这一技术是实现智能网联汽车发展不可或缺的因素。可以说，汽车接收的卫星定位信息越多，定位就越精准。

国内汽车企业也推出了支持自动泊车功能的汽车。简单说就是汽车前后保险杠四周装上了传感器探头，在低速无人驾驶环境下，检测到车辆附近停车位，可以主动避障、自动导航到达指定的停车位，顺利完成自动泊车。

实现智能驾驶有几大关键技术：定位导航技术、环境感知技术、路径规划技术、决策控制技术，而车辆高精度位置和姿态感知是实现智能驾驶自动化的关键技术支撑，因此，定位导航技术是核心技术之一，在实现汽车智能驾驶中扮演着不可或缺的重要角色。

随着自动驾驶和智能网联技术的发展越发强劲，中国汽车市场迎来变革与融合的新时代。北斗高精度定位技术将在智能驾驶这一前瞻产业实现技术突破与应用，将有助于推动智能驾驶领域"破局"，为北斗产业实现"弯道超车"，为我国建设汽车强国贡献力量。

在无人驾驶、机器人、无人小车、无人机等多种多样的无人系统领域，北斗提供时空信息，是无人设备室外定位导航的重要手段之一；人工智能则是基于图像信息、雷达信息等对无人系统所处周围环境进行语义分割和目标检测，如识别标志牌、道路、行人、车辆等，从而获取无人系统所处的位置与环境信息，通过人工智能的深度学习方法学习出一个模型，这样我们自己驾驶的时候就可以用这个模型来基于对周围的车辆驾驶环境及驾驶行为的分析来进行驾驶决策判断，深度学习方法包括支持向量机、贝叶斯滤波器及神经网络。例如，汽车要换道时，把神经网络和支持向量机这两种算法放在一起，通过一个投票的方式，最后得到一个换道的选择。自动驾驶车辆识别的行为过程如图 8-6 所示。

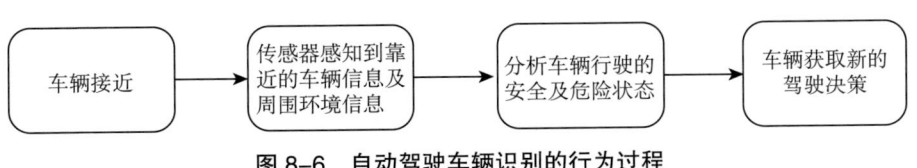

图 8-6　自动驾驶车辆识别的行为过程

六、5G 结合高精度定位使自动驾驶成为可能

（一）5G 为自动驾驶提供网络条件

实现自动驾驶技术，车辆需要搭载大量的传感设施，这些传感设施通过不断接收、反馈周围的交通信息，将相关的交通信息数据进行有效整合，进而做出安全性决策。

然而在实际应用中，这些传感器在实际应用时很容易受到外界各种环境因素的影响，传输效果会受到很大的影响。为了弥补传感器所欠缺的感知能力，需要借助 C-V2X（车与外界的信息交换）通信技术。基于蜂窝网络的车联网技术，可实现车车（V2V）、车路（V2R）、车人（V2P）之间的信息交互。通过 5G 可以加强自动驾驶感知、决策和执行 3 个层面的能力，在这其中，可以运用人工智能技术，如在感知层面使用卷积神经网络处理传感器数据，在决策层面使用神经网络和支持向量机分析数据等。实现自动驾驶的低时延、高可靠、高速率，以及人、车、路、云等协同互联。

在感知层面基于 5G 自身拥有的特点及性能优势，可通过 V2V 技术，将车辆感知范围扩大到视距之外，及时了解车辆间的相互位置等其他状态信息，可以提前对道路的交通状况进行预知判断，有效减少交通事故的发生。同时，利用 V2I（车与基础设施）通信，车辆可以获得如信号灯和路口行人等信息，形成完整的对道路环境的感知，进而使车辆能够实现"眼观六路、耳听八方"的技能，即便传感器、摄像头失灵，通过 5G 高频信息传输也能规避一定风险。

在决策层面，随着 5G 技术的应用，车载计算单元的硬件成本也会降低。云计算将取代原本的计算方式，很多计算的负载需求可以下沉到路两侧的边缘计算节点。

随着 5G 通信技术的发展与落地，运营商可以通过提供网络切片的方式，为汽车安全类应用提供超低时延的响应服务。网络切片将在 5G 网络中发挥重要作用，每个网络切片都会很容易地配置网络元件和功能，来满足特定的应用要求，

进而提升网络速度和响应时间,这对于自动驾驶汽车行业来说非常重要。

(二)定位技术使自动驾驶车辆精确知道自己的位置信息

自动驾驶应用的定位技术并不局限于一种定位技术,而是几种定位技术的融合。最常用的是"GPS+ 高精度地图＋摄像机(激光雷达)＋惯性测量单元"的信息融合方法。激光雷达的 SLAM(同步定位与建图),利用车辆自带的 GPS 和惯性测量单元做出大概位置判断,然后用预先准备好的高精度地图与激光雷达的 SLAM 云点图像进行对比,放在一个坐标系内交叉配准,配对成功后确认自主行车位置,这是目前定位准确度最高、技术最成熟的方法。在自动驾驶中,人工智能算法发挥了巨大作用,比如在感知层面,采用卷积神经网络可以对物体进行识别和跟踪,在决策层面,车辆换道采用智能神经网络和支持向量机算法,避障则采用遗传算法、DWA(动态窗口)算法等。人工智能算法在自动驾驶过程中的大致工作流程如下。

首先根据 GPS 提供的数据确定无人车辆所处道路的位置,这个位置可能与真实位置有 3～6 m 的误差。

其次根据车载雷达传感器检测到的车道线及路沿、护栏的距离与高精度地图提供的车道线及路沿、护栏数据信息作对比,修正无人车辆的横向定位,根据车载传感器确定车道过程如图 8-7 所示。

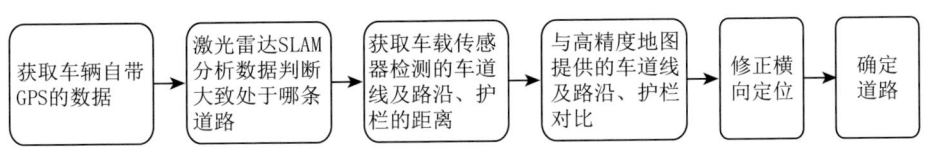

图 8-7　根据车载传感器确定车道

最后根据车载雷达传感器检测到的道路周围环境特征,如护栏、指路牌、车道标志,对高精度地图提供的同一道路特征进行匹配识别,进而修正纵向定位和行驶方向。在没有检测到任何道路特征的情况下,可以通过航位推算进行短时间的位置推算,最终确定车辆的准确位置。高精度地图匹配如图 8-8 所示。

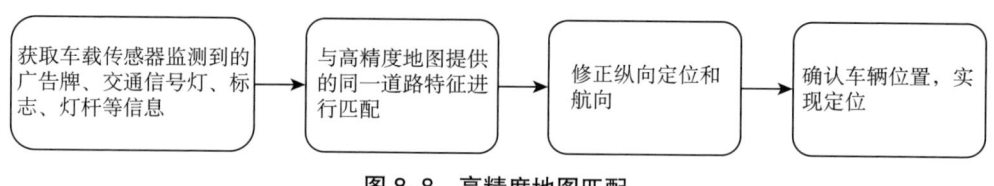

图 8-8　高精度地图匹配

第六节　5G 及北斗高精度定位在智能交通中应用的一些探索

5G 可为智能交通的数据交互提供更快、更宽的传输通道,它的传输特点很好地匹配了自动驾驶的应用场景,但 5G 只是为自动驾驶提供数据交换通道,自动驾驶的发展还离不开高精度定位、高精度地图、可靠自动驾驶系统和感知系统,更离不开可靠的道路基础设施。但交通系统本身有一系列的问题需要解决,如公路两侧覆盖建设成本问题、交通机电系统本身的可靠性问题、高精度地图的应用问题等。这些交通本身的问题不解决,5G 在智能交通、自动驾驶中的应用就是镜花水月。

一、5G 在交通中的应用要考虑覆盖建设成本问题

5G 虽然能提供高速率、低时延、广连接的传输通道,但它依靠的基本通信原理没变,即为了提高通信容量,将蜂窝做得更密;然而频率高了,传输距离将变短,就需要布设大规模的天线,因此,5G 需要大规模的基站。在未来的城市,每个灯柱或将是一个小基站;在高速公路上每隔一段距离就会布设一个 5G 基站,势必会带来布设成本问题,同时行驶在高速公路上的自动驾驶车辆通过不同基站接收信息,频繁的信号切换势必影响自动驾驶。另外,因为 5G 需要多种无线系统,这么多无线系统,在安装时还要考虑汽车挡风玻璃、金属壳对无线信号的衰减影响。

二、5G 在自动驾驶中应用的相关标准还不完善

2018 年 6 月，工业和信息化部、国家标准化管理委员会联合印发了《国家车联网产业标准体系建设指南（总体要求）》《国家车联网产业标准体系建设指南（信息通信）》《国家车联网产业标准体系建设指南（电子产品和服务）》系列文件，确定到 2020 年，基本建成国家车联网产业标准体系，规范车联网产业发展。2019 年 5 月，工业和信息化部装备工业司组织全国汽车标准化技术委员会编制了《2019 年智能网联汽车标准化工作要点》，进一步贯彻落实《国家车联网产业标准体系建设指南》。这些文件的发布大大加速了自动驾驶相关标准的制定进程。同时，我们还要清醒地看到，如果自动驾驶投入实际应用，已有的标准还远远不够，还需要制定其他相关标准，如自动驾驶及辅助驾驶相关标准、车载电子产品关键技术标准、无线通信关键技术标准、面向车联网产业应用的 5G eV2X 关键技术标准，这些标准不制定，自动驾驶就无法落地。

三、自动驾驶落地还需要稳定可靠的公路基础设施

如果自动驾驶车辆能在道路上真正地行驶，还需要稳定可靠的公路基础设施，主要包括可靠稳定的道路基础设施、自动驾驶车辆自身车规级的感知处理设施及完善的高精度地图 3 个方面。

首先，需要可靠稳定的道路基础设施。聪明的车需要聪明的路，在物理层面上，基础设施建设需要大量升级，高速公路均将实现车辆与道路基础设施的无线通信功能，通过安装在路边的传感器及无线设备还可以实现车辆间的通信，这些均是自动驾驶汽车所需要的驾驶环境。这些都离不开公路的基础设施，如公路供电系统、传输系统等，而现有的公路基础设施在稳定性和可靠性上还远远达不到自动驾驶所需的车规级要求。道路基础设施要达到车规级要求，还需要大量的改进和重建，至少需要 8～10 年的发展。

其次，自动驾驶车辆自身的感知处理设备需要达到车规级。汽车自动驾驶

需要用传感器来感知周围的环境，需要大量的超声波传感器、摄像头、毫米波雷达、激光雷达传感器，以及自动驾驶所需的芯片、处理系统和定位系统。其中一个传感器和子系统一旦出错，将严重威胁自动驾驶安全，因此需要每个子系统的软硬件达到或高于车规级稳定性要求，这些子系统的安全可靠性提升还需要一定的时间。

最后，高精度地图还需要完善。自动驾驶需要高精度地图的支撑，如果要满足自动驾驶的要求，高精度地图的相对精度和绝对精度都需要达到厘米级。现阶段高精度地图的发展和应用还不完善，如高精度地图采集、制作后的保密性问题和高精度地图如何下发到自动驾驶车辆。这些应用模式还不清晰，大大限制了 5G 在自动驾驶中的应用。

移动通信技术发展大概保持着 8 年一代的速度，交通侧问题解决后，下一代移动通信技术将会随之而来。目前，这些交通侧问题的解决预计还需要 6～8 年的时间，同时，现有 4G 网速可达 100 Mbit/s，基于 4G 的 LTE 网络时延可在 100 ms 以内，4G 的带宽和时延已经能够满足现在智能交通如车路协同、智能化感知、基于位置信息服务的需求，因此，我们首先要基于 4G 来发展智能交通，同时提升道路机电设施的稳定性和可靠性，为未来智能交通发展做好充分准备。

本章小结

随着移动通信和定位技术的发展，其与智能交通的关系越来越密切，可以说，移动通信与定位技术推动了智能交通的发展。特别是 5G 与北斗系统的出现，5G 的高速率、低时延、广连接的特点可以使海量的交通数据能快速移动的交互，北斗系统则提供了精确的位置服务，它们的出现满足了自动驾驶应用场景的需求。但是我们也要看到，如果 5G 在智能交通中特别是在自动驾驶中应用落地，交通本身还有许多问题需要解决，在此之前可以利用 4G+ 北斗系统发展智能交通。

第九章

新一代交通控制网和智慧公路

智能交通的发展离不开新技术，在新技术快速发展的今天，人工智能已成为智能交通发展必不可少的因素。本书的第一章到第八章分别讲述了人工智能是如何在智能交通中提供支撑的，同时描述了人工智能在未来交通中的应用。在时代的高速发展中，2017年，交通运输部组织开展了新一代国家交通控制网和智慧公路试点工程。本章将从工程角度探索智慧公路的应用。

第一节 新一代国家交通控制网和智慧公路试点工程

为顺应时代的发展，深入学习贯彻党的十九大精神和习近平新时代中国特色社会主义思想，认真落实习近平总书记关于实施国家大数据战略加快建设数字中国的重要指示，贯彻落实《交通运输信息化"十三五"发展规划》《推进"互联网+"便捷交通 促进智能交通发展的实施方案》《推进智慧交通发展行动计划（2017—2020年）》。

交通运输部组织相关专家经过探讨，提出了建设新一代国家控制网的目标建议，如图9-1所示，并于2017年组织开展了新一代国家交通控制网和智慧公路试点工程，拟由北京、福建、广东、河北、河南、吉林、江苏、江西、浙江等9个省市（按首字母排序）承担试点工作。在以重点公路运输通道、重大活动区域和中心城市为依托,提升交通基础设施管理、调度指挥、运输组织、运营管理、安全应急、车路协同、出行服务等领域的智能化水平,提高公路基础设施和运输组织效率及安全水平,按照服务人民、服务大局和服务基层的总体定位(图9-1),把握新技术发展和创新应用趋势,提升数据采集、传输、存储、分析、运用能力的前提下,2018年2月交通运输部部署各省的试点主题如下。

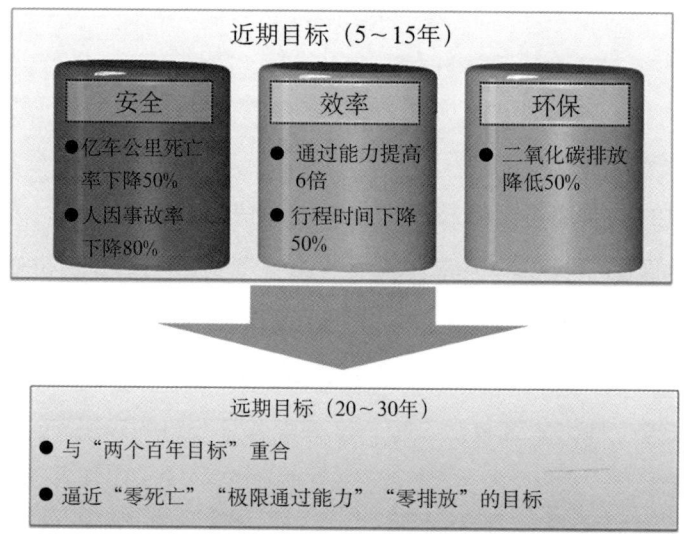

图9-1 关于新一代国家控制网的目标建议

一是基础设施数字化。应用三维可测实景技术、高精度地图等,实现公路设施数字化采集、管理与应用,构建公路设施资产动态管理系统;选取桥梁、隧道、边坡等,建设基础设施智能监测传感网,实现交通基础设施安全状态综合感知、分析及预警功能。北京、河北、河南、浙江重点实施。

二是路运一体化车路协同。基于高速公路路侧系统智能化升级和营运车辆路运一体化车路协同,利用5G或拓展应用5.8 GHz专用短程通信(DSRC)技术,提供极低时延宽带无线通信,探索路侧智能基站系统应用,选取有代表性的高速公路及北京冬奥会、雄安新区项目,开展车路信息交互、风险监测及预警、交通流监测分析等研究和试验。北京、河北、广东重点实施。

三是北斗高精度定位综合应用。建设北斗高精度基础设施，实现北斗信号在示范路段（含隧道）的全覆盖，在灾害频发路段实施长期可靠的监测与预警；探索开展基于北斗高精度定位的高速公路通行费收费应用研究，强化技术储备；构建基于北斗的高速公路应急救援一体化管理系统，实现车辆人员的迅速定位与救援力量的动态调度和区域协同。江西、河北、广东重点实施。

四是基于大数据的路网综合管理。构建基于大数据的高速公路运营与服务智能化管理决策平台，应用在区域路网综合信息采集、运营调度、收费、资产运维养护、公众信息服务和应急指挥等方面；利用无人机等移动手段，提高运行监测和应急反应能力；利用新媒体、公众信息报告等渠道，实现互动式现场信息采集；开展智能养护、路政和路网事件巡查智能终端示范，融合互联网数据和行业相关数据开展路网运行监测系统建设。福建、河南、浙江、江西重点实施。

五是"互联网+"路网综合服务。利用"互联网+"技术，探索基于车辆特征识别的不停车移动支付技术；开展基于移动互联网的服务区停车位和充电设施引导、预约等增值服务；探索开展高速公路动态充电示范，实现新能源汽车动／静态充电；开展低温条件下精准气象感知及预测，以及车路协同安全辅助服务等。吉林、广东重点实施。

六是新一代国家交通控制网。建设面向城市公共交通及复杂交通环境的安全辅助驾驶、车路协同等技术应用的封闭测试区和开放测试区，形成新一代国家交通控制网实体原型系统和应用示范基地。江苏、浙江先行研究推进。

第二节　对智慧公路和新一代交通控制网的理解

根据交通运输部主持编制的《新一代国家交通控制网和智慧公路总体研究》，新一代国家交通控制网的工程控制论定义为"对每一条道路进行交通全时空控制，对每一台车辆进行全程控制（包括驶进路网／驶出路网控制、路网内的运行控制），从而实现道路交通零伤亡、零堵塞和极限通行能力"。经过交通运输部及编制单位的深入研究，新一代交通控制网不应仅仅局限于工程控制论，而应是一个多层次、广义的概念，是人、车、路、环境多个子系统构成的多层次、多方式、边界开放的系统，其控制具有多层次的控制策略，不同水平和不同层级的控制是可以分布实现的，其总体定义如下。

新一代国家控制网是由道路基础设施、车辆和支撑运行与服务系统、互联网组成的一个边界开放的复杂系统，各单元、各部分、各子系统间可实时交换数据，系统、子系统和车载系统可以根据实时交通状态、气象条件、客流趋势进行各种调节，如控制策略、限制和诱导措施、运行方式、服务协调等，使交通运输系统处在依据实时数据的动态调整和寻优的过程中，并具有较高的可靠性、应变性和安全性，可支撑实现路网承载能力和交通出行需求之间的平衡，实现对整体路网各层级交通流的调度或控制，最大限度发挥路网使用功能和运输系统的服务功能。

新一代国家交通控制网和智慧公路建立在对高速公路传统三大机电系统传承和发展的基础之上，建设过程中应牢牢把握"智慧""控制""网"三大主题，明确智慧公路和传统公路方案的主要特点和区别（表9-1）。

表 9-1 智慧公路与传统公路方案对比

序号	运营管理需求	传统公路方案及标准	智慧公路的提升
1	基础设施数字化	单一单向的数据采集	基础设施动、静态综合数字化
2	交通状态全息感知	单点、离散的关键节点监控数据，如视频监控、气象环境、交调检测等	多源数据融合的全路网交通状态感知；智能化路侧传感设施、传感网；互联网和交通行业深度合作
3	基于大数据的综合路网管理	依据标准规范、统计分析、历史经验的模式化、低智能化管理	海量无法计算信息可计算化，数字交通下的数字高速公路；大数据分析和人工智能支撑下的高智能化路网管理与服务
4	新一代国家交通控制网	点对点、单向的控制，系统间彼此孤立	互动、密集、分层级的区域路网联动的精准控制

智慧公路的建设一方面提升传统感知、处理和发布能力；另一方面加入多源数据融合、人工智能和车路协同等新技术新应用，最终实现交通感知由"孤立的系统"向"多源数据融合"转变；交通控制管理由"点对点单向控制"向"交互式联网控制"提升；交通决策分析由"统计分析、历史经验"向"大数据分析、人工智能"发展。

新一代国家交通控制网的核心是"控制"和"网"。"控制"是一个多层级、广义的概念，交通控制不应局限于交通信号灯、车辆的功能性控制，应是建立在基础设施数字化、可感知、可控制和车路协同基础上的设施控制（如高速公路全封闭、公交专用道等）、标志和标线控制、信号灯控制、车辆自身安全控制、服务控制（枢纽设计、高峰限流等）、自动行驶和自主行驶等广义控制，最终实现对每一条道路进行交通全时空智能控制，对每一台车辆进行全程监测与控制。结合示范工程，"控制"主要体现在突发事件时通过多种信息发布对路网进行应急指挥，对基础设施的精确感知和控制，通过车路协同实现对车辆的车道级控制和安全辅助预警。

"网"的特点是泛在、互联、协同，控制网是由道路基础设施、车辆和支撑运行、服务系统、互联网组成的一个边界开放的复杂系统，各单元、各部分、各子系统间可实时交换数据，使交通运输系统处在依据实时数据的动态调整和寻优的过程中，支撑实现路网承载能力和交通出行需求之间的平衡，管理者可以随时随地对整体路网各层级交通流进行调度或控制，最大限度发挥路网使用功能和运输系统的服务功能。结合示范工程，"网"主要体现在基础设施传感网、交通状态感知网、跨系统跨部门的数据共享交换和基于能源互联网的能源供给与管理服务等。

智慧公路是对现有高速公路基础设施和传统三大机电系统的优化和提升，利用先进的信息化技术，大幅提高其在感知、通信、安全、管理和服务等方面的能力，实现基础数据的标准化、业务管理的协同化、辅助决策的智能化、公众服务的人性化。智慧公路是对现有系统的传承、发展、融合、时效（图9-2）。

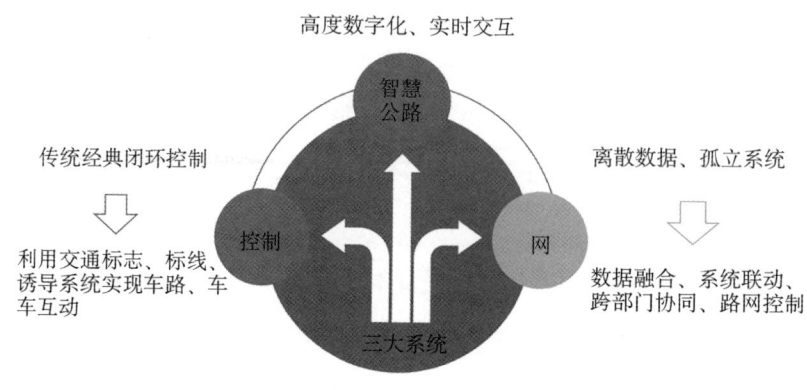

图 9-2 智慧公路理念

所谓传承，现行公路机电系统建设技术体制应用 30 余年，建立了公路收费、监控、通信机电系统标准体系，已为公路系统建设和发展提供了重要的理论技术指导，智慧公路的发展离不开现有基础。

所谓发展，面对日新月异的技术变革和迅速发展的公路交通运输服务需求，原有标准体系的局限性日益凸显。各级管理部门尤其是部级交通主管部门可直接获取现场实时信息的手段还很有限，且数据有效性难以保证、数据资源获取与共享水平还不高，管理与服务具有很大的提升空间，因此需要在数据获取能力、数据有效性、提升人民群众出行获得感和基于数据的决策管理等方面进行提升。

所谓融合，是离散数据和孤立系统难以满足交通行业的应用，应加大数据融合和系统联动，增加跨部门协同和路网控制，更好地服务于用户。

所谓时效，就是在数字化的基础设施中，做到数据的实时交互，注重效率。

以"传承、发展、融合、时效"为核心，打造数字化公路，基于"智能云控平台"，服务于管理者和出行者，提高工作效率和生活品质，打造可设计、可实施、可评估和可检测的智慧公路解决方案（图 9-3）。

第九章 新一代交通控制网和智慧公路　243

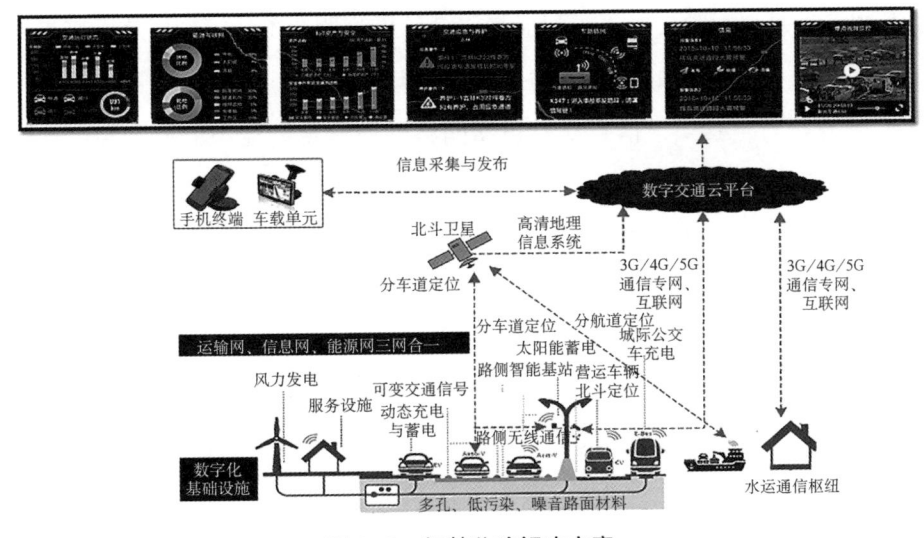

图 9-3　智慧公路解决方案

第三节　基于云脑的智慧公路解决方案

根据上文对智慧公路和新一代交通控制网的理解，本书作者团队经过积极的讨论、探索，以及深入的调研与研究，提出了基于云脑的智慧公路解决方案。建设内容分为云控系统、多网融合通信网、位置支撑系统、全息感知、弱信号感知及风险研判系统、车道级管控、智慧隧道安全管控、智慧服务区、网络安全、智慧能源网络、基于用户位置的伴随式推送服务和基于管理用户身份的全域协作管理等 12 项。

一、云控系统

云控平台（图 9-4）通常采用自建或租用方式，通过公有云、私有云或混合云的建设方式，实现行业内部业务系统数据整合及跨机构平台数据共享。由省级云控平台、路段/区域级云控平台和网络安全设施等共同构成云控平台体系。利用云计算、大数据、人工智能和边缘计算等新技术，统一搭建云控平台，使云控平台具备更全面的感知能力、更强的计算能力、更智慧的管控能力和更精准的服务能力。其中，信息交互包括网络交换信息的能力、业务接口、数据接口带宽、延时和安全能力等，同时支持ETC车载终端的信息交互。此外，云控平台还具备大量数据汇集、资源虚拟化、数据处理、数据交换、对象、机器学习、分析和云安全防护能力。

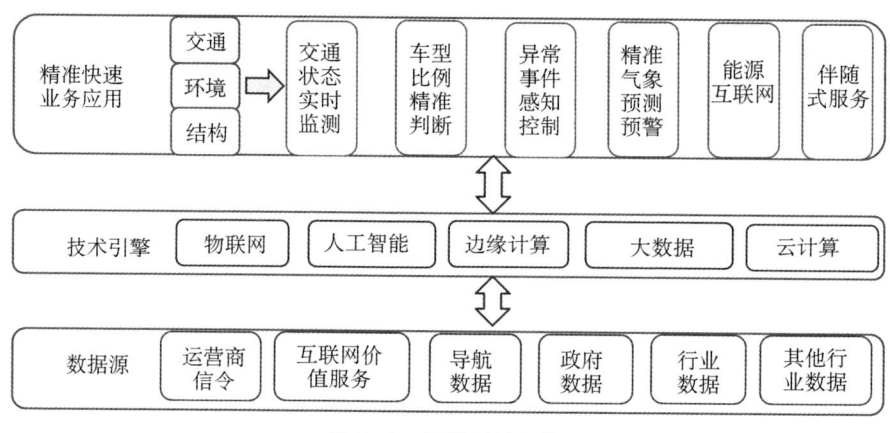

图 9-4 云控系统架构

二、多网融合通信网

现有交通信息传输多采用光纤点到点的数据传输方式，数据传输方式固定，融合能力不足。随着越来越多的用户及管理者采用移动终端获取信息，现有的通信系统已经不能满足用户需求。通过交通专网与公网、有线网与无线网的深度融合，建设高速公路多网融合的一体化通信网络，为"端—边—管—云"之间的信息交互提供广覆盖、低时延、高可靠和大带宽的网络通信服务。通信网的分类如表 9-2 所示。

表 9-2 通信网的分类

类型	交通专网	公网
有线网络	专用光纤网（语音、高清图像、高清视频、收费和业务数据）	运营商有线网（网关、中继）
无线网络	短程通信：DSRC/LTE-V2X/Wi-Fi；广播网：调频	移动网络 4G/5G

专网内采用有线网络和无线网络融合方式，通过光纤专网结合短程通信网络（DSRC/LTE-V2X/Wi-Fi）使感知由路侧设备感知扩展到对车的感知，信息服务由路侧情报板扩展到车载终端。通过光纤专网与调频相结合拓宽交通行业应急信息及服务发布渠道。

在有线公网边缘侧增加网关和中继交互设备，打通并扩大数据通道，增强与互联网企业及其他行业的信息交互能力，融合各种信息资源。

通过和移动互联网（4G/5G）深度融合，在专网内建设公网，如通过 5G 边缘计算，将系统权限下放，将控制能力放在网络边缘，形成一个个局部网络；利用 5G 网络切片，针对不同的业务，切片不同的网络资源，在公网内建设一个个独立的交通专网。

以光纤网络为核心，建设支持多种通信模式的路侧设施，为不同的应用场景提供不同的传输网络，支持语音、高清图像、高清视频、收费和业务数据的融合传输。

三、位置支撑系统

目前的车辆卫星定位精度在 5～10 m，不能满足智能驾驶及合作式智能交通要求等，通过与国家地理信息局管理及测绘部门合作，利用已有商用地理信息资源，建设北斗高精度定位设备，实现车辆低成本、高可靠、厘米级、车道级高精度定位的位置支撑系统（图 9-5）。未来，越来越多的北斗地基增强网的不断建设，目前厘米级定位精度可应用于自动驾驶、精细农业、无人机、驾考、

图 9-5　位置支撑系统

驾培等领域，毫米级定位精度则可应用于危房监控、滑坡监测、铁塔值守、桥梁看护和防灾减灾等领域。在车辆上安装的北斗系统将接受来自芯片的精确导航和定位，与此同时，车内配备采集载重和测速信息的传感器，将采集后的信息通过物联网传送给交通监测中心，经过技术处理，就可以获得任意车辆的位置、是否超载和是否超速等信息，在必要的时候发送消息给驾驶员，进行提醒及对行车状态进行控制。另外，还可以利用北斗系统和物联网技术实时收集路况信息，利用北斗系统的短信通信功能，随时对路况进行播报。

四、全息感知

全息感知通过加密、优化、完善沿线各类感知设备，提高公路交通基础设施感知能力，实现信息互联互通，并与交通工具、交通参与者协同联动，主动检测路网和感知设备运行异常，及时通过数据分析研判和感知道路拥堵、交通异常和影响交通安全的天气变化、设备故障，为公路交通安全和高效通行提供数据支撑。提升传统感知精度、增加感知维度、融合跨行业数据和试点新技术手段有机结合，为道路和设备养护、交通控制及信息服务提供丰富可靠的数据资源。全息感知包括交通状态感知、环境状态感知、基础设施状态感知等（图9-6）。

第九章　新一代交通控制网和智慧公路　247

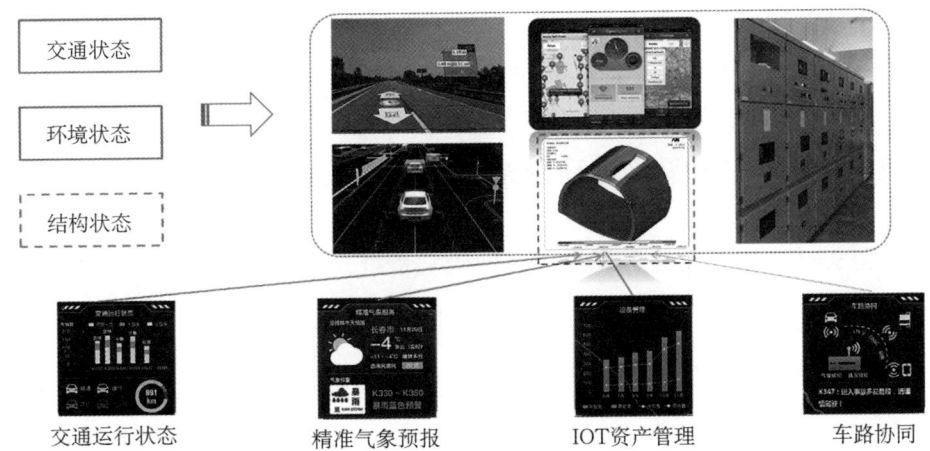

图 9-6　全息感知架构

交通状态感知。宏观上感知高速公路周边路网交通流、交通密度、交通拥堵和路网上"两客一危"车辆情况；在空间上实现无盲区的车辆事件和事故感知，包括事件具体位置和抛撒物位置等；实现车辆属性的全息感知，包括车速、行驶车道、车型、车辆本身的运行状态和车辆的精确计数；在位置上能精确感知车辆的运行位置，为基于位置的服务提供基础。

环境状态感知。通过高速公路上的气象状态监测设备并与气象部门合作，接入气象部门地面观测站数据、气象卫星数据、雷达数据和道路气象站数据，能实时掌握周边路网包含温度、气压、风速、风向、相对湿度、辐射和天气现象等气象数据；有效识别浓雾和道路结冰等已发生的道路气象事件；建立精准的气象采集和预测预警模型，利用精细网格气象预警数据，实现路网公里级、小时级的气象预警预测。

基础设施状态感知。对高速公路基础设施结构健康状态进行实时感知，如裂缝、状态和变形等；感知机电设施的运行状态,如可变信息标志、车道控制标志、信号灯的显示内容和工作状况反馈信息，以及风机和照明设施的工作状况反馈信息；对各类电力设备运行情况进行分层分布远程实时监视和控制，对于大型负载要在设备端进行监控，对于小型负载则要在回路端进行监控，检测设备的电流、电压、功率因数和谐波等信息，可及时全面地了解和掌握各个负载的运行情况，及时排除故障隐患，提高设备运行可靠性。

五、弱信号感知及风险研判系统

如图 9-7 所示，弱信号感知及风险研判系统充分利用人工智能、大数据、边缘计算等新技术，对弱信号进行感知，再通过模型、算法及交通仿真等手段，对交通异常状态进行研判并传递至管理中心，作为预警、预防的依据。

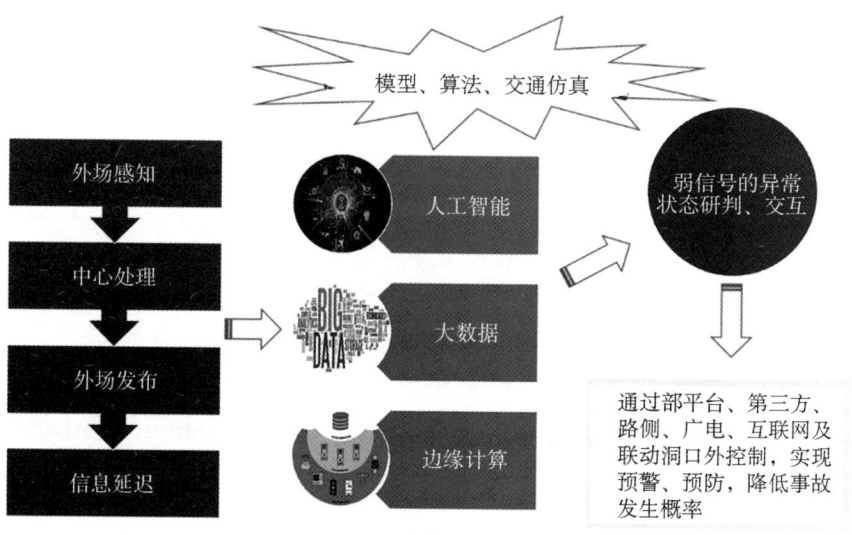

图 9-7　弱信号感知及风险研判

弱信号感知及风险研判系统分为弱信号感知、交通属性的数据分析处理、风险研判结果等功能。弱信号感知是对交通运行监测、视频监控、互联网众包数据、环境监测、基础设施监测等方面进行感知。当出现轻微异常状态时，感知系统可以快速感知异常信号，分析研判危险源并做出有效的预防，将出现异常的概率降至最低，使交通回归到常态。交通运行状态从正常逐步往异常状态转变时的过渡状态会伴随着许多微弱的前兆信号，利用弱信号感知和大数据分析等技术，快速分析及预判过渡状态的变化，以及分析的手段、分析的范围、分析的速度等，对产生的数据进行分析。数据分析的结果能够指导交通管控决策，减少交通事件影响范围及区域，最大限度避免和减少事故发生，提升交通安全水平。

六、车道级管控

由于目前的交通运行安全主动防控能力较差，应急处置能力还有待提高，因此，利用车道级定位、本地与全局的智能均衡管控技术，对高速公路运行安全进行主动防范。如图9-8所示，车道级管控应通过沿线车道控制标志、调频广播、移动终端、普通车辆车载终端、智能网联汽车车载终端等多种方式实现，以降低车道内速度差，提高交通安全。同时得到信息传输通道、路侧与车辆交互通道、路侧端相互交互通道、中心端与路侧端交互通道、中心端与通用终端交互通道、网络时延的网络支持。车道级管控应由云控平台统一规划，统一数据交互方式，由路侧外场设备、第三方出行服务平台及车路协同RSU设备等进行发布。

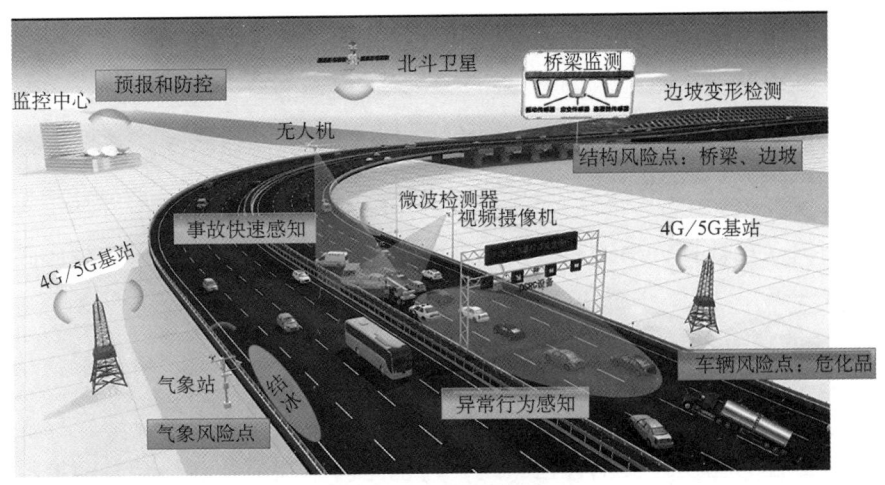

图 9-8　车道级管控示意

七、智慧隧道安全管控

图 9-9 为隧道安全管控功能架构图，涵盖了富媒体信息发布、机电状态监控、隧道照明控制、货车监测与发布、"两客一危"监控、车路驾驶行为预测等功能。隧道安全管控功能的实现包含了数据感知、隧道管控、隧道通信网络及隧道应急服务 4 个方面。

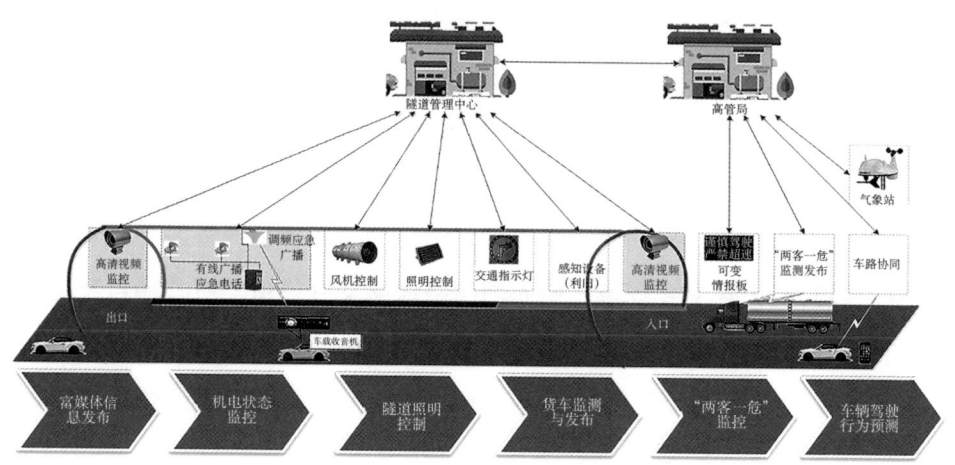

图 9-9　隧道安全管控功能架构

隧道数据感知。智慧的隧道数据感知，要做到感知设备覆盖空间无盲区、车辆属性全息感知、精准感知车辆位置、隧道口气象状态全面感知和设施状态感知等。要做到多维度和多粒度的感知，一般使用视频检测、毫米波雷达、DSRC、气象感知和高精度定位等技术；基于交互和数据挖掘的感知技术包括互联网公司的众包数据、相关路网的信息交互、视频的以图搜图和车路协同的车路交互等方式。

隧道管控。隧道的安全管控系统主要包括行车安全、资产信息安全及设备安全 3 个部分。行车安全包括基于大数据分析和建设基于不同管理用户身份与车辆不同位置的在线式安全管控系统，特别是对于超限及危化品车辆等特殊车辆的管控，针对其所处不同位置提出合理有效的管控措施，尽量减少事故的发生和对其他车辆的影响。资产信息安全则是随着互联网业务的大力发展，要保障网络内容的和谐干净，防止人们受到涉政、涉黄和诈骗等违规违法信息的侵害，降低社会和经济损失。设备安全则是隧道设备的稳定、高效及安全运行，设备安全间接影响着隧道的运行安全。

隧道通信网路。隧道一般采用光纤布设。目前，随着 5G 时代的到来，为了完善通信网络，可以采取传统的光纤加 5G 传输，结合隧道应急广播、北斗高精度定位、窄带物联网、DSRC 与所在省级通信网结合等多种方式组合成为完整的通信网络。

隧道应急服务发布。针对长大隧道交通事故频发、信息发布手段单一且服务能力弱和系统联动性差等缺点在长大隧道建设调频广播、有线广播和紧急电话一体化的隧道综合应急服务系统，提升隧道内应急信息发布能力。隧道应急广播架构如图 9-10 所示。

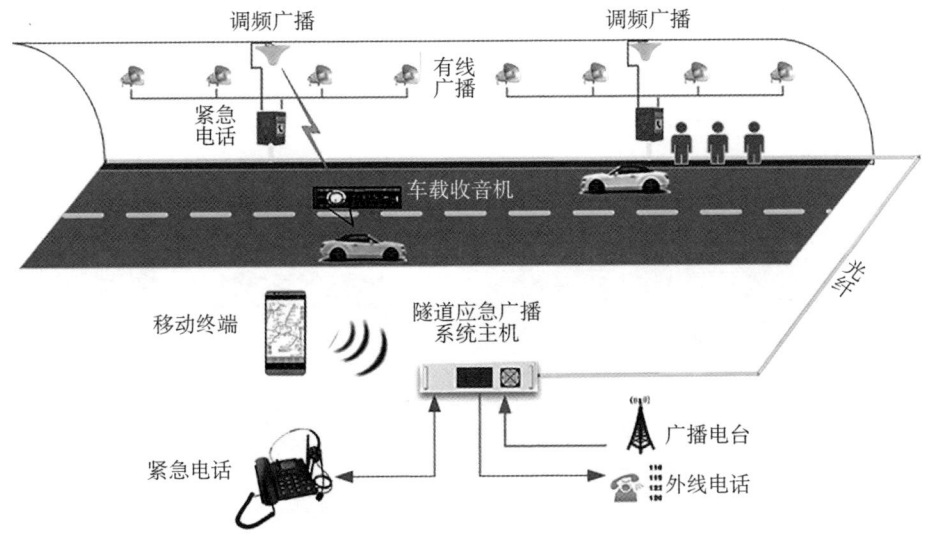

图 9-10　隧道应急广播架构

八、智慧服务区

智慧服务区分为服务区智能感知与预警、停车诱导、信息服务、数据交互及服务管理等功能。

服务区智能感知与预警。针对服务区进出口、人行道等车流和人流流向复杂的区域，通过布设摄像头、毫米波雷达和激光雷达等设备，实现重点区域的交通全息感知，自动实时甄别区域内交通行为和冲突事件。

停车诱导。通过分析应用目前稳定可靠的新技术，实现对特殊车辆和普通车辆的分区立体管理，提高服务区泊位利用效率和安全性。利用各种传感器和视频处理技术获取各服务区的停车场位置和车辆动态信息，进行统一管理，不仅能根据不同类别的车辆（小型车、客车、货车、危化车辆等）安排相应的停车位，还能将服务区的停车状况发布到小型情报板和公众出行服务平台上，一方面便于驾驶员获取服务区的停车场情况和停车位置等服务，实现停车预定与疏导；另一方面便于驾驶员提前安排行程，提升服务体验（图9-11）。利用出入口视频设备抓拍进出车辆的车牌号码和车型等数据，利用系统后台的大数据分析处理，实时掌控各服务区的车流量、在服务区内的停留时间及车型等信息。

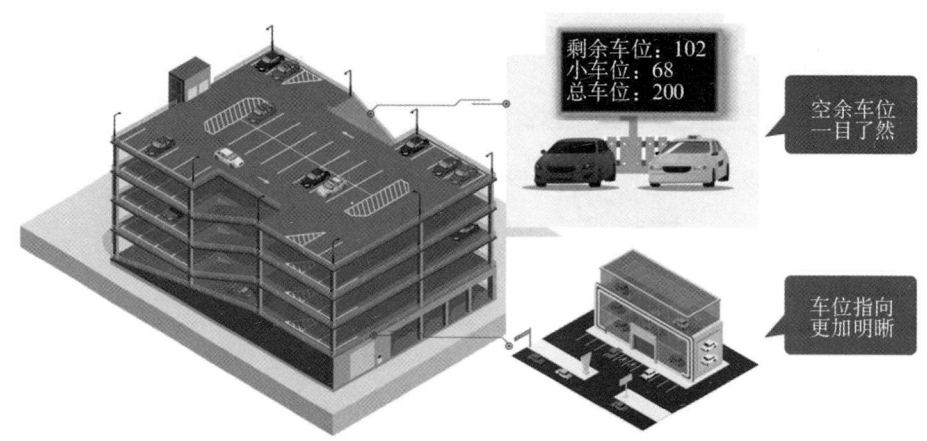

图 9-11　智慧停车服务

信息服务。入区停车后，通过简洁、明显的电子标志标线，引导、服务用户到主要的功能区块，如厕所、商超、开水间和休息间等，并替换原有摆放指示牌；提供服务区概况信息（如布局、方位、业态等）、优惠促销活动、会员积分兑换、餐饮住宿和周边景点等信息；结合公众的高速出行需求和驾驶过程，为其提供出行前、出行中及出行后的信息查询、路径导航、微气象预报和路况播报、线上消费、免费 Wi-Fi、意见测评和便捷支付等针对性服务；同时形成商业广告、活动推广的主要渠道，为司乘人员提供汽车充电服务（图 9-12）。

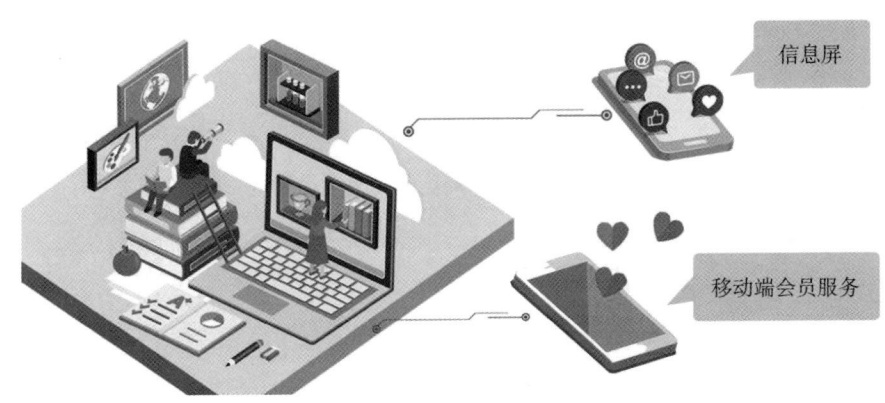

图 9-12　智慧信息服务

数据交互及服务管理。目前，服务区一般都需要和互联网企业进行信息共享，通过互联网企业获取路况、景区信息；与景区管理部门进行信息联动，从景区管理部门获取景区人员信息、停车信息；结合高速公路自有的智慧服务区停车信息和路况信息，进行信息的融合处理；实时向路侧和车辆终端发送景区、路况和调度信息；同时根据路网实时需求，进行值班人员、应急物资和信息资源的调度，保障假日突发流量下的路网畅通。

九、网络安全

网络安全包含应用安全、内容安全、数据安全、物联网安全和 V2X 安全等方面内容。应用安全包括移动应用安全检测、代码检测、安全加固和仿冒欺诈检测等；内容安全包括防范电子公告板和服务器公告牌显示内容被恶意篡改等；数据安全包括保障用户数据安全性和完整性，防范数据泄露和被篡改冒用等；物联网安全包括为物联网设备提供安全认证、漏洞和攻击防护、防范被用于外部攻击源等；V2X 安全包括针对网联汽车的入侵攻击，提供接入认证和安全保障等。图 9-13 为高速公路上常见的网络安全场景，下面以安全态势感知和身份认证为例。

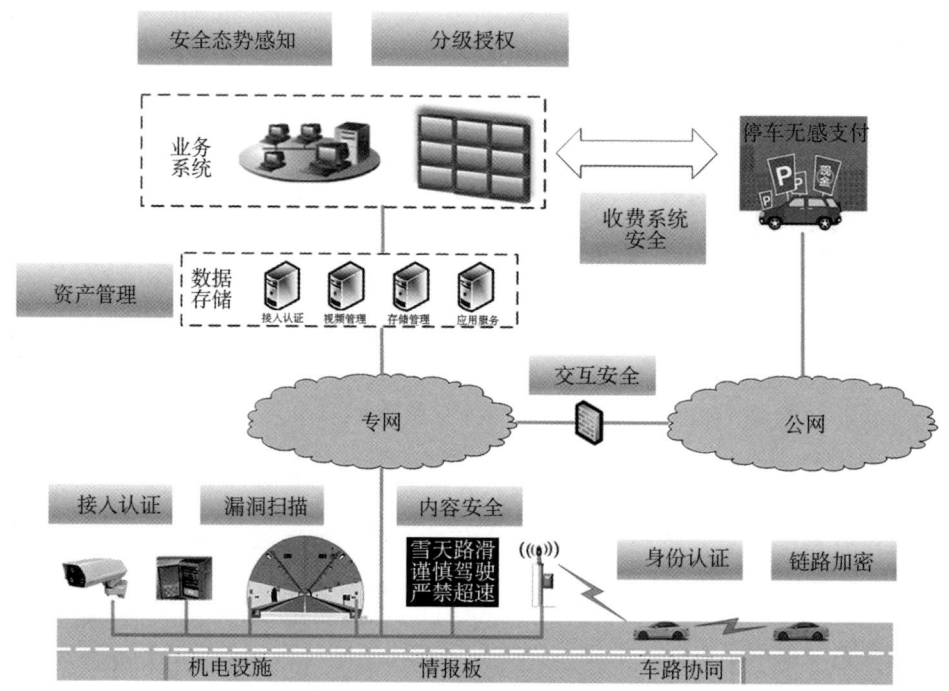

图 9-13　网络安全架构

安全态势感知。为确保手机移动支付时高速公路结算中心与第三方支付平台之间安全和可靠运行，通过高速公路结算中心的高性能网闸，实现两者之间的物理隔离；建设基于密码技术的安全管理平台，为智慧高速外场设备（特别是车路协同设备）和人员管理提供接入安全、内容安全和行为安全保障。

身份认证。统一身份认证系统采用PKI技术，为用户提供身份管理、身份认证、授权管理、应用资源访问控制及安全审计功能。构建多信息资源的应用整合、集中管理和安全防护的数字身份管理平台。

十、智慧能源网络

智慧能源网络包括分布式能源供给系统，对各类新建设备进行远距离高效供电；探索分布式太阳能、风能等新能源并网发电和新能源车辆充电系统；建设能源综合管控平台，包含设备能耗管理系统及基于大数据分析的设备运行状态分析系统，实现能耗的实时在线监测和设备全寿命周期的状态管理（图9-14）。

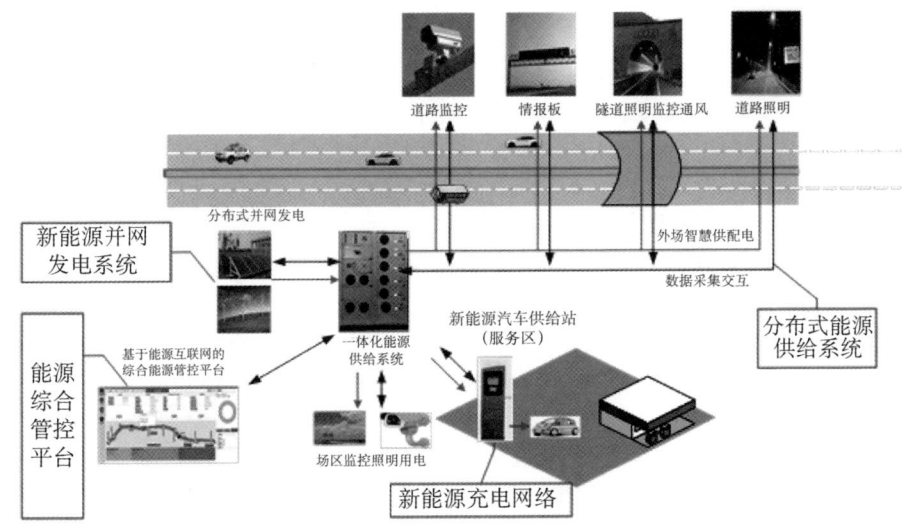

图9-14 智慧能源网络

分布式能源供给系统。分布式智慧供配电系统是PWM、无主均流技术与交通能源供给深度融合的产物之一，为交通运输行业解决大功率单相供电提供了重要技术手段，成为集安全、智能、高效、绿色于一体的新型供配电体系。它将能源生产端、传输端及消费端数以亿计的设备、机器和系统连接起来，以大功率单相供电、模块精细化感知和高质量电能优化为突破点，解决了交通运输行业向"互联网＋"发展中面临的能源供给建设运营成本高、智能化水平低、能耗高、设备寿命短和供电质量差等一系列行业痛点问题，为高速公路管理者和决策者构建新型供电网络提供有力的数据支撑。

新能源并网发电系统。对于能源生产端来说，新能源是节能的重要手段，建设新能源并网发电系统，实现太阳能、风能等新能源发电和市电供电的高效互补，降低高峰电价的用电量，可以大幅降低运营成本。新能源系统的建设，依托地域优势，在公路沿线因地制宜进行外场用电设施光伏发电并网建设，包括高速公路沿线光伏建筑、光伏边坡、隧道进出口光伏廊道、光伏声屏障和服务区光伏停车廊道等内容。新能源并网系统发出的电将并入现有的配电间，自发自用，减轻对电网的依赖，并保证在阴雨天气仍使用市电供电。

新能源充电网络。面向新能源交通工具的充电网络建设，包括高速公路服务区配电容量保障需求、针对特定车辆的动态和静态大功率无线快速充电系统、充电基础设施间通信网络互联互通等，以及基于"互联网＋充电基础设施"管理服务平台的建设功能内容等。

能源综合管控平台，包含基于能源互联网的资产安全管理及新能源管控。新能源管控包含基于物联网的能源流和信息流的自由互通系统、分布式交通能源网管理平台的太阳能管理平台建设等；资产安全管理系统能够实现机电设施基础数据及运行数据的采集、存储、处理、分析及可视化。根据用户需求，提供包括设备运行状态、状态评估、性能参数、性能评估、异常预警、故障诊断、指标预测和态势感知等各种数据服务，保障交通机电设施正常运行。管理对象涵盖了监控系统、通信系统、照明系统、通风系统、供配电系统和消防系统等高速公路交通机电设施。

十一、基于用户位置的伴随式交通信息服务系统

现有的信息服务手段单一，多采用广播式的信息服务，用户级别没有功能限定，服务水平落后。情报板、可变限速标志、紧急电话和智慧服务区等属于固定位置、不区分个体的信息发布措施，发布效果和时效性有待提高，应急处置时指挥调度力度不足。结合导航企业、车联网公司和广播电台拓展信息发布渠道，通过移动通用终端、车载前装和后装终端、车载收音机等多种发布手段可实现广播式和个性化结合、伴随式和集中式结合的综合信息服务，极大提升应急处置过程中的指挥调度效率。

基于用户位置的伴随式交通信息服务系统，可支持基于专网和公网的多种信息发布方式，包括路侧设施、车载终端、手持终端、可变情报板、互联网出行服务 App、专有 App、广播、网站和专有终端等。在出行前，能够提供未来短期的气象和路况预测信息；在出行中，能够根据车辆的位置和终端类型进行个性化的交通信息服务，如基于导航系统的交通诱导、基于隧道广播的应急事件信息发布等（图 9-15）。

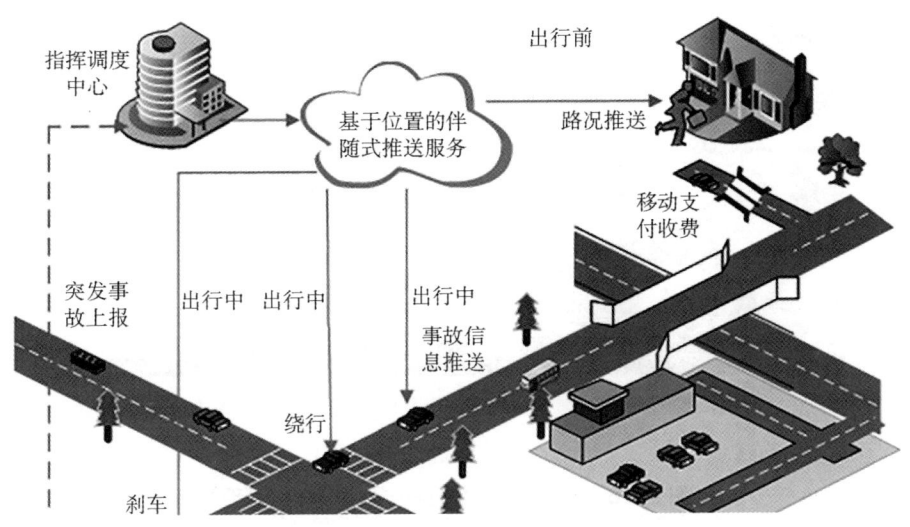

图 9-15　基于用户位置的伴随式推送服务

当发生突发事故时，指挥调度中心能快速获取事故信息，并根据事故发生类型、事故地点和事故规模判断事故影响的路域范围，对范围内的司乘人员开展基于位置的伴随式推送服务。针对事故发生地同一车道的前端车辆，发出刹车预警，提示车辆进行提前刹车；针对事故周边的车辆，发出减速预警，提示车辆进行减速慢行；对前一路口的司乘人员，发出绕道提示信息，提示司乘人员进行绕道行驶；同时向准备出行的人员推送事故信息，以便出行人员能选择合适的道路进行行驶。

十二、基于管理用户身份的全域协作管理

基于管理用户身份的全域协作管理系统可以支持管理者基于专网和公网、办公计算机和手持终端等多场景的办公和管理，实现路网管理、路政养护和决策支持的在线化和实时交互。通过对不同级别用户的权限分配，实现系统内不同级别用户的功能差异化（图9-16）。

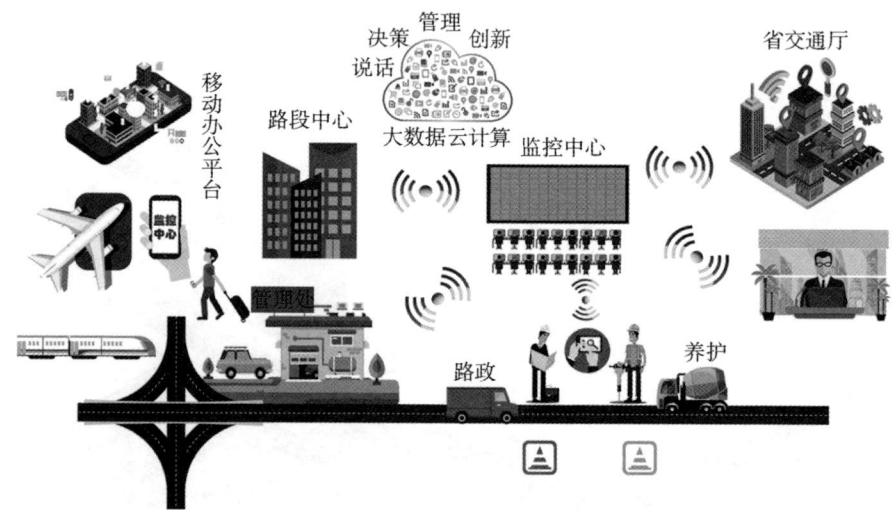

图9-16　基于管理用户身份的全域协作管理

利用大数据、云计算等技术，通过各省交通厅、路段中心及其他行业的信息互联，实现交通数据和其他行业信息的融合共享；依托立体交通信息化网络综合管理平台，实现全行业信息感知和交通行业核心业务全部在线、实时、一站式办理；通过移动办公平台，交通管理者能够随时随地掌握高速公路的交通运行状况、路况和特殊事件信息，管理者能走出监控大厅和办公场所，随时随地处理突发事件和进行路网调度；事件发生时平台能主动提醒管理者，并根据路政、养护、管理等不同管理者的用户权限，分级别、分时段向管理者发布信息，并提供对事件处理时间、影响范围的预测和决策建议。

第四节　广义的车路协同是解决工程可落地的发展方向

广义的车路协同是以云脑为底层支撑，在人工智能等技术的应用下，以信息通信技术为基础设施，达到人—车—路—云的结构，实现了与现有社会开放系统快速实现安全、畅通的目标。

在此基础上，我们提出了智慧公路的整体架构，分别为状态感知层、基础支撑层、数据分析层、应用系统层（图9-17），另外还有标准规范体系、运营管理体系和网络安全等保障措施。

状态感知层是从视频设备、物联网产品和互联网产品等渠道获取海量交通出行大数据，通过基于人工智能的数据融合技术，快速识别出高速公路的路况和事件信息，一方面提醒管理方及时处置；另一方面及时通知用户，实现高速安全、畅通出行。

基础支撑层包括光纤传输、无线传输、位置获取及IT基础设施，其中，光纤传输包括公网传输和专网传输；无线传输分为车路协同通信（LTE-V2X、DSRC、V2X）、5G；位置获取包括北斗高精度定位等；IT基础设施包括机房、服务器、网络设备、存储设备、虚拟化软件等。

数据分析层有云平台和数据管理。智慧高速云平台包括云技术架构、数据

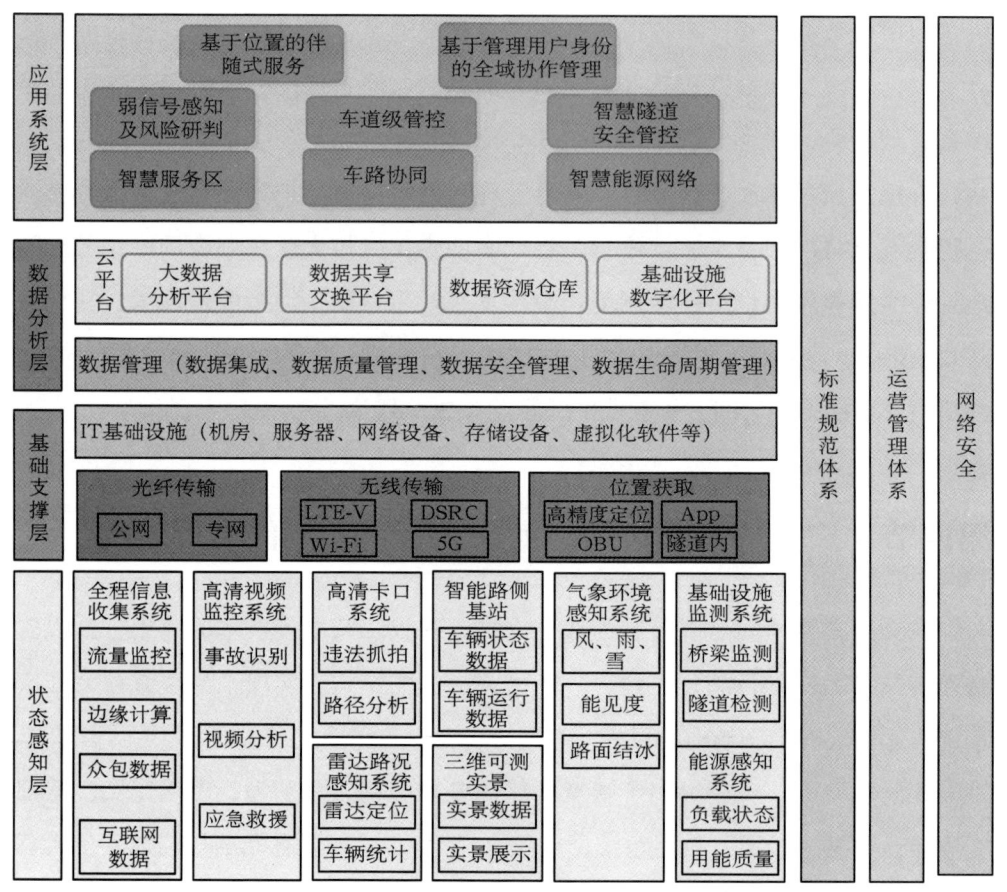

图 9-17 总体架构

资源标准、数据存储周期、数据质量、数据服务和数据共享交换应用等内容。在智慧高速云平台上运行的各个应用系统，包括三维实景的资产运行养护管理、公里级气象预报预警、车路协同的信息服务、ETC 收费系统的拓展应用和行车安全诱导等。

应用系统层及相关功能系统在工程方面的落地应用，包含基于位置的伴随式服务、车道级管控等应用系统。为了实现快速落地，尽快服务于智慧交通，广义车路协同通过互联网和现有的通用终端，包括车载前后装和手机终端结合路侧设施，分析处理数据，进行信息发布。路侧设施终端包括具有采集、传感和通信网络功能的设备(图9-18),如具有多接口数据采集、前端存储及预处理、多种上传方式、接入认证和加密上传等功能的智能路侧站,实现基于DSRC、LTE-V、4G、5G等的无线通信,为高速移动的车辆提供通信网络全面覆盖,提供低时延、高可靠的双向信息交互通道,用于端(车)间传感器信息共享与周边车辆驾驶操作状态信息共享,为具有短程通信、高精度定位、自动监测、智能网联等功能的智能运输工具提供V2X通信服务。联动路侧和监控中心、路网中心、"两客一危"中心、第三方、互联网公司和运营商等信息,利用专网和公网等网络将交通行业及运营商等媒介数据全部连在一起。

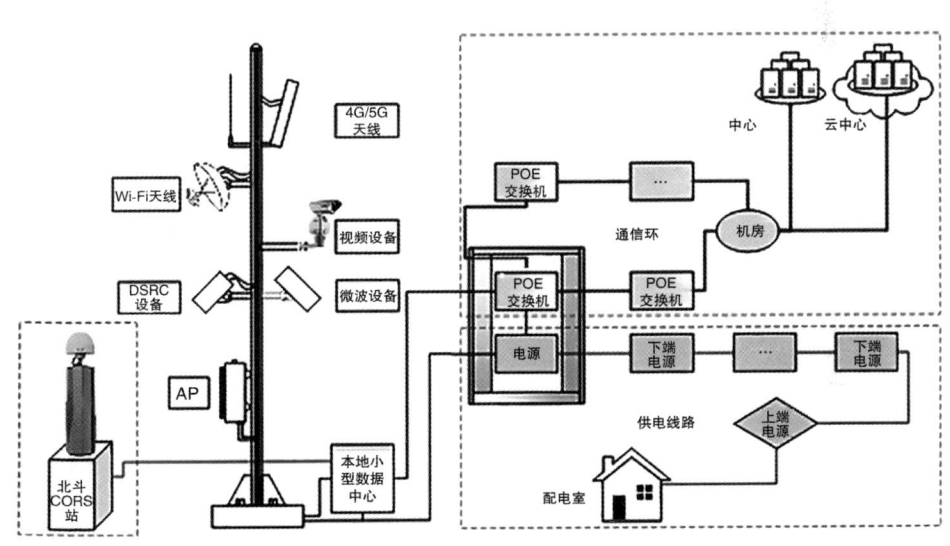

图9-18 路侧智能设施架构

基于云脑的智慧公路解决方案是工程上的解决方案,以MaaS(出行即服务)落地。用广义的车路协同联动,使未来的工程可落地,解决交通安全问题,减少交通事件,提高服务管理效率,保证交通畅通,提升用户服务水平,增强用户获得感,其功能愿景如图9-19所示。

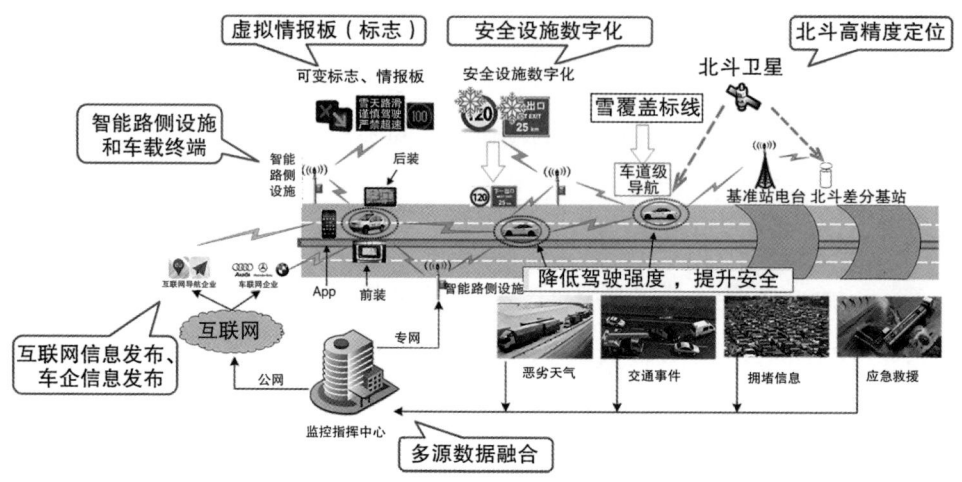

图 9-19　广义车路协同示意

本章小结

　　从"交通大国"迈向"交通强国",数字化转型成为交通发展的必由之路。在交通行业积极的推动下,高速公路的升级转型需要借助人工智能、云计算、大数据、物联网和车路协同等新技术,新一代交通控制网和智慧公路随着路的演进和升级,通过基础设施的升级改造,助力自动驾驶相关的应用,包括构建无线通信的交互和信息化设施,构建以数据为核心的高速公路协同管控与创新服务的新模式,形成基于云脑的智慧公路解决方案。未来,作者团队还将继续研究深化解决方案,促进高速公路科学管理、高效运行和品质服务,实现高速公路行业健康、可持续发展,创造更大的直接和间接价值。